百户脱贫案例

山西省扶贫开发办公室 ◇ 编

山西出版传媒集团　北岳文艺出版社

·太原·

图书在版编目(CIP)数据

百户脱贫案例/山西省扶贫开发办公室编.—太原：北岳文艺出版社，2019.10(2020.4重印)
ISBN 978-7-5378-6023-9

Ⅰ.①百… Ⅱ.①山… Ⅲ.①扶贫-案例-山西 Ⅳ.①F127.25

中国版本图书馆CIP数据核字(2019)第212348号

书　名：百户脱贫案例	策　　划：续小强　古卫红	书籍设计：张永文
编　者：山西省扶贫开发办公室	责任编辑：马　峻　关志英　吴国蓉	印装监制：郭　勇

出版发行：山西出版传媒集团·北岳文艺出版社
地址：山西省太原市并州南路57号　邮编：030012
电话：0351-5628696(发行部)　0351-5628688(总编室)
传真：0351-5628680
网址：http://www.bywy.com　E-mail:bywycbs@163.com
经销商：新华书店
印刷装订：山西新华印业有限公司

开本：880mm×1230mm　1/16
字数：338千字　印张：24
版次：2019年10月第1版
印次：2020年4月山西第2次印刷
书号：ISBN 978-7-5378-6023-9
定价：78.00元

本书版权为本社独家所有，未经本社同意不得转载、摘编或复制

《百户脱贫案例》
编写委员会

主 任

刘志杰

副主任

张玉宏　张建成　龚孟建　张伟勤

成 员

赵小英　宋坤政　马军侠　高耀东　杨晓华　姜晓武
赵俊超　叶明威　赵　刚　李良库　张临阳　李安庆
郭晋萍　张俊彦　郭　洪　樊彩英　李建忠　康宝林
白雪峰　高成富　杨志勇　陈林强　郭丰慧　安海润
段志岗　赵启明　孙延震　张宗泽

主 编

张建成

副主编

郭　洪　曹立新

成 员

原　琨　王　轶　刘　晶　樊学军　刘振华
赵怡敏　陈　昕

《百户脱贫案例》
出版项目部

主　任

续小强

常务副主任

古卫红

副主任

刘卫红　贾晋仁　赵　瑞

成　员

马　峻　关志英　吴国蓉　陈　洋　陈学清
贾江涛　郭　勇　刘文飞　王朝军　左树涛
韩玉峰　曹雨一　刘思华　鄂宝红　庞咏平
谢　放　薄阳青　李依潞　席香妮　张永文

前　言

久困于穷，冀以小康。从"民亦劳止，汔可小康"的朴素追求，到"消除绝对贫困、全面建成小康社会"的庄严承诺，我们党带领全国人民持续向贫困宣战。特别是党的十八大以来，以习近平同志为核心的党中央把脱贫攻坚摆在治国理政突出位置，力度之大、规模之广、影响之深前所未有。

山西是国家扶贫开发的重点省份，也是全国脱贫攻坚的重要战场。全省有吕梁山、燕山—太行山两个集中连片特困地区，36个国定贫困县、22个省定贫困县。到2020年打赢脱贫攻坚战，是一诺千金的庄严承诺。"山西贫穷皆老区，打不赢脱贫攻坚战，就对不起这块红色的土地，离实现全面小康还有483天，我们现在有50481名驻村干部，奋战在脱贫攻坚的一线，我们要站在2020年节点上，来思考和做好每一天的工作，保持'五级书记'抓脱贫攻坚的强劲态势，使老区人民与全国人民一道，如期实现全面小康。"2019年9月5日，山西省委书记骆惠宁在国务院新闻办公室举行的庆祝新中国成立70周年山西专场新闻发布会的讲话句句铿锵、字字含金。

山西在打赢脱贫攻坚这场战役中，也涌现出许许多多感人的家庭脱贫故事——有古稀之年追梦不止的，有身患残疾自强不息的，有重病缠身自力更生的，有挪出"穷窝"自主创业的……他们都有一个共同的特点，那就是不等、不靠、不要，借助国家精准扶贫精准脱贫的扶持政策，激发内生动力，依靠自己勤劳的双手，走出贫困，告别贫困，家庭面貌发生了巨大变化。

为了讲述山西脱贫好故事，传递脱贫攻坚正能量，在市、县推荐的基础上，通过记者的一线采访，省扶贫办从中选取了100户通过政策扶持和自身努力，具有典型意义的脱贫家庭，汇编形成《百户脱贫案例》。该书以图文并茂的形式，多角度、多类型、多层面地反映了贫困户脱贫攻坚以来生产发展、生活改善、幸福感提升的脱贫故事。这100余户虽然各自的条件不同，脱贫路径各异，但都具有可推广、可借鉴的示范效应，希望本书能为有关部门和基层干部提供参考和借鉴。

山西省扶贫开发办公室

2019年10月

目录

搬出山沟沟　走上幸福路
　　——忻州市岢岚县贫困户刘福有脱贫案例 …………………………1
国安家长在　幸福不缺席
　　——忻州市岢岚县贫困户王三女脱贫案例 …………………………6
走出大山洼　脱胎换骨过新生
　　——忻州市岢岚县贫困户曹六仁脱贫案例 …………………………11
脱贫路上"老农民"玩转"新农具"
　　——长治市武乡县贫困户魏宝玉脱贫案例 …………………………16
阳光下的致富梦成真
　　——朔州市右玉县贫困户李生亮脱贫案例 …………………………22
精准扶贫　"两贷"扶起两代人
　　——吕梁市兴县贫困户李明则脱贫案例 ……………………………26
"树痴"捐出千亩林　脱贫不忘党恩情
　　——忻州市保德县贫困户赵蛇则脱贫案例 …………………………30

国家脱贫好政策让我重新活了一次
　　——长治市沁县贫困户姜正伟脱贫案例 ……………… 36
老骥伏枥守初心　红心向党奔光明
　　——长治市沁源县贫困户刘光明脱贫案例 …………… 41
"野丫头"也能闯出一片天
　　——临汾市隰县贫困户王园芳脱贫案例 ……………… 45
扶贫贷款好　日子节节高
　　——晋中市榆社县贫困户张付平脱贫案例 …………… 49
玉露香梨让生活"甜"起来
　　——临汾市汾西县贫困户陈银有脱贫案例 …………… 55
"小额贷"帮有志青年脱了贫
　　——临汾市蒲县贫困户任彦龙脱贫案例 ……………… 59
精准扶贫让刘王王旺上加旺
　　——吕梁市石楼县贫困户刘王王脱贫案例 …………… 62
七个孩子一个爸　脱贫撑起一片天
　　——临汾市乡宁县贫困户左长科脱贫案例 …………… 65
享誉京城的灵丘"金牌阿姨"
　　——大同市灵丘县贫困户任二女脱贫案例 …………… 69
人勤产业旺　遍地黄花香
　　——大同市云州区贫困户徐尚宽脱贫案例 …………… 74
红薯"粉条"变致富"金条"
　　——河津市僧楼镇贫困户吴吉善脱贫案例 …………… 78
单亲贫困妈妈的"安居梦"
　　——太原市阳曲县卢变萍脱贫案例 …………………… 82
"金山上的来客"吃上了生态饭
　　——临汾市大宁县贫困户贺瑞生脱贫案例 …………… 86
村里"老大难"开始了新生活
　　——临汾市古县贫困户李兴刚脱贫案例 ……………… 90

一个"牛"产业供出两个研究生
　　——朔州市平鲁区贫困户王日升脱贫案例 ················93
太行山下脱贫路上的"幸福味道"
　　——长治市壶关县贫困户仇俊生脱贫案例 ················96
两只扶贫羊改变了一户人
　　——忻州市代县贫困户郎平平脱贫案例 ··················99
辛苦日子里的"香甜"脱贫路
　　——长治市沁县贫困户姚凤明脱贫案例 ·················102
搬得出稳得住　乐当掌柜奔富路
　　——运城市万荣县贫困户贺仁杰脱贫案例 ···············106
"原中"垣上"刨"出金小米
　　——运城市垣曲县贫困户赵增平脱贫案例 ···············110
身残志更坚　养羊把身翻
　　——晋中市和顺县张风林户脱贫案例 ···················114
因病致贫遇良"策"　贫困家庭有保障
　　——晋中市左权县贫困户李先云脱贫案例 ···············116
精准扶贫好政策　点亮心中那盏灯
　　——吕梁市交城县贫困户郭世益脱贫案例 ···············119
"贫困户"变身"种粮大户"
　　——忻州市代县贫困户张所成脱贫案例 ·················122
扶贫扶志"懒汉"变脸"模范"
　　——大同市广灵县贫困户王丙录脱贫案例 ···············125
千难万难　干就不难
　　——大同市广灵县贫困户李全岁脱贫案例 ···············128
政府帮扶引进门　脱贫致富靠个人
　　——大同市浑源县贫困户王忠脱贫案例 ·················131
乘扶贫好东风　做致富新农民
　　——晋城市沁水县贫困户何丙文脱贫案例 ···············134

"打包扶贫"扶起"脱贫志"

　　——晋中市和顺县贫困户阎维元脱贫案例 ·················137

脱贫路上"1+1=19"的新鲜事

　　——临汾市古县贫困户于树红脱贫案例 ·················140

勤劳坚韧抗苦难　"雨露"浇开致富花

　　——临汾市乡宁县贫困户郭爱脱贫案例 ·················144

坚定信心斗病魔　勤劳致富摘"穷帽"

　　——晋中市和顺县张瑞兵脱贫案例 ·····················147

轮椅上站起来的脱贫攻坚"领跑者"

　　——临汾市永和县贫困户刘书祥脱贫案例 ···············151

新型农民光荣脱贫记

　　——吕梁市交城县贫困户牛彪脱贫案例 ·················155

党的政策好　帮咱来撑腰

　　——吕梁市临县贫困户苗三爱脱贫案例 ·················158

苗家焉村里的脱贫"带头羊"

　　——吕梁市临县贫困户苗玉彪脱贫案例 ·················161

小蜜蜂圆了脱贫梦

　　——吕梁市石楼县贫困户霍永平脱贫案例 ···············164

"扶贫羊"让穷"羊倌"走上致富路

　　——朔州市平鲁区贫困户董四平脱贫案例 ···············168

榨油机"唱"出脱贫欢乐颂

　　——朔州市平鲁区贫困户张守华脱贫案例 ···············171

放羊汉"曹三多"的脱贫"三本经"

　　——太原市娄烦县贫困户曹锁怀脱贫案例 ···············174

刨出"穷根根"　植下爱心树

　　——朔州市山阴县贫困户王振英脱贫案例 ···············177

播撒致富"原种"　收获扶贫硕果

　　——临汾市隰县贫困户张建鑫脱贫案例 ·················180

幸福不会从天降
　　——太原市娄烦县贫困户段拾太脱贫案例 ……………184
政策解除看病之忧　致富依靠辛勤劳动
　　——忻州市代县贫困户马丙成脱贫案例 ……………188
守着"金饭碗"　怎能讨饭吃
　　——长治市壶关县贫困户姬李平脱贫案例 ……………192
精准扶贫培沃土　黄岭山茶分外香
　　——忻州市宁武县贫困户罗晓梅脱贫案例 ……………196
弱鸟可望先飞　至贫可能先富
　　——忻州市繁峙县贫困户王有良脱贫案例 ……………200
五世同堂念党恩　脱贫路上勇争先
　　——阳泉市盂县贫困户李万明脱贫案例 ……………204
像滚雪球一样靠羊奔富路
　　——朔州市山阴县贫困户李辉脱贫案列 ……………209
小额贷款起步　木耳产业致富
　　——运城市垣曲县贫困户马全红脱贫案例 ……………213
易地移民搬迁好　挪出"穷窝"奔富路
　　——阳泉市平定县贫困户王燕斌脱贫案例 ……………216
"养猪脱贫"变成"养猪致富"
　　——忻州市静乐县贫困户巩先为脱贫案例 ……………220
脱贫攻坚路　幸福加"好油"
　　——忻州市宁武县贫困户张向东脱贫案例 ……………224
小额贷撑起大梦想　穷日子过成好光景
　　——忻州市代县贫困户李了亮脱贫案例 ……………227
精准扶贫让甜蜜事业走上幸福路
　　——太原市阳曲县贫困户张占吉脱贫案例 ……………230
只要肯努力　脱贫不负我
　　——运城市闻喜县贫困户郭东水脱贫案例 ……………233

精准扶贫见实效　姐弟同圆大学梦
　　——阳泉市盂县贫困户梁爱平脱贫案例 ·················237
精准扶贫政策好　带来生活新希望
　　——运城市永济市贫困户李全法脱贫案例 ···············241
摘掉"穷帽子"　享乐最村人最想乐
　　——长治市平顺县贫困户陈新令脱贫案例 ···············244
扶贫扶志"酿造"的甜蜜生活
　　——临汾市汾西县贫困户陈红贵脱贫案例 ···············247
毛皮布条条　致富金带带
　　——大同市阳高县贫困户闫金花脱贫案例 ···············251
光伏扶贫点亮脱贫致富灯
　　——忻州市五台县贫困户王新明脱贫案例 ···············254
昔日贫困户　今朝发"羊"财
　　——忻州市保德县贫困户刘双枝脱贫案例 ···············257
旅游扶贫"农家乐"　让咱生活乐开花
　　——长治市平顺县贫困户岳松堂脱贫案例 ···············261
"夫妻二人半只眼"　脱贫路上看得远
　　——大同市阳高县贫困户张全脱贫案例 ·················265
养羊发电两不误　扶贫扶志寻出路
　　——临汾市安泽县贫困户崔保林脱贫案例 ···············268
磨难人生尽坎坷　永不言弃报党恩
　　——临汾市吉县贫困户郭东月脱贫案例 ·················272
鸡生蛋蛋生鸡　我养鸡鸡养我
　　——忻州市神池县贫困户乔文明脱贫案例 ···············276
脱贫路上自强不息的"犟女子"
　　——大同市阳高县贫困户李秀平脱贫案例 ···············280
脱贫攻坚让好日子更有奔头
　　——忻州市河曲县贫困户王兴弟脱贫案例 ···············283

下了山　上了班　心里舒坦
　　——晋城市陵川县贫困户李志秀脱贫案例 ……………287
奔走在脱贫路上的"女汉子"
　　——晋城市泽州县贫困户李云霞脱贫案例 ……………290
摆脱贫困　焦三录奏响三步曲
　　——晋中市昔阳县贫困户焦三录脱贫案例 ……………293
甩开大膀子　摘掉穷"帽子"
　　——忻州市神池县贫困户张伟脱贫案例 …………………296
选对脱贫路子　鼓足了钱袋子
　　——晋城市陵川县贫困户王何富脱贫案例 ……………299
昔日厄运疮孔　如今含笑抚平
　　——长治市武乡县贫困户王雪清脱贫案例 ……………302
老牛湾里念的"脱贫经"
　　——忻州市偏关县贫困户郭文生脱贫案例 ……………307
脱贫致富有"牛"招　自强不息奔小康
　　——临汾市永和县贫困户任永军脱贫案例 ……………310
香菇不"蓝瘦"　脱贫有盼头
　　——运城市闻喜县贫困户张新萍脱贫案例 ……………314
幸福里小区的幸福梦
　　——运城市夏县贫困户董铁栓脱贫案例 …………………317
扶贫贷款帮姚伟过上"莓"好生活
　　——长治市武乡县贫困户姚伟脱贫案例 …………………320
脱贫路上赶着牛儿奔小康
　　——晋中市昔阳县贫困户韩志兵脱贫案例 ……………324
贷款治穷扶志　教育治愚扶智
　　——吕梁市岚县贫困户张怀旺脱贫案例 …………………327
只要精神不贫瘠　脱贫也能有奇迹
　　——临汾市吉县贫困户杨孔森脱贫案例 …………………331

扶贫先扶志　脱贫脱单成新家
　　——运城市闻喜县贫困户柴俊山脱贫案例 ……………336
政策扶上马　脱贫永腾达
　　——太原市娄烦县贫困户张润年脱贫案例 ……………340
借"光"养牛　脱贫不愁
　　——晋中市左权县贫困户万保文脱贫案例 ……………343
"蜗居"到"宜居"的脱贫蜕变
　　——吕梁市交口县贫困户陈毛兰脱贫案例 ……………347
青蒿焉村里的脱贫"领头雁"
　　——吕梁市临县贫困户高学勤脱贫案例 ………………350
披上精准脱贫的"大红袍"
　　——运城市平陆县贫困户靳小军脱贫案例 ……………353
冲破"穷茧"　美丽蝶变
　　——吕梁市岚县贫困户牛桃珍脱贫案例 ………………356
山旮旯里"晒"出的幸福年账
　　——临汾市汾西县贫困户赵小年脱贫案例 ……………360
奔走在脱贫路上的古稀老人
　　——吕梁市交口县贫困户高志成脱贫案例 ……………365

搬出山沟沟　走上幸福路
——忻州市岢岚县贫困户刘福有脱贫案例

【家庭档案】

刘福有，72岁，阳坪乡赵家洼村人，全家3口人，均以务农为主。其妻杨娥子，今年73岁；母亲王花仁，92岁（已于2018年3月2日去世）。全家原住房条件简陋，有土木结构住房2间，房龄已达30年。刘福有家于2014年被认定为建档立卡贫困户，全家于2017年9月22日移民搬迁至县城广惠园移民新村，2018年底实现稳定脱贫。

"现在这日子，就像做梦一样。"这是72岁的刘福有从原赵家洼村搬到集中安置点广惠园后常说的话。

曾经的赵家洼村位于岚漪河南岸的山沟里，农耕条件差，全村近30年来没有动土，房屋简陋、破旧，一眼浅层渗井水是为全村人提供着饮用水。村里集体没有经济收入，属于典型的"一方水土养不好一方人"的深度贫困村，不少人陆续都搬到了城里。

刘福有是独子，没有兄弟姐妹。在农村，那个年代的"独生子"代表

快搬新房了,留个"念想"

的是"没帮没靠",刘福有20岁时和老伴杨娥子结婚,几十年里,完全过着"自力更生"的日子,连房子也是他自己一块石头一块石头盖起来的。婚后他们生了四个女儿一个儿子,一家人就靠几亩薄田辛苦度日。搬迁前,房子经年未修,夏天漏雨,冬天钻风。儿女都已成家,他们仍然住在自己的老房子里,没想过、也没有能力离开村子。本该是享受幸福晚年生活的年纪,刘福有老两口从地里回家时经常还要背一大捆柴,那是用来做饭的燃料。除此之外,已经是老人的他们还要照料90岁的瘫痪在炕的母亲,用当地人的话说,那日子就是一个词:"恓惶"。

2017年6月21日下午,习近平总书记视察山西时来到赵家洼村,走进了刘福有的家,坐在了他家的炕上,亲切地和他聊天,询问他的种地、养殖情况,一年看病吃药情况,还拉着他的手说:"希望你们生活越过越好,越过越红火。"

2017年9月22日,农历八月初三,吃罢老伴杨娥子烙的"翻身烙饼",刘福有和全村其余几户在驻村工作队的帮助下一起喜气洋洋地离开了赵家洼，搬到了位于县城广惠新村宽敞的楼房里。90岁的老母亲虽然不能流畅地表达，但老人那些天一直眯着眼笑，老人没有想到，自己老了老了，不仅能走出村子，还能进了城，住上属于自己的新房子。

刘福有的新家两室一厅，南北通透，光照充足，乳白色的地板砖映衬得家里亮亮堂堂。客厅里挂着习近平总书记与刘福有老两口亲切交谈的照片，刘福有说每天都要擦一次照片，只要看到这张照片心里就"热乎乎"的。

搬迁后，刘福有家住进了宽敞的楼房，住房、医疗等条件明显改善；刘福有被聘用为保洁员，月收入1050元；迁出村7.75亩耕地，每亩平地以每年300元流转给岢岚县益农嘉公司；坡耕地全部退耕，2018年退耕14.5亩补助4589.97元；享受光伏扶贫利益分红800元；享受出资入股分红44.6元；中药材分红200元；刘福有、杨娥子养老金每人1416元、低保金每人2976元；政府为其二人每人缴纳基本医疗保险220元，补充医疗保险100元，政府救助保险80元，疾病身故意外伤害险30元，住院津贴18元，每人共计448元；"两不愁三保障"全部达标。刘福有算了笔账，退耕还林、

脱贫后刘福有全家福

脱贫前刘福有夫妇在老房子前院里干农活

农资补贴、低保、养老保险，还有新农合报销和大病报销等，一年政策性帮扶收入就有3万多元，再加上自己每年12000多元的做保洁员的工资和光伏扶贫分红，老两口年收入将近40000元，用刘福有的话说就是："过普通的日子阔阔绰绰。"

"用上了自来水，不用劈柴打炭，不用为生炉子发愁，冬天有地暖，一进门就暖烘烘的。保洁员这营生也不累，就在我们小区，很方便。"迁入新居的刘福有说起现在的生活就高兴得合不拢嘴。

让刘福有高兴的是，自己搬迁后不仅生活条件改变了，像城里人一样天天上班、领工资了，而且享受着健康服务，定时有医疗人员来提供医疗服务，经常还会有县、乡领导到家里来问寒问暖。原赵家洼村复垦后，驻村工作队办公地点就设在广惠园，第一书记、工作队员还像过去一样关心着他们的生活，把党的温暖和关怀送到他们身边。特别是在岢岚县"搬得出、稳得住、逐步能致富"及"脱贫不脱政策"的思路下，县里通过对搬迁农户原承包地、山林地和宅基地进行打包开发，增加财产性收益，实现挪"穷窝"与换"穷业"并举、安居与乐业并重、搬迁与脱贫同步，刘福有和别的搬迁户一道，充分享受到了岢岚县产业扶贫、政策倾斜的红利，进城前担心的生活保障问题，已经全部得到了解决。

"我想到的、没想到的，党和政府都替我想到了！"对于现在的生活，刘福有已经非常满意。他说，国家不是养活着咱一个人，是全体中国人的。习近平总书记和各级领导关心咱老百姓，让咱的生活发生了这么大的变化，咱也要为党和政府分忧，"尽本事做一些贡献，不拖累国家。"他说。他要用自己的一把扫帚，扫出个干净整洁的岢岚来，为大家、小家做一点点贡献。

曾经处于深度贫困地区的"刘福有"们，正在信心百倍地和全国人民一道共同迈进小康社会！

脱贫后刘福有夫妻时时洋溢着幸福的笑脸

国安家长在　幸福不缺席
——忻州市岢岚县贫困户王三女脱贫案例

【家庭档案】

王三女，69岁，患有心脏病、高血压。几年前，儿子因病去世，智障儿媳离家出走，留下孙子、孙女与她相依为命。孙子曹永兴，16岁，二级智残，精神发育迟滞，孙女曹永利，15岁，三级智残，兄妹俩现就读于忻州特殊教育学校。2014年王三女一家被认定为建档立卡贫困户，在国家扶贫政策的扶持以及驻村工作队和相关部门的帮助下，生活质量得以改善；2017年6月21日，习近平总书记亲往赵家洼村慰问贫困户，在王三女家与王三女亲切交谈；2017年9月22日，王三女家搬迁至广惠园国防移民小区。

王三女是土生土长的岢岚人，先嫁到下寨那边，离婚之后带儿子又嫁到赵家洼曹家。婚后30余年，她与丈夫靠天吃饭，务农为生，家境贫寒。儿子长大后，在神池县"问"下一桩婚姻。10年前，王三女的丈夫离世。2014年，儿子也患病去世，原本就智障的儿媳妇也离开了这个风雨飘摇的

迁入新居后王三女签订就业协议

家。要说命苦,谁还能比王三女更苦?她经常背着孙子、孙女偷偷抹泪,自己还好说,两个娃娃可咋办?

2016年,驻村工作队住到了村里。王三女还没有意识到,她最操心的问题成了一些干部操心的问题。

过去,王三女家吃水困难重重,她一个瘦弱的老人,要从井里费劲地提上满满两桶水还要爬坡担回家,半路上停下歇两歇,来回十几分钟,就算祖孙三人再节省,一个星期一担水也不够吃啊!自从驻村工作队进了村,不但在井上装了泵、通了电,可以直接把水泵上来,而且工作队的同志们也经常帮她担水,可是,王三女有她自己的顾虑:哪能靠别人一辈子?人家也有自己的家。

让王三女不敢相信的是,智力残疾的孙子、孙女居然也能进学校读书,还是忻州的学校!娃娃们的费用由政府负担。一切都像是在做梦。还不等王三女醒过神来,习近平总书记又来到了赵家洼。

她清楚地记得,那是2017年6月21日。总书记亲切地称呼她为"大姐",王三女想:老伴儿不在了,儿子不在了,孙子又有病,哪还有亲人啊?可习近平总书记就像亲人一样啊!总书记的嘘寒问暖让王三女心窝子一热,差点涌上泪来。

总书记走后,干旱了几个月的赵家洼开始一场接一场地下雨,山下玉米地里玉米秆越蹿越高,玉米棒子也越来越大。满面风霜的王三女脸上也有了笑容。她想,苦日子总算熬出头了。

养老金1416元,低保金3636元,两个孙子的孤儿补助24000元,残疾补助1200元,新农合660元,补充医疗保险300元,政府救助保险240元,意外伤害保险90元,退耕还林6411元……2018年她家总收入50572.98元,人均收入16857.66元,这些数字帮扶干部给她解释过很多次,她记不住,不过,有什么关系?国家给的,还能出错?有点钱了,她赶紧把饥荒给人家还清了。饥荒是前些年儿子住医院摊下的,儿子去世了,她没有经济来源,没钱还债,现在手里一有钱她就不愿意欠饥荒了。

2017年6月23日,习近平总书记在山西太原主持召开深度贫困地区脱贫攻坚座谈会并发表重要讲话时肯定了忻州市通过整村搬迁解决深度贫困的办法。截至2018年6月,岢岚县全县115个整自然村搬出大山,形成县城、中心集镇、中心村"1+8+N"的城乡融合发展格局,安置1083户

脱贫后喜迁新居的王三女全家福

时时不忘习总书记嘱托的王三女在新居

3099人。

  赵家洼扶贫搬迁的时候,也完全实行自愿,搬迁户可以选择搬到阳坪乡,也可以选择搬到广惠园移民小区,王三女选择了城里,经常吃药、输液的,住在城里看病方便,吃水也方便。总书记来的那一年秋天,驻村工作队带她到城里看房。看着齐整的新房、电视里才能看到的家具,王三女更加坚定了自己的选择。9月22日,王三女告别了她住了三十几年的旧房子和一应家什,住进了广惠园国防移民小区,这里,将为她储存丢失了大半辈子的幸福。

  根据整村搬迁相关政策,王三女家3口人,国家补助75000元,加上旧房子补偿,她拎包住进了新房子。

  对于王三女来说,城里的生活充满了新鲜的挑战。在村里的时候用惯了柴火做饭,煤气、电锅子王三女一概不会用。经过一段时间的学习,终于学会了。有一次,家里停电了,她不知道该咋办,就给工作队打电话。工作队的陈福庆书记给她交了电费。交费后,还是没电。陈书记说,估计是跳闸了,叫电业局的工作人员给拨弄了一下,这才有电了。王三女感叹:城里的很多事情,得慢慢学,才能适应。

过去纠缠了她大半辈子的穷困从她的生活中撤离,忙了一辈子的王三女生活突然间清闲下来了,吃穿住行不再发愁,孙子、孙女也不用她操心,2018年她患肺心病住院,医药费3000多元,90%报销了。勤劳朴实的庄户人在家待不住,在政府的帮助下,她找到了一份保洁员的工作,月收入1050元。

王三女是个懂得感恩的人,习近平总书记去赵家洼的时候,那里还是个住处难、交通难、就业难、种地难、吃水难、娶妻难的地方,精准扶贫后现在的赵家洼村里人搬迁到新房子里,过着全新的生活,要不是国家易地扶贫搬迁的政策,谁都不敢想能在城里住,新时代的精准扶贫精准脱贫政策让贫困山区的人民过上了如梦的幸福生活。

王三女家的旧房子

走出大山洼　脱胎换骨过新生
——忻州市岢岚县贫困户曹六仁脱贫案例

【家庭档案】

曹六仁，1957年生，62岁，妻子王春娥，61岁，视力二级残疾，无法劳作，全家靠种地为生，2014年被认定为建档立卡贫困户，享受国家精准扶贫政策。老两口有三儿一女，两个儿子已成家外迁，小儿子曹进军30岁，在内蒙古、北京打零工；女儿曹红艳，23岁，就读于天津机电职业技术学院，享受"雨露计划"。2017年9月22日，曹六仁一家人搬迁入住广惠园国防移民小区，曹六仁在天盛缘玻棉厂有了稳定工作，2018年底顺利脱贫。同时，迁出村的平地流转、坡耕地退耕、金融扶贫、低保、养老、医保等多项扶贫措施，保证了曹六仁一家稳定脱贫。

曹六仁兄妹七人，他排行老六。小时候家里穷，因为交不起一块钱的学费，他只读到四年级就辍学了，后来的日子便随着父辈与"土坷垃"打起了交道，过了大半辈子面朝黄土背朝天的日子。自己吃了一辈子没有文化的苦，又怎么肯让孩子重蹈覆辙呢。对于自己四个孩子的教育问题，曹六仁只有一个信念,"只要他们愿意念书,我就一直供,哪怕是东墙石头垛西墙上也要供"。在他的坚持下,大儿子和三儿子读完了中专,小女儿考上了大学,唯一遗憾的是,二儿子还是因贫辍学早早回村务农。幸运的是,二儿子应征入伍,成为一名军人,接受国家的培养,这也让老曹稍稍缓解了心头的愧疚。但是多年来孩子们读书的花销让这个本就捉襟见肘的家更加入不敷出,2014年,在综合考虑各方因素后,经过村民民主评议,曹六仁家被确定为建档立卡贫困户。

2017年6月,习近平总书记视察山西来到赵家洼,走进曹六仁的家里。曹六仁说,总书记能来到他们家,是他几辈子都梦不到的事情,同时,也给了他极大地鼓舞。"党中央、总书记这么关心我们困难群众,我们自己更得好好干了",这是曹六仁的心里话。2017年9月22日,曹六仁和村里的其他村民集体搬迁到了县城广惠园小区,老房子拆除的时候,他站在不远处落了泪,舍不得的是亲手建造的一木一石和四十年的风风雨雨,但他又充满希冀,离开这个山洼,应该会有不一样的人生。

从墙上有洞、地上有坑,刮风烟熏、下雨漏水的乡村土屋搬到窗明几净、家具齐全的舒适小区,曹六仁没有花一分钱,新房政府补贴每人

赵家洼旧村

赵家洼移到广惠园集中安置点

25000元，加上旧屋拆除复垦补助，入住新房富富有余，搬迁不举债的政策真的让曹六仁一家实现了拎包入住。

搬得出是第一步，稳得住才是关键。搬到县城后，曹六仁就积极寻找适合自己的工作，最后在阳坪乡和驻村工作队的帮助下，曹六仁应聘到县城玻棉厂上班，每月有了2800元的固定收入。在玻棉厂上班以来，曹六仁认真工作，虽然只是负责食堂卫生清洁，但他却做得一丝

脱贫后喜悦的曹六仁夫妇在新居

喜迁新居的曹六仁感受楼房新生活

在赵家洼最后一张全村福

不苟。他说,"人家给我这份工作就是对我的信任,我要对得起这份工作,担得起这份信任",庄稼人的勤劳朴实由此可见。此外,曹六仁还积极鼓励其他乡亲们用自己的双手开创幸福生活,在他的引领下,乡亲们自我脱贫的愿望强烈,形成了你追我赶的致富局面。

以前曹六仁是家里唯一的经济支柱,搬迁后,除了他的工资收入,迁出村4.5亩土地以每年1350元流转给当地益农嘉生态农业有限公司,坡耕地全部退耕领取退耕补助,每年享受金融扶贫资产收益4000元,养老保险金1416元和妻子低保2976元,2018年11月开始妻子的养老金到龄领取,残疾救助也到了位;儿子曹进军经过培训,掌握了电焊技能去北京打工,女儿曹红艳享受"雨露计划"2000元;政府为其四人每人缴纳基本医疗保险、补充医疗保险、政府救助保险、疾病身故意外伤害险、住院津贴每人共计448元,确保"两不愁三保障"全面达标能够实现稳定脱贫。

"这一年多来我最大的变化就是心里踏实",曹六仁说,"过去买东西很不方便,回阳坪乡买些需要的东西,它也没有,到县城隔着20里呢。住到城里以后,居住条件有了很大的变化。原来村里是土坯房,地面是土的,讲究一些的人家也就是铺个砖,最好的也就是水泥地,现如今我们的新楼房地上铺了地板砖，干干净净的挺好。厨房用上了自来水、电磁炉、油烟机，卫生间用上了电热水器，有淋浴头，还有抽水马桶。做饭是最好的条件了哇，把插头一往上插就开始做饭了，再也不用劈柴担水了。县领导经常来，他们都是牵挂咱们的，来了以后，他们看我们有甚不懂的地方，看我们会不会用煤气，会不会用电，提醒我们注意安全。政府给老百姓办的每一件事情都办得踏踏实实，我们这些受苦人，都实实在在感受到了党的温暖。"

2018年春节，曹六仁的儿子女儿和老两口一起度过了在新房子里的第一个春节，也是全家人多少年来过的最为舒心的春节。没有了从前八九口人挤在一铺炕上的尴尬，没有了火炉呛人的烟味，现在满桌的佳肴，满眼的红色"福"贴，让曹六仁不禁感慨："党中央实行了精准扶贫、易地搬迁、走出山沟的好政策，2017年的八月初三我们迁居于广惠园小区，住上新楼房，在鲜明的对比下，脱胎换骨改变了人生，确保了搬得出去而且能稳得住，心上有一种放心感，感谢党的好政策，感谢习近平总书记对劳动人民的真关怀，为老百姓谋幸福。"

70年风雨沧桑，曾经破败的山洼早已复垦变绿。真真正正见证了赵家洼由衰到兴、由衰到绿的曹六仁，站在共和国70年的辉煌路口，怀着感恩的心、带着美好的梦和他的孩子们接续奋斗！

脱贫路上"老农民"玩转"新农具"

——长治市武乡县贫困户魏宝玉脱贫案例

【家庭档案】

魏宝玉,武乡县上司乡岭头村人,一家4口人。女儿上大学,儿子上初中,2015年被确定为建档立卡贫困户。通过电商扶贫等多项帮扶措施于2018年脱贫。

手戴白手套,头顶食品帽,一副超大口罩遮盖着大半个脸,装着一部手机的自拍杆被固定在墙上……

脱贫攻坚战犹酣时节,慕名走进了位于武乡县上司乡岭头村的魏宝玉电商创客小院,恰逢他正进行小米包装直播:一粒粒黄黄的小米在他娴熟地操作下,入袋、称重、码入真空包装机,瞬间变成了一个个四方四整的"砖块"。

"又在网络直播呀!"

"可不是嘛,耕种直播、管护直播、收割直播、加工直播,这包装更得直播!"魏宝玉笑着说。要让消费者买得放心、吃得放心,咱就得搞好全程直播,让消费者明明白白购物,放放心心享用,家里微商用的电脑、真

魏宝玉和他的有机谷子

空包装机、小会议桌、背景窗帘等都是县电商办免费扶持,对这套直播装备,魏宝玉戏称这是他的"新农具",爱不释手。

今年48岁的魏宝玉是土生土长的武乡县岭头村人,2012年一场不期而遇的疾病——胃出血,让他背上了沉重的债务。更为重要的是,从此他不能再干重体力活。一家四口滑向了贫困的深渊,女儿上大学,儿子上初中,2015年被确定为建档立卡贫困户。

"由于我身体不好,村里扶持的种植、养殖项目我根本搞不了。"魏宝玉说,当时可愁坏了村干部和帮扶工作队,健康扶贫让他医疗有了保证,女儿上大学得到"雨露计划"补助,还有爱心人士3000元资助,当时他很知足,但扶贫政策不断宣传,让他的创业心蠢蠢欲动。2016年11月,县里组织微商培训,他抱着试试看的心态参加了第一期培训。

"第一期有两个收获,知道了'微商'这个词,知道了微店能赚钱,

魏宝玉整理网店发货单

可怎么操作还是摸不准门道。"魏宝玉说。他很着急，于是报名又参加了第二期微商培训。在老师指导下，他注册了自己的微店，没想到在培训课堂上就接到了来自广州的订单，20斤小米卖出了200元，除去包装、物流费用，宝玉赚了近100元钱。

"第一单生意给了我巨大信心，于是便一鼓作气学完了全部课程，一门心思搞起了微店。从开店到现在，两年时间，我已在网上赚到了8万多元，小米、核桃、土鸡蛋卖到了全国各地，最远一单小米卖到了法国。"魏宝玉高兴地说。

一个偶然的机会魏宝玉听说，南方一位农民通过网络直播预售杧果，当时他就心里一亮："咱何不搞个直播种谷子，让城里人知道小米是怎么种出来的，说不定能收到预想不到的效果。"

回到家，魏宝玉就在手机上下载了"美拍"直播软件，打开网络直播平台，让儿子帮忙拍摄，一会儿给自己的羊粪肥、红土地来个特写，一会儿在镜头前讲岭头村为何适合种小米，一会儿又拍湛蓝的天空和沟壑里的野花，对着镜头，他一边撒羊粪，一边向网友介绍自己种的谷子（小米）

绝对是绿色无污染。没想到，几分钟的直播还吸引了20多位观众。

网友赞叹"岭头村的天真蓝，环境真好"，有网友留言"路转粉了"，更有网友专门打电话到上司乡政府询问魏宝玉的电话，怎么购买岭头村的小米。

2017年5月18日，在读大学的女儿的远程帮忙下，魏宝玉尝试第二次直播。这一次直播，他直接用上了播种机，边施羊肥，边播种。播种结束后，他还冲着镜头告诉观众，再过25天左右，禾苗出来后，他要来锄草，到时还会有场直播。与第一次直播相比，他在"互联网+"的道路上似乎已是驾轻就熟，而且学会了"卖关子""留伏笔"。

当日，魏宝玉播种小米的视频在新华社客户端直播后，点击量超过60万人次，一夜间他"圈粉"23万人，成了名副其实的"网红"，被冠上了"直播达人"的美誉。

"他现在是见什么拍什么。田里的谷子长多高了、什么时候该除草了，谷子生长的每一步，都会全程直播。你拍你自己的就行了，还拍村里的花

花草草，就连村里的鸡、牛、羊都不放过，整天价拍、拍、拍。"岭头村村民张青春这样说。

"我直播的目的就是让买我产品的顾客眼见为实，让他们更放心。直播中的互动还能拉近和网友的距离，再加上直播中留下了微信和手机号，不知不觉间就攒足了人气、聚积了客源。"魏宝玉说。

随着魏宝玉的"田间地头直播"影响力提升，他的小米销售量也日益攀升，而且有不少是预订。以前是一年种地，秋天卖粮，还发愁换不成现钱，现在是边种地边卖粮，米还没出手，钱就到手了，这是该村电商扶贫成效的一个缩影。

"刚开始村里搞微商的时候，只有少数几户条件好的人家才安得起网络，为了支持村民搞电商，县里给村里架起了网络信号塔，全村实现了WIFI覆盖，还专门开通了物流进村，每天定点收货。"岭头村党支部书记张玉堂介绍说。过去村里人农闲时不是打牌就是串门唠嗑，玩手机上的斗

正在直播的网红老农民魏宝玉

地主打麻将。现在风气变得好多了，在手机、电脑上网接订单、发货成了村民的主业。不论劳动间隙的田间地头，还是茶余饭后的餐桌旁边，大家都把主要精力放在了微店经营上，过去常见的赌博、斗殴事件也没有了，脱贫攻坚各项政策让村里面貌发生翻天覆地的大变化，2018年底全村一户不落地顺利稳定脱贫。

电商搭平台，山货出山门。武乡县把互联网资源转化为脱贫攻坚的抓手，打出了"小米加步枪，好米在武乡"的品牌战略，创立了"武乡小米"区域品牌，与微店签署了合作协议，借助电子商务平台让"养在山里人未识"

魏宝玉在农田里劳作

的武乡小米走出了大山，走向了全国。如今的岭头村人从"看不惯"变成了"要跟上"，在老农民"新农人"魏宝玉的带动下，纷纷拿起了他们的"新农具"，开微店，上淘宝，一个个变成了"淘宝店主""微店老板"，目前全村已注册微店130多家，年销售收入500多万元，岭头村人乘着"互联网+农业"这列快车，终于甩掉了"穷帽"，踏上了富路。

阳光下的致富梦成真
——朔州市右玉县贫困户李生亮脱贫案例

【家庭档案】

李生亮，47岁，右玉县白头里乡野场村农民。妻子樊玉女，43岁，育有两个孩子，一儿一女，且都尚未成家。2014年，因学致贫被识别为建档立卡贫困户。在扶贫工作队的帮助和协调下，在信用社申请扶贫贴息贷款，安装户用光伏。并网发电后，2017年顺利实现年收入增加5000多元的预期目标，于2018年脱贫。在他的带动下，村里还有8户村民也搞起了户用光伏发电。

整洁的小院，敞亮的房屋，分布式光伏发电装置立刻引人注目，李生亮开心地说："这可是个好东西，我们家的脱贫致富可都靠着它哩！就连汪洋主席都来我家看过！"

2019年6月5日，这是李生亮记忆犹新、终生难忘的一天。在这一天，中共中央政治局常委、全国政协主席汪洋来到了李生亮家里。在李生亮家大门口，夫妻二人见到汪主席，每每回想起那一刻，李生亮都激动不已。

汪主席和蔼可亲的样貌，同他握手的瞬间都深深印在了他的脑海里。那日，李生亮用手机一边熟练地操作，一边向汪主席详细地回答。他说，那天汪主席和他聊了很多，也问了很多，问收入的具体情况，问孩子们的就业婚姻情况，直到现在，李生亮还记得他和汪主席保证的话语和汪主席对他们的鼓励："请主席放心，我们现在的生活越来越好，也请汪主席捎话给习主席，让他有时间一定要来右玉看一看。"汪主席说一定把话带到，并说你们高兴我们就高兴，共产党就是为人民服务的，老百姓的幸福就是共产党的事业。家常问答之间，为人民服务的公仆情怀展露无遗。

看到如今自信满满的李生亮，让人很难与几年前的他联想到一起。李生亮的文化水平并不高，思想又有一点落后保守，只能在村种地为生，靠天吃饭，经营自己的责任田，在闲余时偶尔打几天零工来勉强维持一家人的生计。

由于孩子上学，全家经济拮据，生计难以维持。2014年，被识别为建档立卡贫困户，是典型的因学致贫。"打赢脱贫攻坚战"的号角吹响后，针对致贫原因，乡、村干部与驻村帮扶工作队采取脱贫先扶志的措施，帮扶队多次到李生亮家中帮助他转变思想观念，鼓起脱贫致富的勇气。坚定

了脱贫致富信心后,李生亮积极配合制定的帮扶措施,但是在落实安装分布式光伏时,他犯怵了,李生亮忠厚老实,害怕贷款建设光伏的收益不高,不仅赚不了钱还会欠一身债,顾前怕后不敢签合同,经过干部们的屡次耐心开导,坐下和他仔细算账,他才相信这是一条脱贫致富的好路子。

多次沟通后,李生亮坚定了脱贫致富的信心,积极配合帮扶队制定的帮扶措施。主动申请建成5千瓦的光伏发电,5千瓦户用电站该户小额信贷4.7万元,安装了屋顶光伏,并与朔州市富芸祥光伏服务有限公司签订了合同。电力公司按"自发自用、余额上网"模式,每度电0.74元足额给予补助。并网发电后,2017年李生亮家顺利实现年收入增加5000多元的预期目标。

尝到甜头的李生亮并

没有忘记村里其他的贫困户，他主动参与到扶贫工作中，亲自向那些半信半疑的人解释，在他的努力下8户村民也搞起了光伏发电，户均增收4500元以上。李生亮家庭靠土地流转收入、生态补偿收入、教育扶贫、健康扶贫等政策，彻底摆脱了贫困，走上了致富的道路，于2018年脱贫。

现在的李生亮腰杆子挺起来了，精神面貌也发生了翻天覆地的变化。他说，这些年来，村里也发生了翻天覆地的变化，在他家的门口，昔日臭气熊天的垃圾滩变成了拥有各式花木的公园和集篮球场、健身器材于一体的村民健身广场。统一粉刷成亮白色的住房和院墙上，醒目的社会主义核心价值观宣传画栩栩如生，仿佛进入了画廊。相邻村委会与自家一溜头顶湛蓝色光伏发电板的新建平房整齐排列，村组织活动场所院子正中，一杆鲜艳的国旗迎风高高飘扬。

谈及未来，李生亮信心满满。他说，穷不扎根，只要有信心，只要肯努力，生活就一定会幸福下去……

阳光下李生亮的户用光伏致富板

精准扶贫 "两贷"扶起两代人

——吕梁市兴县贫困户李明则脱贫案例

【家庭档案】

李明则，57岁，家住兴县赵家坪乡前塔上村。两子一女，靠耕种20亩土地为生。2014年建档立卡贫困户。他积极申请"助学贷款"，先后解决三名子女上大学问题。精准扶贫以来，利用"小额扶贫贷款"发展养殖业增收。响应政府易地扶贫搬迁政策，举家搬往太平洋安置点移民新村，实现由村民变市民的华丽蜕变，2017年顺利脱贫。

"孩子念书有助学贷款，搞养殖用的是小额扶贫贷款，国家政策好，我们的日子也是越过越好了……"李明则做梦也没有想到2018年元月的一天，中共中央政治局委员、国务院副总理、国务院扶贫开发领导小组组长胡春华走进他家，他激动地和胡副总理说起了近年来自家发生的变化。

前塔上村是赵家坪乡宋家塔村委的自然村，全村建档立卡贫困人口10户29人，李明则家在十里八村的乡亲们眼中是出了名的书香家庭，虽

脱贫后李明则全家福

然生活极度贫困，但面朝黄土背朝天的他并没有因此放弃子女的学业，而是咬紧牙关，用自己瘦弱的肩膀挑起一个家庭的重担，他和妻子节衣缩食，先后供养出三名大学生，用知识改变命运。他常说，自己一辈子没念多少书，轮到儿女们就算砸锅卖铁也不能让他们吃没文化的亏。2010年秋，三个孩子陆续开学，面对高额的学费和家里入不敷出的困境，他思虑很久，最终狠下心挨门逐户东拼西凑，以三分的高利贷筹得孩子们的读书费用，当时好多人暗地里笑话他是傻瓜，也有亲近的人劝他：这样舍身破命倾家荡产万一念不成，岂不竹篮打水一场空？所有不理解和街坊邻居异样的眼神都没有让他打消让孩子读书的念头。

  李明则说，他记忆最深的是2011年腊月二十九，岁末年尾，当时家家户户放鞭炮贴对联喜迎新年，而他家炕头却坐着前来催债的人，屋子里气氛压抑，全家人没有一点过年的心情，孩子们回家也个个低头不语，他们知道父亲为了供他们念书欠了很多外债。李明则说，即便这样的窘境，他也没有埋怨过孩子们半句，没有打退堂鼓，他相信孩子们能念成，念成书就有更好的出路。

  三个孩子从初中到高中三年的学习生活费用，让李明则背负了10万多元的贷款本金，而利息又高达10万余元。

  经历了十余载寒窗苦读，2012年7月，大儿子李旭亮以优异的成绩考入贵州大学，一家人围着录取通知书在开心的背后难掩内心的忧愁。

  "山重水复疑无路，柳暗花明又一村。"正当全家人愁眉不展时，乡里干部为他们带来可以申请国家助学贷款的好消息。国家助学贷款是由政府主导、财政贴息，银行、教育行政部门与高校共同操作的专门帮助高校贫困家庭学生的银行贷款。助学贷款给李明则家带来新的生机和希望。从此，三个子女读本科、上研究生的费用全部来自助学贷款的支撑，这项惠民利民政策，点亮一个农村家庭全部的梦想。

  子女们在助学贷款的帮助下，都上了大学并顺利完成了学业，现在大儿子在北京华郊律师事务所做实习律师，女儿和二儿子今年也都大学毕业就业，孩子们开始自己务工挣钱还学生贷款。

  看着孩子们都完成了学业，李明则又闲不住了，在助学贷款的前车之鉴下，他滋生了新的想法，国家对贫困户有没有出台相关的扶贫贷款呢？他想着：虽然自家是贫困户，但也不能有"等、靠、要"思想，要想彻底摆脱贫困，首先必须要自己站起来！

  经过与乡包联扶贫干部积极对接沟通后，他了解到，国家有针对贫困户的小额扶贫贷款。2016年，在包扶干部及扶贫队员的帮助下，他顺利在邮储银行贷款3万元，小额贷款由政府贴息，李明则尝试搞起了养殖业。

在党和政府的指引下，在各项帮扶政策的扶持下，李明则利用政策贷款，养羊百余只，养猪四五头，鸡二十余只，养殖效益良好。目前，养殖收入、生态建设、医疗补贴、入股分红下来，家庭年收入可达4万余元，李明则家于2017年成功脱贫。

李明则说，他现在觉得日子过得真舒坦。这一切得益于"两个贷款"，一个贷款圆了孩子们的大学梦，另一个贷款圆了他的致富梦！通过易地扶贫搬迁，现在他喜迁新居，政府给了他一个公益性岗位，两口子又积极参加易地扶贫搬迁培训。李明则，实现了人生的又一次华丽蜕变！

"树痴"捐出千亩林　脱贫不忘党恩情
——忻州市保德县贫困户赵蛇则脱贫案例

【家庭档案】

赵蛇则，73岁，因病致贫，2017年被识别为建档立卡贫困户，2018年低保兜底，顺利脱贫。

荒山深沟，辛勤耕耘四十年；千亩林地，无偿捐献只瞬间。在保德县南河沟乡赵家中焉村，73岁的贫困户赵蛇则把辛辛苦苦经营了一辈子的林地无偿捐赠给了政府。消息一传开，有人震惊，有人质疑，但更多的人对这个"树痴"竖起大拇指。

有人说，赵蛇则要是把栽的这1000亩树按木材价卖了，能卖40万。

还有人说，林子下面有煤，一旦采煤就能得到更多补偿，可远不止40万元。

但谁也没想到，73岁的赵蛇则辛苦栽了一辈子树，到头来却把林子无偿捐献给了政府，这件事一时在保德县引发各方关注。

"河曲保德州，十年九不收，山高露石头，清官也难留。"这句古谚道出地处晋西北的保德县自古以来的生态窘境。保德位于吕梁山北麓，与陕

赵蛇则和他的植树造林荣誉证书

西省府谷县隔黄河相望，是典型的黄土高原，水土流失严重，境内沟壑纵横，平均每公里就有38条沟。为扭转生态流失状况，20世纪60年代起，保德县就开始大规模植树造林。赵蛇则爱种树在十里八乡是出了名的，从小他就对树有一种特殊的感情，常常将捡来的杏核、柳条种在荒坡上，只要看到树苗，随手插进土里就成活了。

十七八岁时，赵蛇则因栽树被村里批斗，村民阻挠，父母担心，赵蛇则只好放弃，可看到家乡的荒坡荒沟，他想要种树的念头没有熄灭。

"父亲常说，人活着要有良心和理想。小时候我与同村的两个伙伴坐在对面的土坡上闲聊，提起了理想，一个人说要挣很多钱，另一个人说要一个漂亮的婆姨，我却说要干上几件好事，要让这辈子没白活。"赵蛇则觉得，在保德县这个地方，荒沟里栽树就是大事，就是好事，他一生做好一件事，就是全身心投入种树栽树。

1979年春天，改革开放的春风通过无线电波吹到了中焉村，国家鼓励农村包产到户、零星植树。赵蛇则的心亮堂起来，这下终于可以理直气壮地种树了。同年4月，赵蛇则自己育了一亩地的槐树苗，开启了他四十年的种树历程。1980年，赵蛇则参加了保德县举办的群英大会，受到县领导的表彰，赵蛇则种树的信心更足了。1983年，村里开始小流域治理，赵蛇则承包了两条荒沟，占地700多亩，再加上自己零星开辟的荒坡，自此，形成了千亩流域的林地格局。

放开手脚的赵蛇则，一门心思扑在种树上。从泥土消融的春天，到阴雨连绵的秋天，他几乎天天泡在野外。育苗、挖坑、浇水，修剪、补种、喷药，一袋干粮，一张铁锹，一走就是一整天。槐、柳、杨，桃、梨、杏，不同种类的树在他的呵护下茁壮成长。随着树林越来越大，赵蛇则得到的荣誉越来越多，省、市、县、乡，各级政府几乎年年都要奖励他，墙壁上的奖状多得放不下，赵蛇则把奖状捆成一卷，放进躺柜收藏起来。

随着包产到户的深入开展，老百姓开荒种田的积极性大起来，种树与种地的冲突越来越激烈。村民认为村里的荒地大都被赵蛇则栽上了树苗，不但减少了他们的收成，而且影响了他们庄稼的成长，赵蛇则为此和村民红过脸、吵过架、打过官司。村民趁他不在家，翻墙进去，把他好几年的奖状全部偷走，扔到野外荒渠；还有人恐吓说，要一把火烧了他的树；有人把他刚刚种上的树苗拔了，种上了庄稼。父母、妻子和亲戚都劝他不要种了，种树种下仇人了，但赵蛇则没有听任何人的话，他去找乡党委书记

赵蛇则承包的小流域

评理。书记问他有没有信心治理好千亩流域，赵蛇则拍着胸脯承诺："我这辈子一定把这件事做好。"乡党委书记支持他："既然认准目标，尽管甩开膀子干。"领导的鼓励再一次坚定了赵蛇则种树的决心。20世纪八九十年代，种一株树0.15元，赵蛇则为种树就投资了10000多元，在当时简直是天文数字。

1995年，妻子生病去世，这成了赵蛇则一生的痛，每每忆及往事，不禁老泪纵横，内心觉着对不起妻子，他没有用太多的精力照顾妻子。村民都以为，这么大的打击，赵蛇则种树的心火肯定熄灭了。没想到过了一个月，赵蛇则背起干粮，扛起铁锹又钻进沟里。在他心里，只有一个信念：哪怕剩下自己一个人，也要把树种到底，绝不辜负政府的厚望。

1985年12月，赵蛇则加入了伟大的中国共产党。从此，他对自己的要求更高，对子女的教育更严格。孩子们陆续成家了，家里只剩下赵蛇则一人，种树成了他生活中唯一重要的事情。别人栽树一天挣150元，邀请赵蛇则一起去，可他却一心扑在自己的林子里。一辈子种树的他却从来没有

赵蛇则和他的树

舍得卖过一棵树,别人说他是守着金山去要饭。

"前些年有几拨煤矿上的人要买树做矿上的巷道梁柱,我不卖。我不是为自己挣钱才栽的树,卖了树,性质就变了。所以这树将来也还得属于中墕村,我不过是付出一点汗水罢了。"

为了给树浇水方便,控制林地周围水土流失,他在林地附近打了一个水坝。一个夏天的中午,种树累了的他,就躺在地里休息,结果被一场暴雨浇成个落汤鸡。别人都往家跑,他却急急忙忙往水坝方向跑,想抢修水坝,结果沟里的洪水冲出来,差点把他卷走。从此落下病根,一到天气转凉,支气管炎就发作,慢慢变成了肺气肿,每年要住院治疗好几次。2017年,赵蛇则被识别为建档立卡贫困户,扶贫工作队还给他申请了低保金。

2018年上半年,赵蛇则因肺气肿、脑梗两次住院,按照扶贫政策,原本10000多元的医药费,他只出700多元。县里还聘请他为特殊护林员,享受每年7200元的护林员津贴。综合下来,每年各种奖补资金能有18000万元。

这一切，有着34年党龄的赵蛇则看在眼里，记在心上。

住院期间，赵蛇则想了很多事情，自己年龄大了，身体也一年不如一年，三个孩子都把家安在了县城，林子将来要有人管。于是在2018年8月，他找到村委会和乡政府，决定把林子捐了。县林业局经过初步调查，赵蛇则的这千余亩树林，大概有80000棵树，胸径15厘米以上的树15000棵。当问到他有什么要求时，赵蛇则憨厚地一笑："一分钱补偿都不要，就当是为村里的脱贫攻坚做贡献了，现在，我是彻底的无产阶级了。"2018年，保德县林业局决定：颁给赵蛇则终生护林员成就奖，终生享受护林员津贴。但古稀之年的赵蛇则也不打算歇着："这辈子我和新中国一起成长的，现在够吃够喝，我不能再让别人帮扶，不能让国家再养着我了，闹笑话哩！趁还干得动，我想用这些钱再买点松树和柏树苗子，再栽两年树，让子孙后代有更大的绿色家园。"

习近平总书记指出："我们既要绿水青山，也要金山银山。宁要绿水青山，不要金山银山，而且绿水青山就是金山银山。"这也是赵蛇则常爱听爱说的一句话，他是新中国绿色生态发展的见证者、参与者、建设者。如今全国上下"绿水青山就是金山银山"的理念深入人心，党中央提出的"生态补偿脱贫一批"效果日益显现，黄河边上保德县的绿色成为当地百姓脱贫致富的最美"底色"。

国家脱贫好政策让我重新活了一次
——长治市沁县贫困户姜正伟脱贫案例

【家庭档案】

姜正伟，沁县故县镇故县村村民，现年51岁，妻子杜翠娥，育有一儿一女，全家4口人，姜正伟因病于2015年被确定为建档立卡贫困户。在多项国家扶贫政策的扶持下，于2017年光荣脱贫。

炎炎夏日，沁县故县镇故县村移民小区。姜正伟坐在宽敞明亮的客厅里感慨地说："如果不是党的政策好，我不知道还能不能熬到今天。现在债务也基本还清了，家庭收入稳定，儿子女儿也大学毕业都参加了工作，看病花钱负担小了，还能住上这三室一厅的楼房，我们一家终于熬出来了，真是苦尽甘来。"

姜正伟一家是典型的因病致贫户。在2003年4月，只有35岁的姜正伟被查出患有强直性脊椎炎，在很短的时间里病情恶化，视网膜脱落，全身几乎瘫痪，导致生活不能自理，姜正伟几乎陷入绝望。家里的顶梁柱倒下了，当时儿子只有7岁，女儿只有5岁，姜正伟一家进入了人生中最困难的时期。

为了给姜正伟治病，妻子杜翠娥辞去了南里乡东林村民办教师的工作，把孩子托给亲戚们照顾，带着姜正伟到北京、河北、太原等地看病，一服中药1500元，一吃就是一年多，花光了家里的所有积蓄，还欠下了20多万的外债。

当时，8亩耕地就是姜正伟和杜翠娥的全部收入来源。靠种植传统农作物，一年的收入仅仅几千元。为增加收入，杜翠娥学会了磨豆腐。有一段时间，姜正伟在县中医院住院，晚上杜翠娥在家磨豆腐，白天赶到医院照顾姜正伟，此外，杜翠娥还要照顾两个上学的孩子，日子过得异常艰难。

2015年，脱贫攻坚战全面打响，姜正伟被识别为故县镇故县村建档立卡贫困户，从此这个家庭迎来了春天。

首先，姜正伟一家再也不用为看病这项家庭主要支出犯愁了。作为建档立卡贫困户，姜正伟办理了沁县新型农村合作医疗大额门诊就诊卡，每

故县领导走访迁入新居的姜正伟家庭

姜正伟扶贫手册及政策宣传册

个月的23日固定到镇医院领取价值400多元的药物接受治疗。此外他还享受大病医疗补助，看病吃药几乎不花钱。2017年12月在省中医院住院半个月，花了9000多元，当时合作医疗保险直接报销4000元。因为姜正伟还是村里的低保户，回到县里后在县民政局报销5000元。一次住院，自己仅仅花了几百元。

妻子杜翠娥多年积劳成疾，也患了脑梗，2018年3月在镇卫生院住院治疗，总费用为5987.82元。根据贫困户的报销政策，共报销5886.02元，自付费用仅为101.2元。2019年3月再次住院治疗，花费3000元，自己仅付费用100元。

其次，搭乘镇里"扶持贫困户发展产业计划"的政策东风，享受到了"一户一项"资金扶持。2016年6月13日，故县镇制定《关于2016年精准脱贫扶持产业发展资金使用计划》，规定在贫困户自愿的基础上，坚持贫困户自己出一部分、政府补贴一部分的原则，对当年发展种植、养殖业的贫困户给予一定标准的补贴。根据政策标准，姜正伟买了14头猪仔发展养殖产业，国家补贴6800元，这让妻子杜翠娥多年来计划通过拓展生产增加收入的梦想成真。

第三，姜正伟还是国家易地移民搬迁政策的受益者。

2016年4月，故县镇登记摸查全镇贫困户住房情况，计划建设"易地移民住宅小区"。姜正伟一家当时住在建于1979年的三孔土坯窑洞里，而且只有一孔窑洞能住人，其他两孔是同胞兄弟分家时留下的老房子，他一孔用来做磨豆腐房，一孔用来放杂物。长大成人的儿子、女儿从学校回来只能借住在姜正伟弟弟的闲置窑洞里。经过排查、申报，姜正伟被顺利列入"易地移民搬迁"名单。

故县村移民小区于2016年9月正式动工，至2017年底完工。2018年9月，姜正伟一家告别了住了近四十年的窑洞，搬进了像城市人一样可以享受集中供热、家里有马桶的楼房，"按照国家政策规定，每个人的住房标准为25平方米，补助25000元，我们一家4口人，共补助了10万元。我们

姜正伟新居

自己只掏了10000元就住进了这100平方米的新楼房，这真是咱这辈子想都不敢想的事。"姜正伟感慨地说，"去年搬进新房的时候，镇政府还送了一个电磁炉，真是想得太周到了。"

此外，因为享受到了国家的助学贷款和"雨露计划"，姜正伟的儿子和女儿均考进了大学，并顺利毕业。

如今，姜正伟在杜翠娥的精心照顾下，生活已经可以自理。他们家的养猪产业也从14头发展到30多头，一年可以出栏80多头。2018年，因为受到非洲猪瘟的影响，收入减半缩水以外，今年的猪肉市场特别好，仅养猪这一项纯收入可达到30000元。加上卖豆腐一月能挣3000元，一年下来有60000多元的收入。这些年，欠下的外债也基本还清，儿子毕业后签约了太原一家公司，一月工资5000元。女儿今年毕业后也在杭州一家公司上了班，一月工资在3000元以上，两个人的助学贷款也可以还上了。杜翠娥说，磨豆腐的豆渣用来喂猪，猪粪用来做肥料，玉米用来做猪饲料，现在已经形成了一个小型的循环产业。

从窑洞住进楼房，从贫困走向富裕，苦尽甘来，姜正伟的感慨最多，他说："命运给了我重重的一击，给我关上了一道门，但又给了我生活的希望，给我打开一扇窗。有个不离不弃的好伴侣，有群真心帮扶我们的好干部，更有国家的好政策，让我重新活了一次，心里除了感恩还是感恩。"

故县村支书乔明效说："杜翠娥是村里出了名的吃苦、勤劳、乐观的人，是这个家庭从黑暗走向光明的精神支柱。如今过上好日子，为了表达对党的好政策的感激，去年农历七月十三故县村庙会上的文艺表演，杜翠娥主动唱了一首《党啊，亲爱的妈妈》，情真意切，发自肺腑，感染了在场的许多人。"

老骥伏枥守初心　红心向党奔光明
——长治市沁源县贫困户刘光明脱贫案例

【家庭档案】

刘光明，1949年生，中共党员，中峪乡南峪村人。2017年初被诊断为胃癌，花费医药费40000余元，因病致贫，被识别为建档立卡贫困户，根据国家健康扶贫政策代缴新农合、实施健康扶贫"双签约"、办理绿色通道卡、享受省、市、县三级健康扶贫"136"就医优惠政策等。同时，从2017年7月开始享受社会最低生活保障政策，2018年底稳定脱贫。

步入刘光明家的院子，柴火堆放得整整齐齐，院子的一角有一精致的小菜园，绿油油的小葱、芹菜很惹人喜爱，各种各样的幼苗生机勃勃。菜园子的中央一架生长茂盛的葡萄光鲜透亮，格外吸引人。初见刘光明，精瘦的样貌，不紧不慢的腔调，有条不紊的谈吐让人感觉朴实牢靠。

与共和国一同成长的刘光明，亲身经历了新中国成立70年以来村里的巨大变化。1968年他任民兵指导员，1975年至1995年任村支部书记、村主任，他亲自带领全村落实了党中央各项政策，见证了改革开放带来的巨大变化。乘着改革开放的春风,他先行先试在全乡首家办起了砖厂、粮食加工厂等村办企业;1979年改造旧街道,重新规划南峪村到中峪村的街巷,一直使用至今;1982年实施土地下放,率先在全乡实行了家庭联产承包责任制;1986年修建村委;1991年新建村小学;1993年,他节衣缩食,个人出资,集体出工,开拓中唐公路(土路),打通了通往安泽的口子路;曾受当时的中峪公社调遣,到东王勇村任扎坝总指挥,建成绵延数公里的中峪大坝,防洪排涝,引水灌溉,滋养了一方热土。70载春秋风雨路,70年奉献赤诚心,他带领南峪村民,获得了一项又一项奖励,南峪人活得有脸有面有尊严,他本人也多次荣获山西省"先进个人"、沁源县"劳动模范"等荣誉称号。一生清廉奉公,倾全力于全村发展的刘光明,自己却过得很清贫。

卸任后的刘光明,牢记着共产党人的初心使命,继续发挥余热,被县

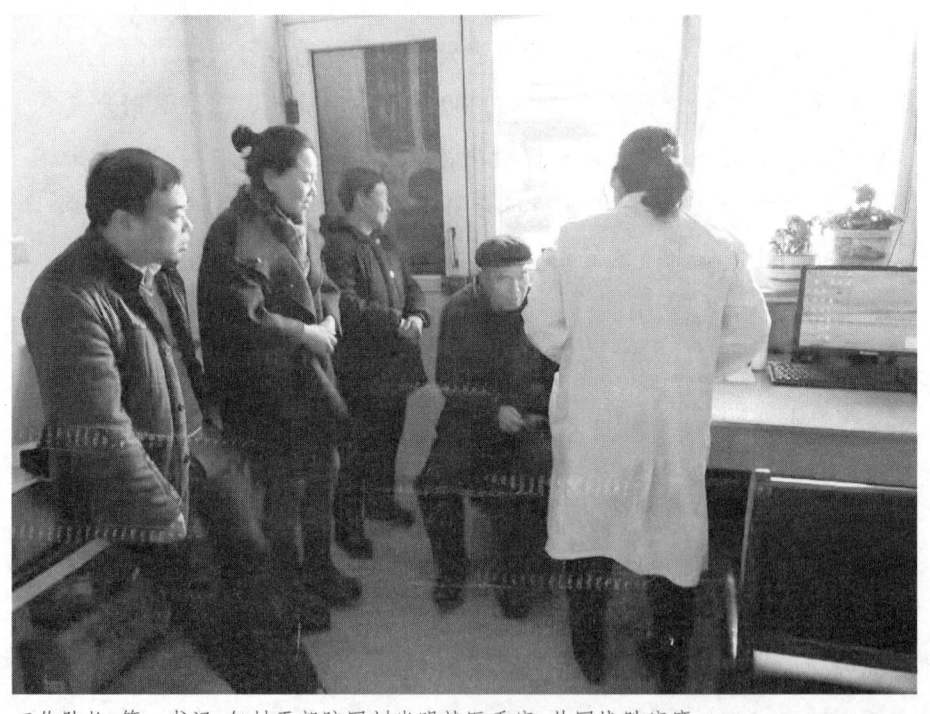

工作队长、第一书记、包村干部陪同刘光明就医看病,共同战胜病魔

刘光明夫妇

林业局聘任为护林员，虽然工资微薄，但责任重大，多年来南峪无任何火情。他积极参与村"两委"的大事小情，宣讲国家各项政策。邻里之间的矛盾摩擦，只要他一出面，都能轻松得到解决。

本应该安度晚年，乐享天伦了。2017年初他却被诊断为胃癌，需要手术治疗。生活本就不太宽裕，一场大手术花光了老两口全部的积蓄，日子顿时陷入了窘境。尽管如此，生性倔强耿直的他压根也没想向组织寻求帮助，咬着牙自己硬扛，他总是把国家救济解困的机会留给其他村民。2017年11月份，建档立卡贫困户动态调整时，因病致贫的刘光明被识别为建档立卡贫困户。

小康路上不让一个人掉队。刘光明纳入贫困户以后，驻村工作队和第一书记及时到其家中了解情况，确定了专门的帮扶责任人，根据其具体情况制定了相应的帮扶措施。得知其手术费用除新农合报销仍旧要花费

10000多元时，帮扶人员及时与乡卫生院、县医保部门联系。在确定可以享受健康扶贫政策后，第一书记赵桂宏联系其女儿亲自到县医保中心为刘光明办理报销相关手续，年底再次为其报销医疗费用6200余元。同年，村里为他和老伴办理了低保，每年可增收4000多元。2018年先后四次的化疗花费共计22641.27元，经健康扶贫政策报销后，刘光明仅自付1060.34元。脱贫"摘帽"后，为保证他稳定增收不返贫，村里将其纳为资产收益分红对象，每年可增收3000余元。

坐在院子里，刘光明感慨地说："我是生在新中国，长在红旗下，见证了祖国从曾经的贫穷落后到如今的繁荣富强。这翻天覆地的变化就是我们共产党人的初心。现在的扶贫工作是精准到户、精准脱贫，从衣、食、住、行到校、医、网、产业发展，举全国之力上下联动、合力攻坚。看咱山西省五级书记抓扶贫，担当作为在一线，这就是我们共产党人高风亮节、全心全意为人民的最好证明。我们农村人正在紧跟党的指引，奋力脱贫走向小康！"老支书天天看电视新闻，谈起国家发展变化头头是道。如今的他大病初愈，精神逐渐好转。茶余饭后，南峪村的大街上经常能听到刘光明感恩政策的话语和憨厚爽朗的笑声。

中国摆脱贫困的历史，俨然就是一部共和国的发展史，刘光明和他的父辈见证了从新中国成立前农村人人贫穷，到新中国成立社会主义经济建设农民基本自给自足，到改革开放后在发展达到总体小康，再到新时代高质量发展，精准扶贫精准脱贫人人追求美好生活，中国减贫奇迹的出现，生活在农村的老百姓亲力亲为感触最深，阐释了共产党人初心不忘、全心全意为人民服务的使命。

"野丫头"也能闯出一片天
——临汾市隰县贫困户王园芳脱贫案例

【家庭档案】

王园芳，31岁，全家4口人，2014年由蒲县嫁到隰县午城镇午城村，双方老人因病先后过世，负债累累。2016年被确立为建档立卡贫困户，鉴于王园芳的家庭困境，鼓励其从事电子商务创业，构建起一个完善的农产品网络销售平台，在平台成熟发展后为其免费提供150平方米的生产车间，同时享受国家产业扶贫资金10万元购买机器设备，建立合作社，带动更多贫困户，走上了一条电商产业扶贫之路，2018年成功脱贫。

王园芳原本是临汾市蒲县人，2014年，她嫁到午城镇午城村。丈夫、公公、婆婆组成了一个四口之家，虽然生活谈不上富裕，但那时候的日子过得也算恬静。谁知天有不测风云，2015年她的公公因病去世，病没有看好，反倒还欠了一身债，加上她婆婆久患疾病，高额的治疗费用更是拖累了整个家庭。2016年她家被确立为建档立卡贫困户。

眼看着同龄人光景过得红红火火，自己家却寒窑冷炕，让王园芳很不服气，被定为贫困户这件事更让王园芳感到很丢人。唯一让她欣慰的是，针对贫困户因户施策帮扶脱贫，政府为她家送来了一系列的帮扶措施，靠着这些扶持让她的生活状况逐渐好转。眼看着生活渐渐有了起色，王园芳便开始琢磨新的脱贫道路。她说："国家帮是国家帮，但我不能把所有的希望都靠到国家身上，这扶贫就好像咱要做一件衣服，自己先得有个身身，国家再补个袖袖，咱就能穿上一件袄袄，主要还得靠咱自己。"

打定了主意，王园芳开始积极寻求新的致富项目，恰巧当时隰县正在举办电商培训班，帮扶人员就给她报了名。要知道那会儿的她家中连个电脑也没有，她对于网络是一无所知。然而机会就在眼前，于是她怀着忐忑之心走进了培训班。让她没有想到的是，政府对于此次电商培训班抱着极大的期望，甚至第一课都是县长给上的，有政府的支持，极大地激发了王园芳的信心，六期培训班，王园芳一次也未落下，一课也没有短，经常是人家下了课，王园芳还加班学习，每次都取得好的成绩。培训班领导看

隰县电商进农村综合示范公共服务中心

"野丫头"王园芳在电商平台上展示野生酸枣

到这些,便把她推荐到县里的电商孵化基地,帮助她迈开了脱贫致富的第一步。

开始成为电商的时候,王园芳家里的农产品有什么就卖什么,家里的核桃、小米,几个月下来倒也卖了一些,但是收入离她的心理预期还是差了不少。后来在扶贫工作人员的建议下,她开始将目光投向原生态的养生产品,并且成立了一家专门加工此类产品的合作社。另外她还广泛吸收贫困户入社,合作社的14户社员中有11户是贫困户。在王园芳的带领下,一群贫穷的"野丫头"上山采茵陈,回家后又挑选、加工。投放市场后,受到了更多客户的欢迎,订货单不断,出现供不应求、经常断货的情况。为了增加产品产量,带动更多农户致富,当地镇政府经过研究,还给合作社拨了10万元的产业扶贫资金,用于选购机器,解决了厂房等问题。

经过两年的努力,王园芳的电商平台和合作社由小变大,由弱变强,她的生活也逐渐变得宽裕,还有更多的贫困户跟随着王园芳的脚步实现了脱贫致富。对于自身取得的成绩,王园芳说:"我是'野丫头',也是一个不甘贫困的新时代创业者。虽然和全县脱贫致富的大海相比,我取得的成绩不过是大山里微不足道的溪流,但是,我相信,小河有水大河满,只要我们坚持去做,一定能带动更多的贫困户脱贫致富。更相信在党的好政策支持下,只要努力就会有收获。"

王园芳传授电商服务平台操作方法

扶贫贷款好　日子节节高
——晋中市榆社县贫困户张付平脱贫案例

【家庭档案】

张付平，47岁，榆社县社城镇社城村村民，全家4口人。妻子万会平，育有两个男孩，长子在高中上学，次子在初中读书。2014年，全家人均纯收入1500元，被纳入建档立卡贫困户。在国家扶贫政策小额贴息贷款的支持下，张付平大棚种植西红柿，2017年，全家人均纯收入达到14000元，一举脱贫奔小康。

张付平做梦也没有想到自己的家境会有翻天覆地的变化：2018年，全家年纯收入达到80000元，是他被确定为贫困户时的10多倍。

这种变化来自国家脱贫攻坚政策的实施。张付平笑着说："日子越来越有奔头了，感谢共产党，感谢扶贫好政策，感谢帮扶责任人。"

利用贷款建大棚，一举甩掉"贫困帽"

张付平被确定为贫困户是在2014年。当时，他家有4亩河滩地和8亩山坡地,河滩地里种着玉米和谷子,玉米亩产不到500公斤,谷子亩产200公斤,4亩地年收入仅为3000多元。山坡地属旱地,靠天吃饭,广种薄收,种些谷子、土豆及杂粮,年收入2000多元。12亩地加起来,全年纯收入仅五六千元,人均1500元左右,是典型的贫困户。

为什么一亩河滩地玉米才产500公斤呢?张付平说,那时候家里穷,思想保守,舍不得投入,舍不得施肥,舍不得浇地。越穷越没钱投入,越不投入产量越低。

农闲时,张付平外出打零工赚点小钱,日子过得捉襟见肘,看到别人家的生活富裕,穿戴体面,妻子时常埋怨张付平。

那些年,张付平常常在想,自己一副好身板,为啥赚不到钱呢?为啥脱不了贫呢?这苦日子啥时能有好转?

为加快脱贫步伐,2014年,张付平所在的社城村开始鼓励贫困户发展蔬菜大棚,他动了心思,但这需要一大笔钱,一穷二白的张付平顿时没折

西红柿长势喜人

正在大棚里劳作的张付平

了。此时，帮扶工作队员来为他宣讲政策，对于发展大棚的贫困户，可以申请国家贴息贷款，每个贫困户最高可贷款50000元，这给张付平吃了定心丸。他主动到村委会报了名，自己也要建个蔬菜大棚。

除了贴息贷款外，县里还有建大棚补助，每亩20000元，张付平的大棚占地1.2亩，共补助24000万元，加上50000元贴息贷款，他不仅建起了大棚，连买西红柿苗及化肥、农药等农资的钱也够了。

不要苦熬要苦干，建好大棚后，张付平甩开膀子干，他说："党和国家政策这么好，给了这么大的支持，自己再不努力就白活了。"他把西红柿当作自己的孩子看待，施肥、浇地、锄草、打药等，把全部精力投入到蔬菜的管护当中。种菜是个辛苦活，张付平的付出也得到了回报，他的西红柿长得好、产量高，而且价格好，北京一家客商主动上门收购。

2015年，张付平旗开得胜，创业初期，生活稍有起色。

建起专业合作社,带动邻居脱贫困

张付平乘胜前进,2016年,他多方筹措13万元,搭伙同村贫困户建起一座面积2.6亩大的蔬菜大棚。张付平赶上了好时候,由于他及时还清了贷款,这次建大棚,他又获得国家贴息贷款5万元,同时,按扶持政策享受建大棚补助10.04万元。

功夫不负苦心人,2017年,张付平的大棚西红柿收入居然达到了5万元。尝到甜头的张付平再接再厉,2018年,他又承包了别人两座弓棚,轻车熟路种植西红柿,收入1.5万元,减去7000元的承包费,还有8000元的纯利润。

脱贫之后的张付平,成了一个爱学习、爱琢磨问题的人。他去山东寿光学习,到天津郊区去参观,在县里参加蔬菜培训班,学习蔬菜种植新技术,成为村里的种菜带头人。

看到张付平是一个种菜的把式,村干部和帮扶工作队积极支持他成立合作社,带动更多的贫困户种菜脱贫。2016年,张付平的新绿洲蔬菜专业合作社正式成立,共有19户贫困户参与。依靠贴息贷款和政府补助,他们相继建起了温室大棚,种植西红柿、西葫芦等蔬菜。张付平组织大家一起外出学习,统一购买菜苗,统一农资,统一技术服务等,现在,他的合作社共有蔬菜大棚19座,户均年收入3万元,告别贫困奔富路。

榆社笨蛋已成了一大品牌,榆社县政府为了帮助贫困户脱贫,支持贫困户发展养殖,由贫困户自愿上报养殖数量,县里直接把一个月大的小鸡送到贫困户家中饲养,每只小鸡价值10元钱,贫困户自己只掏1元钱,而这1元钱,其实他们也没有掏,由驻村帮扶的晋中市妇幼保健院给予补助。张付平夫妇在种菜同时,养殖笨鸡300只,多渠道增加收入。

张付平还种了9亩玉米和谷子,除了领取每亩67元耕地地力保护补助外,他的7亩玉米,每亩还能享受到县里的29元补助;2亩谷子,每亩还领补助200元。

脱贫带来精气神，全家致富奔小康

"人若不勤快，政策再好也没用。"张付平说。以前是"等、靠、要"，现在积极主动尝试新事物。张付平专业合作社所属的蔬菜大棚装上了微喷灌设施，实现了水肥一体化作业。2018年，合作社牵头给每户买了一台静电喷雾器，雾化效果特别好，过去一亩地打药要两桶水，用上静电喷雾器后，一桶水可以打3亩地。他说："既省工，又省药，还有助于蔬菜增产。"

在张付平的大棚地里，又种了第二茬西红柿，他说，以前只种一茬，现在掌握了新技术，采用了新品种，可以种两茬，人辛苦一些，但又能增收1万多元。今年，他的妻子到高速路服务区打工，每月工资2100元，全年可收入2万多元。加上大棚收入，张付平一家全年收入将达到8万元。

他说："过去穷怕了，刚享受上扶贫政策时挣点钱也不敢说，怕村干

张付平的全家福

部知道了,自己再也享受不到国家的扶贫政策了。"现在,张付平不怕了,对未来充满了信心,他说:"贫困户不能坐享其成,不能等着国家给钱给物。要想脱贫奔小康,关键靠勤劳致富,自己劳动得来的最踏实。"

张付平说:"现在我们享受着国家的好政策,养老保险每人每年缴200元,比去年提高了100元,其中政府出100元,个人出100元;农村合作医疗每人每年220元,全由政府垫资。我家孩子上高二,还能享受到教育扶贫政策。"

张付平像换了一个人似的,每天风风火火,忙前忙后。他已不是那个因贫困而感到自卑的人了,也不是过去左邻右舍眼中的那个家境贫寒,日子过得捉襟见肘的人了,脱贫为张付平带来了精气神。

过去没钱,好多事想都不敢想。现在,敢想敢干了,张付平表示,将来要扩大合作社规模,发展花卉种植和羊肚菌生产,明年情况允许的话,还要给大棚装上温控开关,进一步提高大棚的自动化程度。他说:"党的扶贫政策好,全国人民奔小康,自己不能拖后腿。"

玉露香梨让生活"甜"起来
——临汾市汾西县贫困户陈银有脱贫案例

【家庭档案】

陈银有,62岁,汾西县后加楼村村民,一家3口人。2014年识别为建档立卡贫困户。他人穷志不穷,在帮扶单位的帮助下,积极参加梨树工技能培训,用两年时间成为独当一面的熟练梨树工。2016年,成为首批获得后加楼村"脱贫攻坚光荣户"奖牌的脱贫户。

62岁的陈银有是后加楼村的建档立卡贫困户,也是该村2016年底第一批脱贫户。从靠天吃饭,到靠双手吃饭,陈银有用自己生活的变化阐释了"人穷志不穷"的古训。祖祖辈辈生活在黄土高原丘陵沟壑区,陈银有家以前过的是苦日子。全家仅有五亩三分地,每年种玉米的收入不到3000元,还得靠天吃饭。后加楼村没资源、没活干、没出路,两个儿子被迫离开村庄到县城打工,陈银有老两口舍不得离开村庄,继续从泥土里刨食,勉强维持糊口。过惯了苦日子,并不代表他就失去了奋斗的心,2004年,在旁人鼓动下,他购买了30多只羊,当起了羊倌,但是由于没有市场信

"土专家"陈银有在家讲解梨树护理技术

息,更没有合适的技术,几年下来依旧没有挣上什么钱,无奈之下,他只能卖掉所有的羊,回归农耕生活。

2014年,陈银有夫妇被识别为建档立卡贫困户,贫困户的帽子一度让他抬不起头来。俗话说,从哪里跌倒就从哪里爬起来,吃了没技术的亏,让陈银有决定从技术入手,重新开始打拼。这时,为了帮助村民脱贫,后加楼村在省科技厅的帮扶下,大力发展玉露香梨种植产业,村民通过流转土地,组建了专业合作社,专门从事香梨种植。这时候,陈银有不仅加入合作社,还主动报名当梨园管护工,负责管护村里的50亩梨园。

为了不再吃缺技术上的亏,在驻村帮扶队员的帮助下,陈有银积极参加县里组织的梨树技术培训,通过在培训会与省农科院的专家面对面的交流,几年下来,陈银有掌握了一整套完整的梨树管理技术。他说:"既然精准扶贫给了咱这么好的工作机会,咱就要给人家干好,既然人家信任咱，咱就要对得起这份信任。"

此后，陈银有就在技术培训班和梨园来回奔波。每天早上四五点就从家里出来到梨园干活。修剪、刻芽、拉枝、打药、除草、浇水，样样活计，他都一丝不苟地完成。经他管理的梨树，都成了村里挂果最好的梨树。渐渐的他成为独当一面的熟练梨树工，老百姓眼中的梨树"土专家"。虽然有着"土"字开头的名号，但技术应用上，陈银有却一点也不土，甚至最新、最前沿的技术他都乐于接受，敢于研究。在去年山西省"三区"人才玉露香梨产业集成技术专题培训技能竞赛（汾西加楼赛区）上，陈银有还凭借过硬的技术，取得了三等奖的好成绩。最新的技术加最好品种的梨园成为陈银有脱贫致富路上的两大法宝。2016年，靠着技术陈银有获得2万元的务工收入，成为后加楼村第一批脱贫户。随着当地玉露香梨的逐渐走红，陈银有的收入也开始逐年稳增长，成为该村的脱贫致富带头人。

如今，陈有银带领着十几名村民一起为村里的梨园保驾护航。除了在梨园奔波，在后加楼村美丽宜居乡村建设、环境卫生整治、村集体各项活动都有老两口的身影。因为积极出工出力投身村庄建设，陈银有还在2018

陈银有在玉露香梨园管护

查看梨树生长情况

年得到了务工2000元和光伏分红3000元的收益。

虽然年龄已过花甲,但是因为从事梨园劳动,陈银有的身体反而更加健康精神。他说:"我们这些贫困户真是赶上了好时代,要不是国家给咱们这么好的扶贫政策,又建梨园又搞培训又搞太阳能板发电的,咱肯定还在地里受熬煎哩,所以咱就不能辜负政府,要趁这么好的扶贫政策,用自己的双手去创造更美好的生活。"

"小额贷"帮有志青年脱了贫
——临汾市蒲县贫困户任彦龙脱贫案例

【家庭档案】

任彦龙,39岁,临汾市蒲县太林乡河底村人,双腿残疾,与70多岁的老母亲相依为命,2014年建档立卡低保贫困户。2017年,通过低保兜底、小额扶贫贴息贷款养牛扶持脱贫。

往事不堪回首,在他还是二十出头的小伙子的时候,一次塌方事故,把他的命运彻底改变了。正当年少对生活充满了无限希望的他,却迎来了命运的一记重拳,他倒下了,瘫痪在床八年,一度失去了活下去的勇气,是父母的不离不弃,悉心照料,把他冰冻的心唤醒了,他忍着剧痛坚持锻炼,慢慢的双腿有点知觉了,他能坐上轮椅了,他看到了希望,坚定了好好活着的信念,然而家庭经济困顿令他无可奈何,想发展没资金,想致富无门路,无增收渠道,没用武之地,生活困难。

2014年,任彦龙经申请进入建档立卡贫困户,河底村"两委"通过村民代表大会评议将其家庭纳入建档立卡范围。

接受记者采访

身残志坚的任彦龙贷款养牛

2016年，任彦龙在多项扶贫政策的精准帮扶下，顺利办理低保、残疾证，每年可享受民政救济金，基本生活有了保障。在驻村工作队精准识别入户走访中，任彦龙表示不甘心只领取国家救济，想靠自己的努力发展。于是，驻村工作队帮助任彦龙申请小额扶贫贴息贷款5万元，与兄弟任福龙一起走上养牛致富路。

2018年，道德银行的运行又为任彦龙的生活注入了活力，他的生活更加丰富了。村干部、驻村工作队、第一书记的多次入户走访，宣传"道德银行"的意义，"十星农户"的评选标准，他明白了县委就是要通过道德银行这个载体，让有德者有所得，激发向上向善的正能量。他暗自下定决心要争当"十星农户"。他忙碌起来了，扩建牛棚，替村委代养十几头牛，从刚开始的两三头牛，到现在的四十多头，期间饱含着任彦龙和老母亲的心血，现在的任彦龙终于走上了致富路，收入增加了，生活也渐渐有了起色。就在前几天被河底村委评为"勤劳创业之星"。

记者采访的时候，他的话语真诚而坚定："我觉得要脱贫，首先自己

评选为"道德银行"乡级十星农户的任彦龙

要树立脱贫致富的信心，不能墙根底下晒太阳，等着政府送钱物，政府帮我们一把，我们自己也要蹬一脚。只要自己勤劳，就不会过穷日子；只要吃苦肯干，日子一定会越来越甜美。"

精准扶贫让刘王王旺上加旺
——吕梁市石楼县贫困户刘王王脱贫案例

【家庭档案】

刘王王，1972年生，石楼县义牒镇张家塔村民，全家6口人（父亲、夫妻两人和三个女儿），3间土窑洞、1间砖窑、100多平方米的简易库房，全家参加新农合，自有耕地40多亩（口粮地）。父亲刘福文，现年87岁，无劳动能力，共同生活。2015年，被纳入建档立卡贫困户，通过危房改造、扶贫贴息贷款、教育、医疗等多项脱贫政策扶持于2017年脱贫。

2019年4月23日，脱贫户刘王王的大女儿刘丽出嫁，石楼县委书记油晓峰、义牒镇党政负责人及该村驻村工作队长、第一书记、所有驻村工作队员及部分帮扶责任人都特地前来祝贺。刘王王喜不自胜地说："你看看，这日子过好了，什么事都顺。我这一个老百姓嫁闺女，还惊动了这么多大人物，县委书记、乡镇书记、驻村工作队都来祝贺我，真是想都不敢想啊！这下，我在村里也是名人啦。"当天，刘王王一家定是上了村里的"热搜"啦，精准扶贫给他一家人的生活带来了翻天覆地的变化。

刘王王全家福

　　刘王王家中6人，只有2个劳动力，脱贫前，老人要看病、孩子要上学，家庭经济困难，2015年，他向张家塔村委会提出了纳入建档立卡贫困户申请。张家塔村"两委"及驻村工作队第一时间组织全体村民，按照贫困户纳入流程，开展本村建档立卡贫困户评选工作，通过审核公示，刘王王一户被纳入义牒镇张家塔村建档立卡贫户。2016年，父亲刘福文也被精准识别为建档立卡贫困户。

　　建档立卡后，驻村工作队及镇村干部开展帮扶工作，给他依靠劳动致富增添了动力。2016年，除了精心耕种自家的40多亩口粮地，刘王王又耕种了20多亩村里的撂荒地，一年地里能收4万多元；2016年至2018年期间，刘王王在张家塔村移民点开了一个小卖店，一年可创收2000多元；2017年，在驻村工作队和乡村干部协调下，刘王王按扶贫政策无担保无抵押申请了信用社的4万元的小额贷款，为发展农产品收购提供了资金保障，并于2017年底顺利脱贫；2018年3月，勤劳肯干的刘王王参加了村里的造林合作社，年底分红1300元；2019年4月，头脑灵活的刘王王将自家院子里的菜地改建为简易库房，希望扩大自己的农产品收购规模。

2018年，刘王王的父亲刘福文申请危房改造，将一间土窑洞进行了改造，还在扶贫政策下享有农村低保金、养老金。现如今，他父亲的生活也得到了保障。不仅如此，刘王王现在也成了有车一族——家里停着新买的银色农用工具车，让村里的不少人羡慕，出行、务农也方便了许多。大女儿已经结婚，二女儿刘丹顺利考入石楼二中就读，三女儿刘芳则在义牒中心校学习，一家人过上了幸福的生活。

县领导祝贺脱贫户刘王王嫁女

七个孩子一个爸　脱贫撑起一片天
——临汾市乡宁县贫困户左长科脱贫案例

【家庭档案】

左长科，现年52岁，家住乡宁县西交口乡屯子窑李家峪村。2015年被列为建档立卡贫困户。左长科自身患有冠心病，加上父母兄弟去世，四个家庭最后剩至左长科一户，连着二弟家的四个孩子，他成了七个孩子的爸爸，非常困难。根据其身体和家庭的特殊情况，将其安排到森林防火工作队，同时帮其贷款发展肉牛养殖等，2016年脱贫。

52岁的左长科生活在乡宁县西交口乡屯子窑李家峪村。走进他家，墙上柜子上到处是笑脸荡漾的全家福。如果不是他的讲述，很难想象这一家过去多次经受重创。左长科说："从来没想过还能过上现在的好日子。"

20世纪90年代中期，左长科在乡宁县城周围袁家村、北湾一带的铁厂包工，月收入2000元左右，一家人不愁吃穿，过着村里人羡慕的好光景。但天有不测风云，之后的十几年，生活直接把他抛入了水深火热的炼炉中。铁厂倒闭，积蓄全部用光，父母先后去世，两个兄弟因意外去世，四个家庭最后剩至左长科一户，连着二弟家的四个孩子，他成了七个孩子的爸爸。屋漏偏逢连夜雨。一次意外，他的房屋全部坍塌，媳妇、孩子接连做了手术，生活重压让左长科得了冠心病，积蓄所剩无几。

左长科说："一个'穷'字，让我在村里见人抬不起头，连话都不想说。"在最困难时，左长科一家搬到村里小学住了五年。说起那时的艰难，左长科历历在目："有年暑假，三弟家的两个孩子回村看望我们，一个炕头挤着九个孩子，排队吃饭时，后面的孩子还没盛上饭，前面的孩子已经吃完。"

然而，不管多困难，凭借当过兵的坚强意志，左长科只有一个念头，就是宁愿自己委屈，不能让孩子们受屈。左长科和王省朵对侄儿侄女始终视如己出，没有让一个孩子失学。儿子和侄儿拌嘴，左长科永远先骂儿子，背地再给儿子做工作。侄儿不吃肉，王省朵就做两样饭。孩子们虽然

七个孩子一个爸爸的左长科

左长科夫妻在喂土鸡

称呼的是大爸大妈，但这里就是家，放学归来的侄儿左栋梁说："印象最深的是小时候我头疼，躺着起不来，大爸心疼得不行，抱着我哭。"

2015年因符合条件，村里把他识别为建档立卡贫困户。

2016年底，在扶贫工作队帮扶下，左长科成了护林防火员，靠着护林防火工作，左长科有了一定收入。但他并没有就此停下奋斗的脚步。过去，左长科曾经养过一段时间山羊，后来因为重病不得不卖掉。但这段时间的养殖经历使他收获不少，随着生活的不断改善，他便重操旧业，试着养了一头肉牛，后来当他想扩大养殖规模的时候他再次找到帮扶小组。在得知他的这一想法后，帮扶小组联合村委协调乡农商支行给他办理小额扶贫贴息贷款4万元，并主动帮助他规划建立牛棚等基础设施，扩大养殖规模，养殖数也扩大到了6头。按照2016年乡宁县畜牧兽医中心给所有建档立卡贫困户一头牛补贴1200元的标准，左长科拿到了7200元的补贴，加上教育补贴、退耕还林补贴、煤补，年底慰问等各类补贴，2016年底通过各项帮扶措施获得各类补贴补助让左长科当年累积收入达到万元左右，达到贫困户退出标准。

目前，左长科又新添了两头肉牛，这9头牛成了他最值钱的家当，为此他又买来不少彩钢板，准备建新牛棚。由于他的牛不仅养得多，而且养得好，还被村里很多人叫作养牛状元，他成了村里人羡慕的对象。他还计划着再种植几亩花椒增加收入。如今左长科一大家子相亲相爱、和睦团结，笑容又重新回到左长科的脸上，出嫁的侄女、女儿经常帮衬家里，他说："国家政策让我有了精神和心劲，现在信心很足，我还想着多养几头牛，用卖牛的钱把这几个孩子养大，供他们念书，将来好好地报答社会。"

左长科全家面对贫困从未低头，从不服输，一家人接力奋斗，证明了习近平总书记的话"没有比人更高的山，没有比脚更长的路，幸福都是奋斗出来的！"

左长科在花椒地里管理苗木

享誉京城的灵丘"金牌阿姨"

——大同市灵丘县贫困户任二女脱贫案例

【家庭档案】

任二女,48岁,家住灵丘县史庄乡东玄风村,全家5口人。育有二子一女,因家庭特殊情况,2014年被定为村里的贫困户。2016年4月,任二女参加了就业帮扶家政培训。2016年5月,任二女正式入驻"阿姨帮"平台,从一个普通农村妇女蜕变成一名"一专多能"的金牌阿姨。同时属于易地扶贫搬迁集中安置户,2017年脱贫。还被评为"大同市劳动模范",真正实现了脱贫致富梦。

"阿姨您好,订单号29号,需要您在5月14日下午两点到十里铺**小区进行两小时日常保洁服务,客户联系电话……"刚给一个客户做完保洁的任二女,一出门就收到了"阿姨帮"网约家政服务平台发来的工作提醒短信,又是老客户点名让她上门服务。

任二女,45岁前是灵丘县史庄乡东玄风村的一名普通农村妇女,和千百万农村妇女一样,除了种地和偶尔打点儿零工,就是拉扯大几个孩子,日子过得艰辛又平淡。因家庭特殊情况，被定为村里的贫困户。如今，她是北京"阿姨帮"的金牌阿姨，大同市"脱贫攻坚奋进奖"获得者，也是大同市2017年劳动模范。短短三年，到底发生了什么事，让一名普通的农村妇女迸发出如此活力？这得从头说起。

任二女的娘家在史庄乡刘窑村，嫁到同乡的东玄凤村王永平家，育有二子一女，其中小儿子和女儿是龙凤胎。不幸的是，在小儿子王龙两岁半时查出了肾炎，为此，任二女一次次奔波于大同市、太原市的各大医院间，虽然小儿子的病情最终得到了控制，但由于无法根治，让本就是务农的家庭更加捉襟见肘。而随着孩子一天天长大，她也从一个年轻媳妇变成一名中年妇女。大儿子眼看到了娶亲的年龄，可娶亲谈何容易啊？要房要聘金，生活愈发的艰难和无奈。

事情的转机发生在2016年4月的一天，灵丘县委、县政府及团中央驻

任二女在家政培训中心

享誉京城的山西灵丘"阿姨帮"

灵丘驻村工作队的同志们到东玄风村宣传：灵丘县政府和"阿姨帮"成功签署劳动力转移战略合作协议，双方计划通过开展劳务培训、家政服务就业等方面合作，助力灵丘群众脱贫致富。希望妇女们积极报名，到北京打工挣钱，争取早日脱贫。听到这个消息后，任二女心动了，想去报名参加，可是她若去了，家里怎么办？丈夫、三个孩子、几十亩地，一个字：难！后来经过家庭商量，丈夫王永平愿意担起照顾家的重任。可是村里人又在耳边说起了闲话：一个女人家跑那么远，挣了钱，见了世面不回来咋办？到时候别钱见不着，媳妇也跑了。这些话像一把刀子让任二女再度犹豫不决。在这关键时刻，村委会干部和驻村工作队站出来用政策和事实平息了这些荒唐的流言。丈夫王永平也给予了她很大的支持，最终，任二女和同村的姐妹参加了培训。

培训中，只有小学毕业的任二女挑战自我，克服重重困难，在工作队员和培训老师的鼓励和帮助下，培训了十天就掌握了微信、高德地图等App软件的使用，也掌握了家庭服务技能，顺利通过了"阿姨帮"的考核。

在这期间,村委书记马继光不仅对参加培训的妇女们大力支持,还用自己的车免费接送她们。驻村工作队也对她们各自的家庭提供了许多帮助,使她们的家庭安定,她们能专心学习。

2016年5月10日,灵丘县委书记张强,县长罗永山,团中央驻灵丘扶贫工作队和灵丘县人社局的负责同志在县政府广场欢送任二女等务工妇女赴京,并免费提供了1000元智能手机、临时周转宿舍、免费住宿3个月(3个月稳定后每月600元房租,贫困户每月县里补助300元,补助半年)等一系列服务,使她们开始了新的生活。

2016年5月20日,任二女正式入驻"阿姨帮"平台,开始接单。工作开始,首先要过语言关,打小未出过门的任二女,别说普通话,就是灵丘方言也是带着"北山味"。她就一个字一个字地琢磨,翻来覆去重复一句话。她说实在不行就慢慢说,语言加手势来解决和客户的交流问题。还有,在工作中,一些家庭用具对任二女来说,别说使用,都没听过,更没见过。这如何是好?任二女没有放弃,她耐心地请教"阿姨帮"的老员工,一点一滴积累知识,慢慢掌握操作功能。凭着吃苦耐劳的精神和认真细致的性子,任二女第一个月工资就拿到了6000元。让她真的没想到,在老家打工一个月也就只能挣到1000多元,现在竟然通过自己的劳动挣到这么多钱。

钱是有办法挣了,其中的酸甜苦辣也只有自己知道。任二女说:"工作中,手脚干净、可靠、有眼力见儿是关键"。有一次,她帮客户倒垃圾,看见其中有一个红包好像有东西,就从垃圾中捡

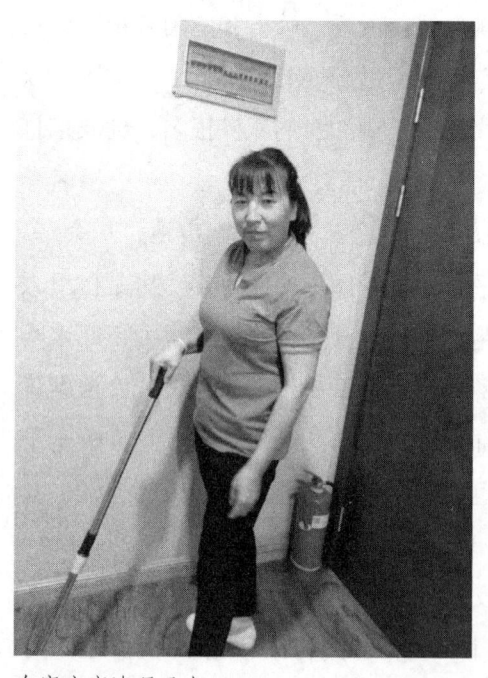

在客户家清理卫生

回来查看，发现竟有400元现金，面对金钱，她没有动心，原封不动地交还给了客户。在打扫卫生的过程中，任二女细心又认真，在客户家中的角角落落，捡到过主人家认为已经丢失的戒指、项链等贵重物品，她都在第一时间交还了主人，使得客户连连称赞，道不尽的谢意。如今，有的客户直接把家门钥匙给了她，让她定期去打扫。

任二女凭着这一股认真、热忱的劲儿和拾金不昧的精神，得到了很多客户的高度评价，还在公司平台上被点名表扬，她的服务满意度是100%。现在，任二女不仅可以做日常保洁，还在工作之余通过了上门做饭、育婴师、驻家保姆的考核，成为公司"一专多能"的阿姨代表。

通过两年多的工作，任二女的家庭生活发生了很大的变化，大儿子娶了媳妇，按易地搬迁集中安置，还在县城住了楼房；女儿也考上了朔州师范，按教育扶贫政策享受"雨露计划"3000元资金补助。一个月前她又添了小孙子，一家人其乐融融。最近，任二女回家侍候儿媳妇坐月子，还参加了乡里的表彰会。闲时又收拾家里那几十亩地，手脚不停奔忙，浑身上下还是那干净利索的泼辣劲儿。

任二女说，她的脱贫与自己的努力是分不开的，但最大的功劳应归功于政府。是政府为她们找到了"阿姨帮"这个平台，给她们提供了挣钱的机会；是政府走家串户，转变她们的观念，动员她们来北京打工；是政府请来"阿姨帮"的优秀家政服务人员培训她们；是政府给她们提供了政策和资金上的支持，解决了她们的后顾之忧。通过政府的帮助和支持，她从一个普通的农村妇女成为一名优秀的阿姨，不仅挣到了钱，改善了自己的生活条件，2017年还被评为"市劳动模范"奖励1000元，"自主脱贫"奖金10000元。真正实现了脱贫致富梦。

在县委、县政府的大力宣传和支持下，任二女的事迹带动了全村妇女自主脱贫的理念，东玄风村有两个贫困户在她的介绍和帮助下顺利通过了"阿姨帮"的考核，即将走上新的生活。任二女让自主脱贫、妇女撑起"半边天"的理念在山乡蔚然成风。

人勤产业旺　遍地黄花香
——大同市云州区贫困户徐尚宽脱贫案例

【家庭档案】

徐尚宽，47岁，家住大同市云州区峰峪乡徐家堡村。家中有腿脚不便的妻子和两个上学的儿子，靠5亩土地耕种为生，2016年被识别为建档立卡贫困户。近年，他响应号召种植无忧草（黄花菜），成为当地优秀的新型职业农民和脱贫致富带头人，2018年被大同市脱贫攻坚领导小组授予大同市脱贫攻坚奖·奋进奖。

说起徐尚宽，村里没有人不夸他。他高中毕业后回家务农，学种地、学木匠、学驾驶、学电工，是村里有名的本事人，大家都说他是一个"学啥会啥、干啥像啥、种啥得啥"的人。他心地善良、待人诚恳、敢闯敢干、热心为全村人"跑腿"，村里的大小事都有他的身影。他是徐家堡村的典型脱贫致富示范户，从他的身上看到了徐家堡贫困户积极向上、自强不息、脱贫致富的一面。

穷则思变，试种无忧草大胆调产

徐尚宽生活在山西省大同市云州区峰峪乡徐家堡村，村子位于桑干河畔，恒山脚下。这个400多人的小村庄干净整洁，绿树掩映，四季分明，一派田园风光。全村2016年建档立卡贫困户72户151人，他是建档立卡贫困户之一。

他有两个儿子，一个在上高中、一个在上初中，妻子腿脚不便，一家的生计全都靠他，他常常发愁得整夜睡不着觉。2011年，新一届区委、区政府号召种植无忧草（俗名黄花菜），并且每亩补贴500元。由于黄花菜两年没收成，所以村里没有人种。村里要求干部带头，虽然心里还是七上八下，徐尚宽大胆试种了1亩无忧草。

为了学好种植黄花技术，他认真参加县、乡组织的各类培训班，努力学习各种先进种植技术，并向村里的老人学习种植黄花的经验。他还自己动手，把旋地机改装成多垄开沟犁，经过多次实验后，取得了成功。以前

云州区火山下的黄花正丰收

花农正在收获黄花

在旋好的耕地上种植黄花,一个人先开沟后种植,一天下来,最多种两亩,使用新机器后,一天下来就能栽黄花15亩左右。现在,这台机器已在全区进行推广。

脱贫致富,党员模范带动示范引领

由于前两年黄花无收入,他套种低秆作物,三年后纯收入6000元。他高兴地说:"如果以前种玉米,三年最多纯收入1500元,这是种玉米近4倍的收入!"初步尝到了甜头,他的信心更足了。在村"两委"和驻村扶贫工作队的帮助下,通过流转村民土地,他扩大黄花种植面积26亩。凭着自己的辛勤耕耘,2016年他从一名贫困户变成了脱贫困。2017年黄花收入6万元,加上其他务工收入2万元,家庭人均纯收入2万元。目前,他家黄花已有20亩进入盛产期,2018年仅黄花一项可收入10万元。超前的意识加上刻苦钻研的精神,使他率先走上脱贫致富路,他不仅还清了外债,而且添置了中型拖拉机一台、三轮摩托车一辆。

徐尚宽致富不忘左邻右舍,邻居有困难借钱,他借;邻居秋收劳力不够，他免费帮；邻居新栽黄花，他当专家现场指导……他用实际行动彰显了一个共产党员的模范带头作用，帮助村民脱贫致富，哪里有困难他就出现在哪里。在他的带动下，2013年全村新栽黄花300亩，2016年已达盛产期。仅依靠黄花一项产业，村里就全部脱贫。2017年仅无忧草项目收入全村达120多万元，为徐家堡村脱贫致富奠定了扎实的产业基础。

他经常说："没有党的好政策，没有扶贫工作队的帮扶，就没有今天的富裕生活。我一人富不算富，要大家共同富裕我才高兴！"朴实的话语，彰显了一个普通共产党员带领大家共同致富的心愿，如今徐家堡村在党员干部带头脱贫带头创业的干劲引领下，全村走上了稳定脱贫路，成了闻名远近的无忧草项目村。

徐尚宽种植的黄花

红薯"粉条"变致富"金条"
——河津市僧楼镇贫困户吴吉善脱贫案例

【家庭档案】

吴吉善，54岁，妻子闫青芳，53岁，河津市张家堡村人，2014年识别为建档立卡贫困户，5口人。依靠红薯粉条走上了致富路，2016年实现脱贫。

"感谢国家的扶贫政策，给我们免费提供红薯苗、提供技术培训，让我们脱贫致富，去年我们栽种了12亩红薯，加工粉条卖到了6万多元！现在我们的粉条已经供不应求了！"在红薯地里，吴吉善激动地说。抑制不住的喜悦写在脸上。"以前，我们发展粉条已经好几年了，但收益并不乐观。"闫青芳说。近年来，随着扶贫工作的开展，在家依靠红薯粉条也可以取得不错的收益，大家也都愿意在家挣钱。红薯是农家的重要食材，如今，随着人们生活水平的提高，农家特色食品走向城市餐桌，红薯粉条摇身变"金条"。每到一年一度的下粉时节，走进河津市僧楼镇张家堡村的院子里，一群人正忙着制作、加工、晾晒红薯粉条，一杆杆粉条错落有致地悬挂在空旷的田野中，成了一道亮丽的风景线。

张家堡是河津市唯一一个省级建档立户贫困村。近年来，依靠政府精准扶贫政策帮扶，如今张家堡的村民们依靠产业优势，发展红薯粉条的农副产品深加工的积极性明显提高，已经实现脱贫"摘帽"。吴吉善一家的生活水平发生了根本的转变，一年下来虽然忙碌但也很充实，这是该村脱贫的一个普通缩影。

起初，村里为发展粉条产业，鼓励村民种红薯，免费给村民发放红薯苗、肥料，这些都是国家产业扶贫资金扶持免费提供的。

如今，随着红薯种植面积的不断扩大，村里的部分"荒地"成了"宝地"。在吴吉善的带动下，走出一条"种植+深加工+销售"的红薯产业链，为做全扶贫产业链，成立红薯种植专业合作社，带动更多的村民参与共同致富。

吴吉善夫妻和结对帮扶人在红薯田里劳作

　　为了扩大产业规模,做好粉条特色品牌,吴吉善家传的做粉条技术丝毫不保留,经常给村民传授制粉技巧。全村上下发展一个产业,远近闻名。从根本上改变了以前村民发展红薯产业单打独斗,不成气候,销路发愁的困境,如今他们抱团创业,打响张家堡村红薯粉条的知名度,销路完全不用发愁,很多客户都是从远处慕名前来。村民们在吴吉善的红薯种植基地里务工,实现了在家门口就业,挣钱、顾家两不误,成了名副其实的"上班族"。

　　近年来,吴吉善家庭在精准扶贫政策的扶持下,全家享受健康扶贫政策,免费加入新农合,二儿子吴京荪在大学也享受到了教育扶贫资金。妻子参加村里举办的扶贫夜校,学习农业、医师、厨师等专业知识,如今她不仅种红薯、做粉条是一把好手,厨艺也很了得。平时农活不忙的时候,她还去周边的企业做饭,增加家里的收入。

　　吴吉善家在精准扶贫政策的支持下,依托本村产业发展优势,利用传统手工工艺，发展纯手工红薯粉条加工产业，不仅提高了农产品附加值，增加了自己的收入，摘了"穷帽子"，还带动其他村民加入，也为精准扶贫注入了活力，通过产业发展带领周围贫困群众早日脱贫致富。如今张家堡村的农民依靠一个粉条产业，用自己的双手实现脱贫致富，昂首阔步走在全民小康的大路上。

扶贫工作队走访吴吉善家

单亲贫困妈妈的"安居梦"

——太原市阳曲县卢变萍脱贫案例

【家庭档案】

卢变萍,阳曲县大盂镇北家庄村委阳店村村民,丈夫去世,单独抚养一儿一女两个孩子,全家3口人。因丈夫身患癌症去世留下巨额债务,于2013年12月识别为建档立卡贫困户。脱贫攻坚战打响以来,在多项扶贫政策的扶持下,通过扶贫工作队的帮扶和自身努力,于2017年光荣脱贫。如今,全家易地搬迁至县城居住,享受农村低保,本人在县城一家餐馆打工,女儿今年被一类重点大学录取,儿子在县城小学读书。

2018年6月20日,天空飘着一丝细雨,阳曲县北郑"新星苑"小区易地搬迁入住大会的现场,彩旗飘扬,人山人海,好不热闹,参加入住仪式的数千名贫困户个个脸上洋溢着幸福的笑容……

对于阳店村的卢变萍来说,这是一个永生难忘的日子,这一天,她和两个孩子住进了扶贫搬迁小区,圆了住楼房的安居梦。这一天,她作为搬迁户的代表在大会发言:"因为有共产党的扶贫政策,我做梦都没有想到

卢变萍作为易地扶贫搬迁户代表在发言

的事,今天竟然实现了……"卢变萍激动地落下了幸福的眼泪。

与此同时,位于大盂镇大盂村的扶贫搬迁安置小区内也是一派热闹喜庆的景象,54户搬迁户忙着贴对联、放鞭炮、搬新家,搬迁入住仪式也在同步进行……

"安居乐业",一直以来是中国老百姓的美好梦想,但是对于阳店村的卢变萍来说,这曾经是想都不敢想的事。帮扶队员驻村后对她的第一印象是:瘦弱的身体,体重还不到100斤,一张饱经风霜的脸,虽然今年只有41岁,但是看起来要比实际年龄大许多。原本她有一个虽不富裕但也温馨的家,丈夫老实憨厚,种地养家,一双儿女,聪明伶俐,一家人和和睦睦,居住在大盂镇一个宁静的小山村,尽享天伦之乐。然而,天不遂人愿!2014年丈夫突然身患癌症,在花费近十万元治疗费后,撒手人寰,留下的是几万元的债务和一双正在读书的儿女。家里失去了顶梁柱,儿子刚上小学,每天还需要到几公里以外的中心小学读书,需要人接送,耕地也种不下去了,她家一下子成了村里最困难的贫困户。面对突如其来的变故,她伤心、难过、不知所措,绝望!但当她看到两个孩子期盼的眼神,卢变萍只能暗下决心，为了孩子，再苦再难也要坚持下去。对于一个没有一技之长的农村妇女来说，谈何容易。捡破烂、打零工，只要是能挣钱，再苦再累她都去干，仅靠她这一点收入，还是杯水车薪。亲戚朋友的钱，借了还没有还上，再去借，真的张不出口，多少个夜里，张变萍一个人偷偷躲在被窝里哭泣……单亲妈妈带着两个"拖油瓶"彻底陷入了困境！

"脱贫路上绝不落下一户一人！"2015年底，党中央向全世界庄严承诺，脱贫攻坚战役打响了。镇村干部了解到卢变萍的家庭困难，积极帮助她办理低保，过年还给临时救助，每个月有了低保的几百元固定收入，总算是饿不着了，基本生活有了保障，全家终于松了一口气。

但是接下来遇到了更大的困难，原来的学校由于生源太少，办不下去了，儿子只能想办法去更远的地方上学，当年女儿卢若彤中考以669分的好成绩被太原市师院附中录取，入学的学费虽然减免，但是到市里读书，生活费更高了，仅靠几百元的低保金，肯定是不行，怎么办？继续留在这个小山村，两个孩子就耽误了，只能搬家。但是搬家又谈何容易，去哪里，房子怎么办？搬出去开销加大，如何生活？整整一个月，卢变萍都没有踏踏实实睡过一觉。

"购房资金每户不超过1万元，就可以搬迁到县城居住"，当镇包村干

部把国家实施易地扶贫搬迁的好消息送到了卢变萍这间简陋的土窑洞里时,卢变萍一下子激动得不知所措,还有这样的好事?她简直不敢相信:"到了县城,儿子读书不发愁了,自己找工作机会也多了",这真是难以置信!包村干部同时了解到女儿卢若彤考入重点高中,学习认真刻苦,成绩非常优异时,

卢变萍喜迁新居

还特地联系了一名企业爱心人士,将3000元的慰问金送到了卢变萍家中,缓解了燃眉之急。

如今,卢变萍全家搬迁到了县城居住,实现了"安居梦"。儿子在城东路小学读书,女儿今年被一本院校录取,按教育扶贫政策领取5000元补助,办理大学生助学贷款。近几年孩子上学享受到各项教育帮扶政策,按扶贫政策免费上缴了基本医疗、大病、意外等保险。卢变萍积极参加了政府举办的就业技能免费培训班后,找到了一份比较稳定的工作,一家人终于走出了困境。

当帮扶干部再次来到卢变萍家中时,她就像换了一个人,虽然还是那么瘦弱,但整个人精神焕发,泛着红晕的脸上露出了笑容,新房内虽然简朴,但是干净整洁。"共产党好、共产党亲,真心感谢党、感谢政府!"她激动得都不知道说啥好了。卢变萍一家,从深度贫困到稳定脱贫,短短五年中发生了翻天覆地变化:不用举债从小山村土窑洞住进县城新楼房,两个孩子能安心读书并上大学,看病花费有保障,技能免费培训帮务工,收入大幅增加,全家实现了安居梦,开启了如梦的新生活。

"金山上的来客"吃上了生态饭
——临汾市大宁县贫困户贺瑞生脱贫案例

【家庭档案】

贺瑞生，52岁，大宁县徐家垛乡索堤村人，2015年识别为建档立卡贫困户，政府提出购买式造林项目后，帮助贺瑞生加入脱贫攻坚造林专业合作社。期间，他通过配合政府荒山绿化项目，成为当地植树造林的一把好手，在黄河岸边创造了造林绿山能致富的脱贫奇迹，2017年脱贫。

走进徐家垛乡云居村，顺着通往黄河岸边的公路，一眼望去，公路两旁的山山洼洼、沟沟渠渠全栽满了树。柏树、松树、连翘树、皂角树一排排、一行行好像列队的士兵，在微风中展现英姿，向人们诉说着购买式造林的优越性和金山银山的骄傲。就是这两千多亩荒山造林，不仅绿了千年秃林，而且带动了千百家贫困户实现了脱贫"摘帽"，过上了小康生活。索堤村的贺瑞生就是靠造林致富摆脱贫困的优秀典型。

在过去，贺瑞生是索堤村出了名的贫困户，半个世纪以来他一直过着传统的农民生活，由于孩子多，土地十年九旱，日子过得紧巴巴的。改革开放后,他也出门打了几年工,也没挣到多少钱,日子老是翻不转身,穷苦帽子压得贺瑞生直不起腰。2016年购买式造林的春风吹进了索堤村,也吹醒了贺瑞生。

在政府的帮助下,贺瑞生积极参与植树造林专业劳动,旨在通过跟着脱贫攻坚造林专业合作社实现生活状态的改善。这期间,他带领30多户植树造林专业户整天在荒山秃岭挖坑栽树,拉水浇树。开始人们都笑话他傻干,有人说那些干圪梁,背圪垯千年不长草,哪能栽活树,贺瑞生不信这个邪,他就是要在这个干圪梁,背圪垯上描绘出金山、银山的图画。就这样,他和他的同伴们从早到晚拼命地干,干了两个月后合作社说他们干得好,挖的树坑标准高,就给他们发了工资,贺瑞生第一次领到了1万多元。全家人高兴地不知该说什么好。贺瑞生说:"我们这些一直在村里活的人,过惯了苦日子,平时都没见过这么多的钱进自个的腰包,购买式造林不出家门就能挣大钱,真正是个好差事呀,我一定要干出个样子来,摘掉自己的穷帽子。"

植树造林收益的兑现,极大调动了贺瑞生组织社员参加植树造林的积

贺瑞生在植树造林

黄河边山坡上新植油树

极性，跟随他参加造林的队伍不断壮大。至此，贺瑞生一心一意扑在购买式造林的事业上。他从不叫苦叫累，在工地上带头苦干，每天在红胶泥圪梁上累得满头大汗，手上磨起了厚厚的血茧。经过三年的努力，他带领社员栽植了5000多亩50多万株树苗，创造了成活率百分之百的奇迹，受到了当地老百姓的敬重和夸奖，也受到当地政府的表彰奖励。这三年间，为了造林他费尽了心事，吃尽了苦头，光他用的拉水三轮车就更换了两次轮胎，用坏的铁锹锄头更是不计其数。

日复一日，年复一年。贺瑞生就这样苦战在徐家垛乡的荒山野林，他用汗水和爱心改变了荒山秃岭的容颜，描绘了金山、银山的壮丽画卷。如今，贺瑞生每年植树造林收入达到五六万元，摘掉了"穷帽子"，转换了农民的身份，成为造林专业工人，村上人都亲切地叫他"金山上的来客"。在这位"来客"的带动下，更多当地村民走入了"金山"吃上了"生态饭"，加入了购买式造林的队伍，走出了一条"一人带一户，一户带一村，一村带一片"的脱贫特色之路，共同在黄河岸边谱写了新时代绿色产业的时代乐章。

近年来，大宁县深入贯彻落实习近平生态文明思想，创新实施"购买式造林"，生态环境在发生改善，在一个战场同时打赢了生态治理和脱贫攻坚两场攻坚战，如今大宁县千万家贫困群众和贺瑞生一样吃上了"生态饭"，这是开发格局和脱贫方式的极大转变，是习近平总书记经济发展与生态保护、群众脱贫与环境改善之间辩证统一关系的重要论证，真正实现了百姓富与生态美的统一。

村里"老大难"开始了新生活
——临汾市古县贫困户李兴刚脱贫案例

【家庭档案】

李兴刚,46岁,古县旧县镇旧县村人,全家3口人。主要收入以种地为主。因母亲瘫痪久病,2015年被识别为建档立卡贫困户,通过扶贫贴息贷款等系列帮扶,于2017年稳定脱贫。

脱贫后李兴刚夫妻生活越来越好

李兴刚和帮扶人在田间查看谷子长势

干净清幽的院落，整洁一新的房舍，男主人满脸的幸福笑容，话语间充满了对党和政府的感恩，在古县县委宣传部驻村工作队的精准帮扶下，曾经村里的"老大难"李兴刚终于告别了贫困，开始了新生活。

2006年李兴刚的母亲突发脑出血，并引发瘫痪，他陪母亲前往医院检查、住院诊治。病情稳定后，在医生的建议下，转回家中继续治疗。从此，母亲需要长期服用药物，除花去家里的积蓄外，还欠债3.7万元，整个家庭一度陷入困境。

2015年，经过缜密的筛选和精准识别后，因病致贫的李兴刚家庭被确立为建档立卡贫困户。得知他会开拖拉机，古县县委宣传部驻村扶贫工作队精准施策，按照扶贫小额信贷政策，为李兴刚协调5万元扶贫贴息贷款，帮助他买了台拖拉机，并享受农机补贴。拖拉机除自己用，他还可以帮邻近村民耕作挣钱。

靠山吃山，靠水吃水。李兴刚有耕地2.8亩，2016年又承包了7亩地，今年增加到50亩地。2017年前全部种植玉米。近几年来，高粱价格一直在上涨，作为当地的主导扶贫产业，当地政府对种植高粱的村民给予了很大支持。2018年在工作队的帮扶下，李兴刚终于认识到除了种玉米，还可以种别的农作物。思想工作做通后，他试着种植了3亩谷子、4亩高粱、2亩油用牡丹，结果收益喜人，这更坚定了李兴刚成为种植大户的信心。"现在的行情很好，我种的高粱，亩产400公斤，湿的每公斤2.7元，收入6000元，玉米和谷子的收入也不错，加上各种补贴今年总收入达到4万元没问题。"李兴刚高兴地说。

拖拉机种地有盼头，收入稳步提高了，李兴刚家庭达到"两不愁三保障"，日子也过得越来越好。李兴刚通过双手劳动去创造，努力发展产业增收，让对未来的机械化种粮生活充满了希望。2017年底，李兴刚顺利脱贫。他说："靠着党和政府的精准扶贫帮扶，我们一家彻底摘掉了穷帽子，多亏了党的好政策呀！"

李兴刚和他的好帮手拖拉机

一个"牛"产业供出两个研究生
——朔州市平鲁区贫困户王日升脱贫案例

【家庭档案】

王日升,平鲁区西水界乡西夹道村村民,一家5口人。夫妻二人依靠种44.67亩地,维持着生活。两个女儿考上了研究生。享受了金融扶贫小额信贷政策、养牛、"雨露计划"等政策,让这个因学致贫的家庭脱贫。

扫院声拉开了一天的序幕,一个朴实的身影,打扫着自己的庭院。放下扫帚,又钻进了牛棚,一边喂牛,一边观察几头有犊的母牛,细心照料着。忙碌完这一切,妻子赶赴地里照顾田间庄稼,他赶着牛群上山放牛。这就是平鲁区西水界乡西夹道村的贫困户王日升夫妇忙碌的一天。

王日升,一个地地道道的农民子弟,一家5口人,夫妻二人依靠种44.67亩地,维持着生活。家中的两个女儿考上了研究生,孩子们的生活和学习费用加重了这个家庭的负担。夫妻二人东凑西借,忙里忙外尽力为他们营造好的生活和学习氛围,但三年五载的庞大支出使他们的生活异常艰难。

王日升的牛产业

正在这一家子犯愁的时候,扶贫干部和村"两委"主要负责人来到了这个充满希望,却异常贫穷的家中。坐在炕沿上,他们和王日升唠起了家常,"习近平总书记在全国抓精准扶贫工作,很多家庭都因此摆脱了贫困、发家致富。区里边更是给了咱们贫困户很多好政策,咱们的好日子就要到来了。"王日升一听这话,顿时就来了精神,抓着领导们的手就把自己这些年的困难说了出来。几次登门了解情况之后,大家积极帮他谋划脱贫项目。他说:"我年轻时和父亲养过牛,有经验,还想靠养牛脱贫。"这就好办了!扶贫干部和村"两委"主要负责人一商议,王日升家是因学致贫,他和妻子都有劳动能力,都不是懒人,通过养殖方式摆脱贫困正合适!

王日升心里也有了底,跑到亲戚家借来5000元,买来了一头牛,这就迈出了他养牛的第一步。包村领导给他联系畜牧局的养牛专家免费进行技术指导。金融扶贫小额信贷政策为这些想发展产业,但苦于资金短缺的贫困户送来了希望和底气。王日升享受了金融扶贫小额信贷政策,贷来了5万元,买了14头母牛。在他的精心养殖下,牛群队伍逐渐扩大,他的钱袋子也逐渐鼓了起来。在孩子们享受"雨露计划"教育扶贫帮扶政策外,家里的其他的花销全让"牛产业"给解决了。

2018年暑假,上研究生的长女王慧一句话又点开了他的思路。"爸,你已经有了养牛技术,可以给很多有养牛意愿的人上门服务,并提供种牛。"王日升也知道,由于这几年自己养牛挣钱了,村里、村外有养牛意愿的人很多,自己完全可以利用这个机会,对自己对他人都是一件好事情。于是,王日升骑着摩托车开始对有养牛意愿的人上门服务,由最初的一个月一两次,到现在每周一两次。自己的种牛不仅覆盖到全村,而且已经向外村延伸。在王日升的带动下,同村贫困户范义明、范依爱、范依兵等都养起了牛,每家发展到了20头左右。

养牛的收入,再加上种地的收入,让这个因学致贫的家庭很快脱了贫。如今,长子王明已在外打工,两个女儿王慧、王磊已经在读研究生,日子越过越好。谈及脱贫后的生活,王日升感激地说:"感谢村干部和帮扶工作队的帮助。感谢党的政策,现在我们吃不愁、穿不愁、住得好,养牛让我能供得起两个研究生。勤劳能致富,今后的生活要靠自己,有了党的好政策,我相信,日子会越过越好!"

太行山下脱贫路上的"幸福味道"

——长治市壶关县贫困户仇俊生脱贫案例

【家庭档案】

仇俊生，49岁，壶关县桥上乡丁家岩村村民，全家4口人。儿子上大专、女儿上初中，因缺资金、缺技术等原因，2014年识别为建档立卡贫困户。通过因户施策帮扶，2015年夫妻俩参加了免费技能培训厨师班，学习家常菜的烹饪做法，先后在附近酒店、农家乐打工。2017年申请扶贫小额贴息贷款，租赁房屋，办起了幸福味道农家小院，顺利脱贫。

天刚蒙蒙亮，大多数人还在睡梦中，"幸福味道"农家接待小院的仇俊生夫妇就开始忙碌起来，妻子认真清洗着蔬菜，丈夫精心准备着做菜食材；上午炎炎夏日，夫妻俩忙着收购农户送来的土特产，准备中午为游客烹饪地道的农家菜；晚上在台灯下，夫妻俩卷起袖管，计算着一天的账簿，准备着明天的接待。勤劳朴实的庄稼人精心经营着自己的幸福人生，这就是丁家岩村村民仇俊生夫妇和他们忙碌的一天。

丁家岩村位于太行山大峡谷风景名胜旅游核心接待区，仇俊生夫妇开办的幸福小院游客天天爆满。闲暇之余,和一桌来自河南郑州的老少一家人攀谈起来,问起饭菜味道如何时,大家异口同声说好!一位40多岁的中年人还竖起大拇指说:"这一家食材讲究,干净卫生,味道纯正,特别是服务周到,价格合理,这次我带着全家来旅游住在这里、吃在这里,我还介绍了不少的朋友来这里吃住。"刚刚解下围裙的仇俊生也走过来,问起游客还有什么需要和不周到之处,对于游客的需求和提出的问题,仇俊生一一记下后,又扯起围裙走向厨房。

说起仇俊生一家,丁家岩村第一书记如数家珍:2014年前,该户两个子女上学,夫妇俩一无技术二无资金,依靠种地和打零工维持家庭生活,被识别为建档立卡贫困户。村"两委"和驻村工作队量体裁衣,因户施策。2015年,在党的扶贫政策指引下,动员夫妻俩报名参加了县人社局组织的免费技能培训厨师班,系统学习了家常菜的烹饪做法,先后在附近酒店、农家乐打工。2017年,仇俊生申请扶贫小额贴息贷款在公路边租赁房屋,办起了幸福小院。他们凭着勤劳朴实、精明肯干,将幸福小院办得红

帮扶工作队入户落实仇俊生脱贫措施

红火火,收入也是芝麻开花节节高。

仇俊生常说:"游客出来就是图个舒适快乐,在外吃住有家的感觉和家的味道,我们的幸福小院就是冲着这一目标去努力的。"有人问他幸福小院成功的秘诀是什么?仇俊生真诚地笑笑说:"其实没有什么成功秘诀,经营农家乐靠的是回头客,绝对不能有哄抬价格、降低饭菜质量、卫生差、服务差等欺诈游客行为。幸福小院就是经营地方菜、农家菜,只要用心去做好,一传十、十传百,客源就不是问题。"

目前,太行山大峡谷八泉峡景区正在创建5A级风景区,仇俊生一家也正在不断潜心研究大峡谷地道特色菜,让游客赏大峡谷美景,住大峡谷农家,尝大峡谷特色。经常有邻近村民将地里采摘的蔬菜和山上采摘的野菜送往幸福小院。仇俊生满面笑容念起自己的"脱贫经":"这两年,我们这里乘上旅游扶贫这大政策,每年来太行山大峡谷旅游的人越来越多,现在城里来的游客越来越喜欢吃地方菜,特别是山野菜,大峡谷漫山遍野都是宝,过去采下没人要,现在随手采摘都是钱。厨师技能免费培训和没门槛的扶贫小额贷款让我沾了光,孩子上大学有'雨露计划'补助,健康扶贫政策让我们有保障,国家扶贫政策这么好,习近平总书记就是要让咱老百姓富起来,全村脱贫我保证不拖后腿,好日子越过越红火!"

在巍巍太行山下,发展旅游扶贫是依托当地资源使百姓脱贫致富的重要方式,遇上精准扶贫精准脱贫的好时代,昔日的贫困户变成现在的农家小院大掌柜,太行山深处的农家小院内外处处弥漫着幸福的味道。

仇俊生夫妇为游客烹饪美味佳肴

两只扶贫羊改变了一户人
——忻州市代县贫困户郎平平脱贫案例

【家庭档案】

郎平平，代县峨口镇正下社村民，两口人。2014年建档立卡贫困户。扶贫政策扶持养羊，种植玉米，套种地豆，2016年脱贫。

为脱贫，养羊；为养羊，种玉米；种玉米，套地豆；套地豆，双收入；双收入，真脱贫。这似乎像鸡生蛋，蛋生鸡，又似乎是一系列连锁效应。听村里人讲郎平平脱贫的故事，听郎平平自己讲述一路的走过，我只看见那端的两只羊，眼前的一户人。如今，作为正下社村脱贫典型，摘掉贫困帽子的郎平平自信地和我们分享着一路的收获，他一再感慨，自己现在的一切都是因为国家政策好，好政策让他变得越来越自信，越干越有信心。羊的数量在不断增加，种的地也得增加，花甲之年的他感觉自己有使不完的劲，为了这群羊，为了他真的捧着的这个聚宝盆，他得迈开步子走下去。

时光回到2014年的5月，在郎平平的记忆里，那是生命里的春天。经村民代表大会民主评议、公示、镇政府审核后，他家成为本村的精准扶贫对象。现实生活中贫困的郎平平正式上了贫困户名单，对骨子里要强的郎平平来说，好像是戴了一顶不适合自己而自己又不得不戴的帽子。

村委会响应上级扶贫政策，发展养羊项目，带动120户贫困户购买种羊200只，当时贫困户每只羊自己出资200元，郎平平买了两只，郎平平当时做梦也没想到，圭峰寺传说中的聚宝盆被自己找到了。

郎平平联合其他两户贫困户养羊，经过三家人的精心饲养，三年时间，六只羊发展成如今的八十多只。一说起这些羊，郎平平脸上洋溢着笑容，不无感慨地说，做梦也没想到政策扶助力度这么大，自己花了400块钱买回两只羊，几年就满圈羊儿。有的贫困户也买了羊，结果是越养越少以至于空了圈。别人说他捡了圭峰寺的聚宝盆，他说精准扶贫政策就是聚宝盆。捧着这样的政策，别人扶自己得站，要不这聚宝盆端不住。他还计划今年年底，使羊的数量突破100只。

从村委会出来穿过巷子走进更窄的小巷深处，远远地就闻到了干草和羊粪混合的味道，一进外院，铡草机、垛着的一袋袋玉米、内院里满圈雪

郎平平和帮扶工作队在查看羊群

白的羊，把这个农家院落塞得满满当当。郎平平说他很忙，每天就侍弄这群羊，粉饲料，出羊圈，当孩子一样对待它们。尤其大羊生小羊，那得当人一样重视，确保母子平安。为了养好羊，郎平平请教村里的老羊倌，买书查资料，从喂养到保胎他都要认真研究，他说现在什么都要讲科学，政策这么好，他不能坐等扶助，窝村里的脖子，给政策丢脸。

为了解决羊饲料问题，郎平平承包了三十多亩土地，全部种植玉米。玉米粒，玉米秸秆全部用于羊的喂养。羊的队伍在壮大，郎平平的想法也如春天里的树，不断地在抽枝抽叶。眼看着玉米一年一收，玉米与玉米行间空下大垄的地，三十多亩那得空多少，掐来算去，空得他心里生疼。常见果树下套种别的作物，为啥玉米地不能套种呢？这个想法一冒出来，郎平平把自己吓了一跳，三十多亩套种成功的结果是啥？三十多亩就变成六十多亩！俗话说，没有做不到的，只有想不到的。想法一旦成熟，他就大胆行动，第二年就在三十多亩玉米地里套种了地豆。这一年郎平平播种得小心，间苗、施肥、浇水、打药，除草更是小心加精心。结果是土地不负辛苦人！当年秋天，老郎就三丰收。玉米大丰收，羊们的饲料充足，大羊肥小羊壮，有些羊一生就是双胞胎甚至三胞胎，套种的地豆当年好收成，每亩地可收入2500元。

榜样的力量是无穷的。去年，郎平平与十多户村民联合进行地豆种植，形成了地豆种植规模，在各自收获的同时扩大了销售规模。

两只羊孕育一个梦，改变了一个人，改变了一户人的命运。

辛苦日子里的"香甜"脱贫路
——长治市沁县贫困户姚凤明脱贫案例

【家庭档案】

姚凤明，52岁，家住沁县南里乡唐村。妻子温菊芬，现年43岁，2014年，妻子因癫痫病发作被烧伤。同年9月，姚凤明因车祸失去左小腿，之后又查出脑梗，左臂无法正常活动，当年被纳入低保并识别为建档立卡贫困户。夫妻两人互相扶持，凭借做枣糕的手艺，走出一条"香甜"的脱贫之路，2017年底脱贫。

每天早晨6点钟，在沁县南里乡唐村到县城十公里的路上，人们都会看到一对中年夫妇，驾驶着一辆简易三轮摩托车，拉着满满一车刚出锅的热气腾腾的枣糕，他们要赶到城里早市上卖枣糕。一年四季，风雨无阻。

丈夫叫姚凤明，今年52岁，妻子温菊芬今年43岁。如果不是经历了三年前的那场灭顶之灾，这个家庭不会那么辛苦。

2014年7月的一天，温菊芬在老院子里生火做饭，患有癫痫病的她在灶台边就发作了，顿时熊熊燃烧的火焰把这个不省人事的中年妇女紧紧包围，等到家人发现赶到时，温菊芬已经被烧得面目全非，虽然火速将她拉到长治二院治疗，保住了命，但是除了脸，全身上下被烧得惨不忍睹，至今为止，温菊芬全身上下没有一块皮是完好的。

同年9月，全家人还没有从温菊芬重度烧伤的灾难中走出来，丈夫姚凤明在从唐村往南里集市上送枣糕的途中，被一辆大车追尾，发生严重车祸，在医院做了左小腿截肢手术。就这样，原本生龙活虎的夫妻两人，一夜之间，成了两名重度残疾人。更雪上加霜的是，截肢后的姚凤明不幸又患上了脑梗，左臂也严重受阻，行动更为不便。

生活的不幸把这对中年夫妇压得喘不过气来，父母及邻里都为他们今后漫长的人生之路该怎么走而深深地担忧。当年，村委为他们夫妻二人办理了低保并按程序纳入建档立卡贫困户。

到底该怎么办？如何才能活下去？姚凤明和温菊芬整日眉头紧锁，眼泪不知道流了多少。姚凤明的父亲一辈子靠做枣糕为生，耳濡目染，姚凤明对这一行也是轻车熟路。身体残疾，种地和打工深受影响，何不利用现有的资源重操旧业？既能把这个手艺传承下来，又可以贴补家用，维持生

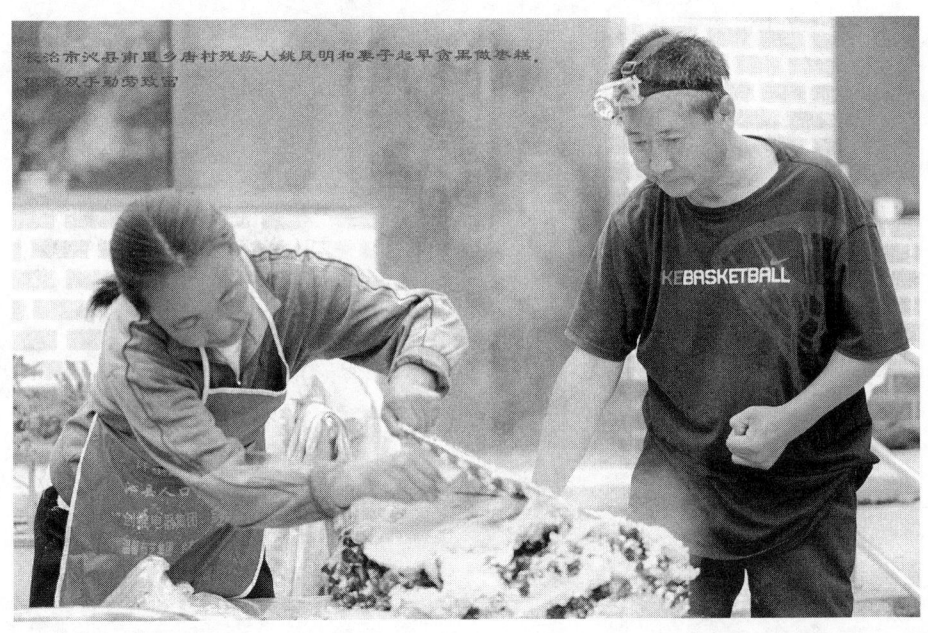

姚凤明夫妻正在制作枣糕

活。说干就干,姚凤明夫妇马上行动起来。

于是,每天早上3点钟,闹钟准时叫醒熟睡中的夫妻俩。起床、开火,把头一天泡好的精挑细选的软米面一层一层细细地撒在笼屉里,然后厚厚地铺一层上好的大红枣,然后再铺一层面,再撒一层枣,以此类推,九十度高温下重复着这一项工作。为了准确把握枣糕的口感和甜美,姚凤明头顶绑着探照灯,仔细地辨别枣糕的纹理。半个小时,枣糕出锅了。温菊芬一个人端起六十多斤的蒸笼,把蒸好的枣糕倒扣在三轮车的铁皮桌面上,盖好笼布,两个人用手使劲地拍打压实,抹一层植物油,继续拍打,直到枣糕瓷实服帖。装好遮阳伞,带好一天的干粮和水,再备好衣服,6点钟准时出发。

15分钟的车程,三轮车停靠在早市,络绎不绝的人群慕名而来买枣糕。南关社区的张先生说,家里的老人喜欢吃软的,这家唐村枣糕米软,枣多,没有任何色素和糖精,香味十足,特别好吃。中午时分,一车的枣糕几乎就卖得差不多了,姚凤明两口子就近去快餐点吃一碗炒饼,桌子上趴着午休一会,不到下午2点钟,枣糕就卖完了,一天下来,除去各种成本,可以赚150块钱。

香飘满街的唐村枣糕

日子好了，生活有盼头了。一对残疾夫妇凭着坚强的意志和执着的追求，不是靠着墙根晒太阳，等着政府送小康，而是从内心拔掉"穷根"，苦干实干，在自食其力的道路上战胜一次又一次的挫折，用残缺的躯体给家庭撑起一片希望的蓝天。2017年12月他们脱了贫也赢得了村民们的交口赞誉。面对人们的赞词，他们夫妻俩却坦言：残疾人很重要的就是要有自强不息的精神，虽然身残，但只要有志气、有信心，没有迈不过去的坎，同样可以过上幸福美好的生活。

奔走在致富路上的姚凤明夫妇

搬得出稳得住　乐当掌柜奔富路
——运城市万荣县贫困户贺仁杰脱贫案例

【家庭档案】

贺仁杰，60岁，系万荣县西村乡岭西岭南村村民，全家3口人。妻子患有糖尿病、高血压等多种疾病，常年药物不断，不能从事重体力劳动。多年来靠打零工、种植粮食的微薄收入维持生活。因病致贫，2014年纳入建档立卡贫困户。2016年移民搬迁，2017年底脱贫。

贺仁杰旧居

乐当掌柜的贺仁杰

岭西岭南村属于深度贫困村,地处稷王山腰,距离乡政府所在地约7.5公里,交通条件极为不便,全村沟壑纵横,土地贫瘠,自然条件恶劣。

为了改变贫困现状,过上好日子,年轻时的贺仁杰没少折腾,在村里养过猪、养过鸡、赶过集,但都源于文化水平低、信息闭塞又没有技术,起早贪黑忙碌一年,仅能维持基本生计。随着两个孩子的渐渐长大,开销

贺仁杰新居

贺仁杰一家

日渐增多,家庭生活陷入了贫困窘境。摆脱贫穷,不再为生活所迫,一直是贺仁杰美好的梦想。

2016年岭西岭南村被县委、县政府确定为整村移民搬迁村,迁至县城恒泰花苑。搬迁后,生活条件发生了翻天覆地的变化,土窑洞变成高楼房,从小山村走进大县城,贺仁杰心思活了,为保证移出后稳得住能致富,他想自主创业。他多次到运城、太原、西安等地考察后,决定在县城开一个火锅店,让女儿女婿外出学习技术,自己在县城选址,最终店址选在恒泰花苑沿街店铺,年租金1.8万元。贺仁杰多方筹措资金,实施店内装修和购买设备,扶贫工作队帮助其办理各种手续,振兴铜火锅店于2017年10月正式开张。

店开了,但接下来定位很关键,当了老板的贺仁杰没有忘了他勤劳、质朴、善良的本色,在开张仪式上他说道"我是一名地地道道的农民,我的店也是最接地气的饭店",他承诺他的火锅店一定要做到量足、质优、价廉。他说了也确实这么做了,每天店里人来人往,人气爆满。一年后,贺仁杰还清了所有借款，还有部分盈余。好事成双，经过组织考察贺仁杰预备党员按期转正。饮水思源、不忘社会，自己富了，作为一名党员更应该带领群众致富，招聘了几名本村迁入新居的妇女在店里做服务员，解决她们的就业和家庭困难，成为一名脱贫典型和移民搬迁群众的致富带头人。

"原中"垣上"刨"出金小米
——运城市垣曲县贫困户赵增平脱贫案例

【家庭档案】

赵增平,垣曲县解峪乡原中村的一名贫困户,2015年建档立卡,现在是解峪乡原中村委副主任兼村综治调解员。在党的脱贫攻坚政策和驻村帮工作队的扶持下,立足原中村实际,在农业增收产业中带头发展谷物种植,成为远近闻名的优秀新型农民,顺利脱贫。

喜上中央电视台的赵增平

金灿灿的谷子销售一空,现金收入达8万余元。看着一沓沓票子,垣曲县解峪乡原中村赵增平激动得一夜没睡觉,一辈子都没见过这么多钱啊!真没想到农民在土里也能刨下金子。

　　说起原中村，那可是垣曲县有名的贫困村，远离县城，交通不便，信息闭塞，老百姓世世代代都在土地里刨食，但是由于地处丘陵地带，干旱少雨地贫田薄，辛辛苦苦一年忙到头，打下的粮食却勉勉强强够维持生计。2015年，原中村迎来了运城市质监局驻村工作队，他们一入村就扎在村里搞调研，帮助找脱贫的路子。经过走访调研，利用当地海拔较高，土质层厚，日照时间长，昼夜温差大，种出来的谷子品质好的特点，决定大力扶持发展谷物种植产业。

　　赵增平是村里的贫困户，但在村里还是有一定的威望。驻村工作队员决定由他来试种，经过几番交谈，打消了他的思想顾虑。赵增平胆子也大，抱着"破釜沉舟"的决心，把自家承包的50亩地全种上了谷子。想丰产就要讲

科学，为了掌握种植技术，他专门购买了有关书籍来自学，通过驻村工作队介绍又到河北农科院谷物研究所去学习。一分耕耘，一分收获，当年他种植的谷子大获丰收，2万多斤谷子在驻村工作队的帮助下，全部销售一空，当年，就摘掉了"穷帽子"。2016年，在赵增平的带动下，他所在的中坪居民组全部种上了谷子，原中村全村谷子种植面积也达到2000亩以上。

　　谷子种植取得了成功，经济收入也有了很大的提高。这时，赵增平认识到，要做好致富的"领头雁"，还必须再找新点子。通过学习他知道了现代农业生产要走"农艺+农机"的路子，使用农机能节省人工作业，提高生产效率，对丰产丰收起着至关重要的作用。原中村地处偏远，大型机械都不愿意来，原中的谷物种植还没有实现机械化种植，于是赵增平想方设法购置回一套谷物种植农用机械，既可以提高生产率，又可以增加收入，还可以服务全村老百姓，每年收入都在10万元以上。

　　2017年，随着原中谷物种植产业的不断发展壮大，在驻村工作队的帮

原中村的小米晾晒场

赵增平和合作社社员一起收获谷子

扶下，原中村和山西省农科院签订了长期的培训协议，建起了小米加工厂，注册了"原中黄"品牌商标供本村老百姓免费使用，谷物品种定期进行优化，真正实现了产收销一条龙，让本村老百姓没有任何后顾之忧。

销售有保障，如何增产又增收，是摆在赵增平眼前的紧要事情。首先他在地里种植油菜，待到油菜开花时，对油菜进行深翻作为绿肥，再进行谷子种植，这一实验让亩产增值达20%以上，种植技术取得了成功并得到推广。一人富不算富，赵增平又带头组织成立了谷物种植合作社，吸纳100余户贫困户加入，抱团做大谷物产业。

2017年底，村民推选他进入了原中村委班子，成为原中村委副主任，希望他带领大家走在脱贫奔小康的大道上，在国家精准扶贫精准脱贫政策的指引下，赵增平不负众望，带领原中村人民走上脱贫路。

身残志更坚　养羊把身翻
——晋中市和顺县张风林户脱贫案例

【家庭档案】

张风林，49岁，和顺县横岭镇横岭村人。在十几岁时因接触高压电致使腿部二级残疾，全家共3口人，现任横岭村残疾人信息专职委员。2014年精准识别为贫困户，在各项扶贫政策下，通过自身努力发展生产，于2018年摆脱贫困。

贫困，曾经就如同一张网一样，遍布在张风林生活的四周。祖祖辈辈面朝黄土背朝天的生活，没能给他带来丰厚的家底，年轻时的一次意外事故，更是让他失去了一条腿，但生活的困难从来就不曾将他击倒。张风林家虽然困难，但他却是一个很有创业精神的农民，他在1987年就曾在村中试验养殖蝎子致富，虽然因为自然灾害未能成功，但在他的心中种下了创业的种子。他深深地明白，其实贫困本身并不可怕，最可怕的是思想上的贫困。想要摆脱贫困，必须要有信心、有志气，靠自己走出一条适合的脱贫发展之路。

在2013年左右，受周围环境的影响，他决定通过发展养殖业帮助自己脱贫。几经考量，他选择了养羊作为产业路径，因为养羊成本较低，同时自己能够力所能及地照顾羊群。2014年，他被识别为建档立卡贫困户。他响应国家号召，摆

张凤林在牧羊

脱"等、靠、要"的思想，通过发展产业实现脱贫。针对发展产业的建档立卡贫困户，国家推出了扶贫小额信贷，在镇、村两级及驻村工作队的帮助下，他贷款3万元购买种羊，进一步扩大养殖规模，将60余头羊扩大到150余头，实现了养殖翻倍增长的目标，也成功在2018年摆脱贫困。

回头看这一路走来的艰辛，他有时候也在问自己，究竟是什么原因让自己撑过了每日的辛劳、怎样克服了身体的不便呢？说到底，还是因为自己从一开始就没觉得身体的不足是生活的障碍。上天只是给自己的生活增加了难度，但并没有堵住自己前行的道路。而贫困，更不是一座不可翻越的大山，只要自己有志气、有信心，就没有翻不过去的山，更没有迈不过去的坎。

"没有比人更高的山，没有比脚更长的路"。张凤林虽然只有一只脚，但他这条路却走得比谁都稳。如今搭乘脱贫攻坚东风，一家人生活有保障，创业资金得到贷款扶持，收入有门路，孩子上学有保证，住房安全、健康医疗保障，这一路虽然辛苦，但他却从没有放弃过，只因他心中始终坚信，困苦本无种，男儿当自强，遇上好时代，坚决跟党走！

因病致贫遇良"策" 贫困家庭有保障
——晋中市左权县贫困户李先云脱贫案例

【家庭档案】

李先云，1952年生，中共党员，现居住左权县拐儿镇拐儿村。有一儿一女，都已成家，儿子有两个孩子，一个上小学，一个上幼儿园，儿子和儿媳常年在外打工很少回家，两个孩子由李先云夫妇照看。女儿有两个儿子都在上学，女儿和女婿都是农民，收入主要依靠几亩田地。2013年12月将李先云家纳入建档立卡贫困户。2016年脱贫。

驻村工作队员说，第一次走访李先云家，屋内昏暗，空气沉闷，李先云的家好像与世隔绝一般。儿子和儿媳常年在外打工很少回家，老两口年岁已大，身体又不好，还要照顾两个孙女，儿子儿媳收入微薄，无暇照顾老人。老两口除了照顾两个小孙女，农忙时还要在田间劳作，收入靠田地和儿子不定时的接济，每天也很忙很累。

俗话说：天有不测风云，人有旦夕祸福。李先云突发严重胃病，需要立即做手术化疗，手术费预计需要10多万元，这让本来就贫困的家庭雪上加霜。

"我是家里的顶梁柱我跌倒了,这个家还怎么过,我该怎么办?"老李无奈地哭诉道。想到几年前,村里张某某大病一场,本来很殷实的小家倾家荡产还负债累累,最后人财两空,撒手而去,还给儿女留下一笔新债。虽然农村合作医疗国家能报销一部分,但剩余部分也是一笔天文数字呀!虽然听说扶贫政策看病住院贫困户有优惠政策,但没亲身经历也不知真假,想到"病费工夫药有价"的老话,夫妻二人愁眉苦脸暗暗流泪。

正当这个家庭跌入深渊,看不到希望的时刻,左权县拐儿镇政府包村干部以及驻村工作队员专程上门再次详细解读国家健康扶贫"136"政策,即建档立卡贫困户因病住院治疗,一年以内不限次数,累计在县级定点医院自费不超1000元,市级定点医院不超3000元,省级定点医院不超6000元。并帮助联系好在医院诊疗流程,嘱托李先云安心看病,做手术和化疗的钱国家按规定报销,打消了李先云全家的顾虑。他60多岁从未享受过这么好的政策,将信就信,手术进行得很顺利,并且医院直接报销,李先云花了6万多元,报销5.5万元,自己支付了5000多元,其中有2000多元费用不在报销范围。

李先云妻子核桃喜获丰收

脱贫后的李先云夫妇

后期第四次化疗的时候医院告知患者血压太低只有40-60无法承受化疗，只能先吃药补补。一瓶药要60元而且只能够吃两天，不在医保报销范围内，对于李先云这样仅靠田地收入的家庭又是一项很大的开支，家庭两代人负担很吃力。随着李先云身体逐渐康复，左权县拐儿镇政府得知李先云吃药难后，说政府可以多救济一些给你们家，可李先云却说："我是一名共产党员，我有手有脚，如果不是这个病，我不会给政府添麻烦。我的病好得差不多了，我还可以劳动。"

如何让这个家庭有稳定收入，早日脱贫？

经村委会研究决定让李先云在村内公益性岗位做力所能及的事，成了一名村级护林员，每天上山林区巡查，护林防火，每年有2000多元的收入。李先云说这样的钱我拿的踏实，我拿的安心。李先云在国家政策和政府的帮助下终于脱贫了。

每每问起李先云身体的时候，他总是说："我是个农民，家里也没有多少积蓄，感谢国家的精准扶贫政策好，我做力所能及的事情，如果没有这么好的政策我这条命就没了。"

精准扶贫好政策　点亮心中那盏灯

——吕梁市交城县贫困户郭世益脱贫案例

【家庭档案】

郭世益，48岁，交城县夏家营镇王家寨村村民，家中5口人。与妻子侯爱梅育有两个女儿。老母亲体弱多病，无经济来源。他肢体二级残疾，由于脑梗，已丧失劳动力多年，2015年12月纳入建档立卡贫困户。驻村工作队多次思想动员并把脉诊断、因户施策，最终在国家政策的帮扶下一家人生活有了很大改变并顺利脱贫。

瘫痪在床的郭世益，需要妻子侯爱梅日常照料。侯爱梅不仅无法外出工作挣钱，还要发愁巨额的医疗费用，整天吃不好睡不好，面容消瘦。与此同时，两个孩子上学也是一笔不小的开销。

纳入建档立卡贫困户后，驻村工作队帮助一家人享受了教育、民政、健康扶贫等各类政策帮扶。郭世益积极参加了王家寨村燎原专业养猪合作社，享受扶贫小额信贷等优惠，就这样扎扎实实，一步一个脚印逐渐缓解家庭经济困难的局面。

郭世益和帮扶工作队员在一起

驻村扶贫工作队入户走访郭世益

生病,并不可怕,可怕的是失去了战胜病魔的勇气和信心。

贫穷,也不可怕,可怕的是没有了积极战斗的动力和决心。

帮扶人员多次与侯爱梅沟通,鼓励她靠自己的双手脱贫"摘帽"。在政策的帮扶温暖下,侯爱梅感动地说:"政府这样帮我们,我们已经享受了这么多政策,是该自己站起来了,不能啥事都靠政府。"下定决心后,侯爱梅依靠驻村工作队的帮助找到了中天耐火厂的工作,每月收入2000多元,大大提高了收入,解决了家庭日常开支问题。

驻村工作队还鼓励郭世益要积极锻炼,自力更生。在一次走访中,工作队长语重心长地对他说:"如果你放弃了对生活的信心、自暴自弃,那么奔小康的路,你可真就赶不上了。"没想到,这句话起到了关键性的作用,经过努力锻炼,郭世益的身体竟然一天比一天好,现在都能自己站起来扶着轮椅自由活动了。如今,健康扶贫政策让他没有医疗负担,侯爱梅也能放心地出去打工挣钱了。

现在,郭世益夫妻的家庭情况大有改观,也逐渐摆脱了贫困户的自卑感。因为有教育扶贫政策扶持,大女儿本科毕业找到了工作,小女儿安心读书不用为学费担忧。如今再到郭世益家中,总能看到他满脸幸福,虽然他说话含糊,表达不清,但是我们能深深感受到那份源自心底的感激和满足!

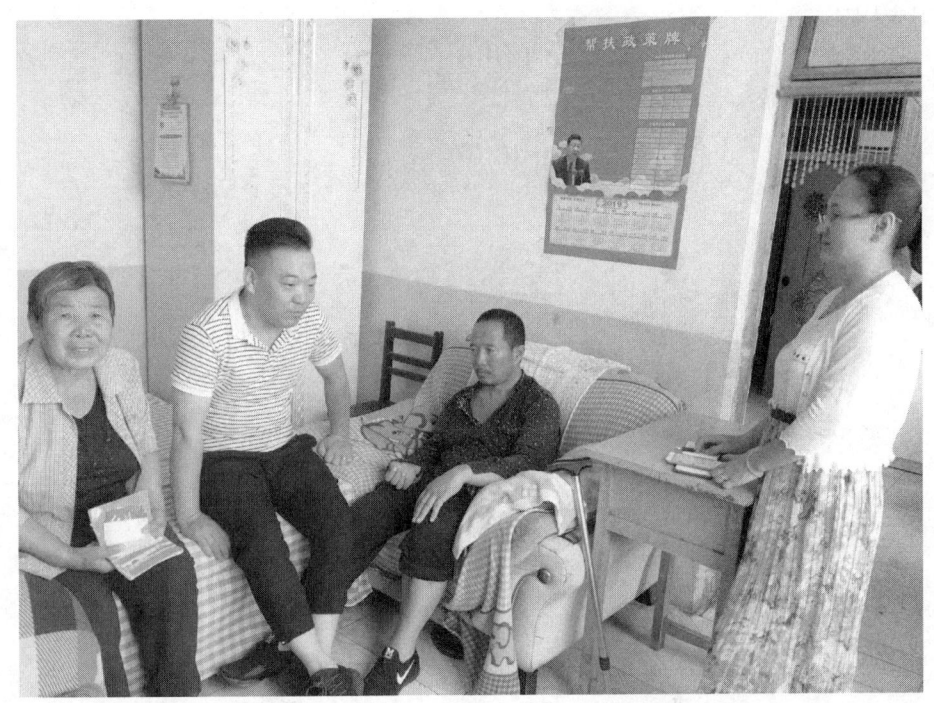

"贫困户"变身"种粮大户"
——忻州市代县贫困户张所成脱贫案例

【家庭档案】

张所成，57岁，一家4口人。儿女双全，以种地为主业，在农闲季节打零工，全靠省吃俭用维持生活。因供养孩子上大学欠下外债，2015年被村里识别为建档立卡贫困户。通过产业扶贫、小额信贷等扶贫政策，2017年脱贫。

"我每天最开心的事，就是按时去地里干活，作务庄稼就好像培育自家的孩子，看着出苗了，看着长高了，看着吐穗了，看着结棒了，那个高兴劲儿甭提有多美！"脱贫之后的张所成幸福地说。是呀，张所成可以说是心想事成啊。在他勤劳朴实、正直善良家风的带动下，儿子品学兼优学有所成，刚从太原理工大学毕业，直接招聘到上海一家高端科技公司，主要研究和生产玻璃光纤等高精尖产品；女儿大学毕业后也在北京一家公司打工，自食其力，安居乐业。

几年前的张所成，可是名副其实的贫困户。之所以贫困是因为前几年家里一直在供读两个大学生，每次孩子们开学前几天，老两口总是四处筹学费，本来只够勉强生活的一家还欠下不少的外债。2015年，被村里识别为建档立卡贫困户。说起当年被评为贫困户，并非张所成本人所愿，他甚至觉得有种自卑感，他觉得因学致贫造成的困难只是暂时的，也绝不甘心永远躺在被帮扶的温床上睡大觉。于是，他决定用自己的实际行动来改变贫困的生活状态。

2015年，张所成同其他贫困户一道走进了乡党委、乡政府组织的农民夜校，参加了种植养殖技术培训。有的人把课堂当成聊天拉家常的地方，有的人不到两天就跑得没了踪影，只有他咬牙坚持下来了，白天去种地，夜晚来学习。经过一个星期的刻苦钻研，他脑筋活了、思路开了。他想，发展养殖需要的技术含量较高，而且也存在一定的风险；搞种植的话，只要地力好，种子好，勤耕细作，工夫下到家，土地爷绝不会亏待庄户人。

于是，张所成从别人手里流转了部分土地，又通过小额扶贫信贷款买了旋耕机，还专门跑到忻州玉米研究所选购优质种子，并且第一次使用了高效复合化肥。正所谓"一分耕耘，一分收获"。在他的精心作务下，他的庄稼长势最好，收成也最高，玉米平均亩产量为600多公斤，最高亩产量达到720公斤，初步实现了"多种地、种好地、多打粮"的奋斗目标。他还经常和种植大户讨论如何丰产增收，有时还跑去外地去学习他人的成

种粮大户张所成和他的拖拉机

功经验。2017年，他顺利实现脱贫；还被县委、县政府授予"2017年度感恩奋进、主动脱贫模范个人"。

从规模种粮中尝到了甜头的张所成，更坚定了种粮的信心和决心，把种粮赚到的钱更多地投入到土地流转中，又购买了拖拉机、玉米脱粒机等农业机械，进一步扩大了种植规模，实现了良性循环。他不仅讲究科学生产，也不断地学习管理知识，在不影响产量和地力的情况下，尽可能地把耕种成本降到最低，走出一条科学技术和生产实践相结合的致富之路。2018年底，他已经从一个老实巴交的种地汉，变身为拥有130余亩土地的家庭农场主，不算黍谷、豆类和高粱等杂粮，仅玉米一项年产量达到80吨，产值13.28万元，扣除租地、生产成本后种粮纯利润仍有10万余元，成为周边闻名的"种粮大户"，这时的张所成已然成为人们口中的"张大户""农场主"。

俗话说："手中有粮，心中不慌。"张所成把饭碗稳稳地攥在了自己手里后，心思又开始活泛起来，如何走出一条农业生产可持续发展的道路呢？如何才能让地块更高产？如何才能更加节约成本？如何提高机械化作业效率而且不降低耕地地力？一个个问题继续在他的脑海中飘荡着转悠着。

勤劳致富的张所成，饮水思源，不忘乡亲，他除了精心作务自己的"农场"外，在春耕秋收时节还帮助附近的村民翻耕土地和收割玉米。他服务周到完善，收费公道合理，特别是对本村的乡亲给予更多的优惠，对特殊困难群体甚至免费服务。不少村民向他请教种粮的技巧，他总是知无不言，言无不尽，把他的成功经验毫无保留地教给大家。他说："我能有今天，离不开党和政府扶贫政策对我的帮助，我愿尽我所能去帮助需要帮助的人，希望大家一起过上好日子。"

扶贫扶志 "懒汉"变脸"模范"
——大同市广灵县贫困户王丙录脱贫案例

【家庭档案】

王丙录，广灵县作疃乡百疃南庄村人，全家2口人。和老母亲相依为命，被识别为建档立卡贫困户。通过扶贫小额贷款，发展生猪养殖，于2018年11月底顺利脱贫，成为全县脱贫典型。

天刚蒙蒙亮，作疃乡百疃南庄村的贫困户王丙录便早早起床了，顾不得洗漱，忙着给猪拌饲料，喂猪。

"再过一个多月，这几头猪就能卖了，希望能卖个好价钱。"王丙录憨憨地笑着说。

很难想象，这样一位勤劳的农民，在几年前还是村里出了名的"光棍汉"，好吃懒做，啥活也不干，不出门不挣钱，喝完酒就睡，守着家里的几亩地与80多岁的老母亲相依为命，生活十分拮据。

"真脱贫"还需"真自强"，改变"光棍汉"贫穷的现状最首要的是要改变他们的思想，从精神扶贫入手，从思想上教育感化他们，着力解决"扶贫先扶志"的问题。在帮扶干部苦口婆心地劝说下，王丙录思想上开

王丙录和相依为命的老母亲

始有了变化，渐渐地重新树立起生活的信心，开始从"要我脱贫"变成了"我要脱贫"。

2017年，在联户包扶干部的积极协调下，按金融扶贫政策，他不用担保不用抵押，申请5万元扶贫小额贷款，搞起了生猪养殖，一年时间里养殖规模就达到30头。王丙录也好像变了一个人似的，原先邋里邋遢的他也变得爱干净了，整个人也精神了许多。谈起这两年的变化，王丙录脸上总是挂着笑容，他说："以前总觉得自己是个'光棍'一个人吃饱全家不饿，什么活都不愿意干，活一天算一天。去年，领导们和咱拉家常、讲道理，咱这思想也豁亮了，不仅帮我贷了款，还给我买了50只鸡，鸡养大后还是帮扶领导帮我高价卖的。看着村里其他人都在努力脱贫，我总不能戴一辈子贫困户的'帽子'吧！打了半辈子的'光棍'，等卖了这些猪脱了贫，我也想找个媳妇……"

如今，起早贪黑的王丙录正通过自己勤劳的双手依靠养猪，已经成了村里最忙碌的人之一。这一年里，王丙录不仅养猪，还养了50只鸡、种了

7亩玉米，年收入翻了好几番。2018年11月底，王丙录一家顺利脱贫，并成为全县自主脱贫的典型。

王丙录的改变，让"光棍汉"对生活充满了希望，80多岁的老母亲更是看在眼里暖在心里。回忆起以前的点点滴滴，老人满含热泪："我家丙录以前什么活都不愿意干，都这么大岁数了还打着'光棍'哩！自从贷款养起了猪，一下子就像变了一个人似的，每天早早就起来喂猪，也不睡懒觉了，也不喝酒了，对我也更加孝顺了。"

因户施策、精准扶贫精准脱贫、补足"精神之钙"，这让王丙录从一个"光棍汉"变身一个好儿子、一个自主脱贫的光荣典型。

王丙录在喂猪

千难万难　干就不难
——大同市广灵县贫困户李全岁脱贫案例

【家庭档案】

李全岁，广灵县望狐乡桥头村农民，全家4口人。当过保安，学过木匠，收入仅够糊口，又不幸患上了甲状腺亢进慢性病，身体垮掉了，只好回到村里继续种地。2014年，经村民小组讨论评定为建档立卡贫困户。脱贫攻坚以来，享受教育、健康扶贫政策，并经过新技能农民职业技术培训，靠种植马铃薯于2016年脱贫。

在望狐乡桥头村的田地里，一辆满载农家肥的四轮车停在一块平整的田里，一位年轻后生，身板挺拔，手握铁锹，干劲十足，细密的汗珠从他的额头渗出来，他一边干着活儿，一边哼着晋北的信天游，歌声中掩不住对生活的热爱。这位阳光开朗的80后新农民就是村里的脱贫典型——李全岁。

李全岁今年36岁，是地地道道的"农二代"，家中兄弟姐妹众多，仅靠十几亩贫瘠的土地维持温饱，初中毕业后，成绩优异的他因家中贫困，无奈中断了读书梦。跟着亲戚跑朔州、上大同，当过保安，学过木匠，收入仅够糊口,又不幸患上了甲状腺亢进慢性病,身体垮掉了,只好回到村里继续种地。2014年12月15日,经村民小组讨论评定为建档立卡贫困户。

　　2015年仲冬,在乡政府组织的"脱贫攻坚新型农民职业技术培训会"上,李全岁对马铃薯种植产生了浓厚的兴趣。他心想:桥头村的土壤属沙性土质,全年无霜期短,非常适合马铃薯的种植。可是本地的马铃薯品种退化,产量低,该到哪里引进新品种呢?经过多方打听,2016年2月19日,李全岁独自一人到大同市高寒作务研究所与技术员杨忠请教。经杨忠指导引进了3000余颗晋薯16号马铃薯种。

　　千难万难,干就不难,希望的种子埋入土地,很快就生根发芽。李全岁精心地侍弄着,除草、锄地、配方施肥,每一道工序都不曾省略,严格按照技术员的指导,当年秋天,收获的时节来到了,每一锹挖下去,一个个小足球般大小的马铃薯争先恐后地从土地里蹦出来,帮忙收获的邻居羡慕地直说:"这么大的山药蛋可从来没见过,这一亩地怕是能产四五千斤呢!明年我也要种几亩!"

　　马铃薯拉回家,堆在院子里,像座小山一样,串门的邻居来了都啧啧赞叹。很快,收购的客商就找上门了,一过秤,10亩地产量为4万斤,红

李全岁在马铃薯田地里

芸豆6亩产量为1500斤，扣除肥料种子等费用，共收入7500元，李全岁掘到了人生中的第一桶金，全家4口人稳定脱贫，一举摘掉戴了多年的穷"帽子"。

2017年，在驻村干部的帮扶下，李全岁又购置了一台马铃薯播种机和一台马铃薯采收机，同时又和左邻右舍租了20亩地，准备大干一场。春种秋收，挥汗如雨，辛勤的劳作换来沉甸甸的收获，这一年，李全岁从土地中收入了15000元，比上一年翻了一番。

2018年，李全岁信心满满地种植了100亩地，马铃薯、芸豆、葵花籽、荞麦……都是适合高寒地区的作物品种。驻村干部多次走访李全岁家，了解他的想法，支持他的做法，共同探索"产、种、销、加"一体化的路子，李全岁又购买了一辆新四轮车，采用"种、管、收、运"一条龙的方法来进行田地管理，年底一盘点，收入竟然达到了5万元，看着一沓沓的人民币，他笑中带泪，紧紧握住驻村干部的手："真没想到还有这一天，我以为俺家的穷根扎深了，多亏了国家扶贫政策和你们的全力帮扶，帮俺们农民走上了致富路。"

如今，李全岁全家稳定达到"两不愁三保障"，收入也有了保证，一改往日的满脸愁容，乐呵呵地说："今年我打算办一个马铃薯专业合作社，联合种植马铃薯的农户，大家心往一处想，劲往一处使，有国家的扶贫好政策扶持，咱们农民的日子一定会越过越敞亮！"谈起今年的前景规划，李全岁信心满怀。

政府帮扶引进门　脱贫致富靠个人
——大同市浑源县贫困户王忠脱贫案例

【家庭档案】

王忠，60岁，浑源县永安镇村民，全家4口人。多年来承父业以修补锅碗瓢盆为生。妻子高爱琴，身体多病，全家以种地养家糊口，大儿子王晓亮学艺当木工，二儿子王晓强学艺当厨师，赚钱不多，经济困难，2014年被认定为建档立卡贫困户，通过小额扶贫贷款发展养殖，并享受健康扶贫等政策扶持，于2018年脱贫。

"我觉得现在的日子越来越有奔头了，感谢共产党的好政策，感谢新时期扶贫的好待遇，感谢帮扶责任人。让我的生活有了盼头，帮助我发展养殖产业，帮助我脱贫致富。我一定努力把养殖规模扩大，成为村里的养殖大户。现在，我还想再贷一次款。计划再买6头育肥牛，新盖个牛棚，扩大养殖规模。"60岁的王忠对未来充满了信心。

2014年精准扶贫工作开始后，经过个人申请、村民评议、公示后，将王忠纳入建档立卡贫困户。因缺少发展资金，没有致富门路，他一筹莫

展,不知如何脱贫致富。永安镇村干部、村书记,帮扶责任人了解到王忠的困难后,就开始着手帮他争取项目和资金,多次上门鼓励他要靠自己的双手脱贫致富,对他耐心地开导,使他重树信心,不仅改变了"等、靠、要"的思想,还激发了他养猪致富的念头。王忠决心靠勤劳的双手奋斗,意志坚定地要摘掉贫困户帽子。有了满满的信心,花甲之年的王忠干劲儿十足。

2015年,王忠决定发展养猪摘"穷帽",由于缺乏资金,规模一直不大,一开始只有9头猪,最多的时候也只有30多头猪。由于缺乏资金,王忠自己又当技术员又当老板,一开始只养殖了9头猪,最多的时候也只有30多头。2017年,村书记和驻村工作队来到王忠家宣传贫困户可以小额贷款之后,他和儿子王晓强决定贷款试一试。父子俩利用小额贷款5万元加上自己筹集的资金,用自家的5亩地修建了养殖场(养殖场占地2640平方米),购买了猪仔羊崽,准备进一步扩大养殖规模。

通过一年的发展,2018年王忠家的养殖规模已经发展到240多头猪,40多只羊。他家养殖的猪羊一出栏就被县城的肉贩子抢购一空。儿子还在拼多多上开了自己家的网店,开始申请手续,准备在网上卖猪肉。王忠家从以往的贫困户成了如今村里的养殖大户,政府虽然有扶持,但自身的发展才是致富的关键。村里的很多贫困户受到他的影响，隔三差五就找他询问养猪、养羊的经验。而他也把养殖的技巧毫无保留地告诉村民，争取让大家早日脱贫。

王忠说："自从被评为贫困户那天起，就一直感到脸上无光，睡觉都不踏实；如今，我们家靠自己勤劳的双手脱贫'摘帽'，我睡觉安稳了，脸面也荣光。现在政策这么好，总不能坐享其成等着别人给，别人给的始终没有自己劳动得来的踏实。我深深地意识到了勤劳的重要性，我常常告诉自己，在困难面前，我决不能低头。只要勤劳苦干，生活一定可以好起来。"

如今，王忠一家稳定达到"两不愁三保障"，面对家庭新变化，王忠拍着胸脯说："我向政府承诺，我非常感谢党和政府对我家庭多年的关心与帮扶，目前我家已脱贫，不能再占用国家资源，应该把帮扶瞄准更需要帮扶的村民，我老王家会怀着'政府帮扶引进门，脱贫致富靠个人'的信念，靠自己的双手创造财富，绝不返贫。"

乘扶贫好东风 做致富新农民
——晋城市沁水县贫困户何丙文脱贫案例

【家庭档案】

何丙文，49岁，沁水县十里乡团里村人，家里两口人。女儿上学，2016年被识别为建档立卡贫困户。享受了政府贴息贷款5万元购买抽粪车，流转土地搞规模种植，2017年脱贫，现在年均收入达到1.65万元。

沁水县十里乡团里村老实巴交的农民何丙文，凭借着自己两年的不懈努力，2017年成功脱贫。他还帮助和带领村民一起走在脱贫致富的道路上，固然这条路布满了荆棘与曲折，但他始终相信，在党和政府的关心和支持下，在全村村民的共同努力下，自己的日子会越过越好。

团里村，位于县城东北部的中条山腹地，地处偏远，山大人稀，交通不便，村民居住分散，靠种地为生，村内无任何工矿企业，是纯农业村。2015年，中国邮政集团公司山西省沁水县分公司正式对该村实施对口帮扶，2017年开始驻村帮扶，帮扶人员重点从产业扶贫、金融扶贫、电商扶贫、技术扶贫等方面开展工作。何丙文在乡政府和结对点的大力支持与帮助下，走出了一条属于自己的脱贫致富路。

在全县精准扶贫战役打响后，乡党委政府着重从扶贫政策入手，认真为其讲解扶贫知识，同时带领帮扶工作队实地走访，面对面了解其需求，帮助其分析致贫原因，寻找脱贫政策，制定脱贫计划。帮扶工作队员实地调研发现，村内厕所多是旱厕，再加上孤寡老人和行动不便的人居多，及时清理厕所就成了必须要解决的问题。帮扶人员了解何丙文有驾驶执照，在精准扶贫政策的帮助下，2017年，何丙文享受了政府贴息贷款5万元购买一辆抽粪车，低价帮助村民清理厕所，可以给大家的生活带来便利的同时也给自己增收。每年额外获得收入5000余元。

靠着多年种地的经验，何丙文自己做起了冬存春卖的化肥生意。不仅自己挨家挨户宣传，还与结对帮扶点沁水县邮政分公司协商，利用邮政系统覆盖乡镇、村村通达的网络优势积极宣传。就这样，何丙文的年收入又增加8000余元。

2018年，随着生活条件的好转，何丙文不再为温饱问题担忧，不再为

正在忙碌的何丙文

女儿的上学问题困扰,他开始考虑,既然自己在政府的帮助下能够脱贫,那就应该带动和帮助其他贫困户脱贫致富,共同发展。何丙文考虑到村里缺乏劳动力的人居多,他就想将村民的土地承包下来,这样不仅能为自己带来收入,还可以帮助其他村民增收。于是他找到驻村工作队与乡、村政府,主动联系外出务工人员以及无法自己耕种的村民。经过不懈努力,成功流转土地30余亩,用来种植玉米、小杂粮。在播种与收割的季节,他与当地农业合作社联系,雇用人员、机器来帮助播种、收割,积极为当地村民提供就业机会。仅一年何丙文又增收2万余元。

"这只是个开始,脱贫不是我的目标,既然现在国家政策这么好,为我们老百姓考虑得这么周到,我就要学会利用这些政策、这些机会,赶紧在我们村拓展更多的产业。"何丙文说道,"我没怎么念过书,一些大道理我不懂,但我知道,是国家让我们这些老百姓过上了好日子,那我们也得给村里、给乡里减减负,不能拖后腿。"

"打包扶贫"扶起"脱贫志"
——晋中市和顺县贫困户阎维元脱贫案例

【家庭档案】

阎维元,56岁,牛川乡化南沟村农民,先天性三级身体残疾,全家4口人。妻子吴秀容二级智力残疾,长子罗均在外打工,次子阎晋川现就读于思源中学七年级。住房60平方米,全家参加新农合,耕地5亩,因病致贫,2014年被识别为建档立卡贫困户。通过低保兜底,利用扶贫贴息贷款5万元和1万元菌棒扶贫产业补贴,发展菌菇大棚等措施,2018年脱贫。

天生伤残的阎维元一直在牛川乡化南沟村居住,由于家里人多地少,他和妻子都患有残疾,缺少劳力,虽然努力干活,但家里的生活水平每况愈下不见长进。2016年脱贫攻坚以来,通过国家扶贫政策的支持,在驻村工作队及村"两委"的精准帮扶下,他通过自身的努力奋斗,发展菌菇大棚增加了收入。"五洁净""六要六有"工程的实施保障了他的生活环境,低保和健康扶贫"双签约"政策为他实现了基本生活双保障。

2016年12月,和顺县农机中心主任张晋与阎维元结成对子帮扶。通过

阎维元香菇喜获丰产

帮扶工作队在阎维元家因户施策家访

走访调研了解阎维元家的情况后，探讨致贫原因和脱贫致富路径。开始，阎维元面对帮扶责任人和工作队，表现出严重的"等、靠、要"的惰性思想。为使其能从根本上战胜贫困，帮扶人和村支"两委"专题研究阎维元的脱贫路径，经过反复论证，最后制定了"扶贫先扶志，扶志并扶智，产业、金融、资产性收益、教育、健康、社会兜底扶贫齐发力"的打包式扶贫措施。

精准扶贫工作的全面开展，给他带来了奔向幸福生活的信心。经过驻村工作队积极走访、政策宣讲、鼓励，阎维元受到了鼓舞，思想开始活络起来，他认识到这次精准扶贫就是自己摆脱贫困的一次绝佳机遇，他暗暗下定决心并斩钉截铁地说："我虽然身残，但志不残，我一定要在帮扶干部的帮扶下，振奋精神，坚定信心，发展食用菌种植，争取尽快走向幸福的新生活。"

驻村工作队真帮实扶，为他劳动致富增添了无限动力。针对菌菇种植技术问题，驻村工作队积极联系相关农业技术服务部门，阎维元多次参加了食用菌种植技术培训。针对资金短缺困难，帮扶责任人张晋为他向县残联争取到了3000元残疾人创业补助资金。阎维元申请办理了5万元的扶贫贴息贷款用于菌菇种植并成功申报了特色农业种植项目,并取得了每棒1元,共计1万元的菌棒扶贫产业补助。2017年,阎维元实现了增产、增收,为2018年脱贫奠定了坚实的基础。

资产性收益扶贫、教育扶贫、健康扶贫、社会保障兜底等优惠政策,给他早脱贫、不返贫提供了有力保障。针对阎维元夫妻二人都是残疾人,又有小儿子上学的现状,按照政策将其纳入农村最低生活保障范围,为其上学的儿子落实了"两免一补"的教育扶贫政策,并为其发放了1200元残疾人生活护理补贴。又将其纳入县光伏电站收益扶贫对象并补助了4500元,农机资产性收益扶贫项目为其分红800元,村集体肉鸡养殖项目为其分红800元,村级工会组织为其大儿子罗均发放了外出务工路费补贴,帮扶单位县农机中心为其全家购买了人身意外保险,干部定期上门为其讲解健康扶贫政策,医疗服务团队定期上门为其进行健康体检和医疗服务。

通过该县、乡、村三级帮扶干部的精准帮扶,2018年9月阎维元按照"一稳定、两不愁、三保障、四联通、五洁净、六要六有"的标准和脱贫计划,如期脱贫。阎维元逢人就说:"党的精准扶贫政策真是好!对群众的关怀和照顾比父母和儿女还要细致,有了国家政策助力,我们一定要撸起袖子加油干,早日发家致富奔小康!"

阎维元和村民们在制作菌棒

脱贫路上"1+1=19"的新鲜事
——临汾市古县贫困户于树红脱贫案例

【家庭档案】

于树红,39岁,古县南垣乡坡头村人,全家5口人。两个孩子上学,靠天吃饭,人均年收入不足1000元,2014年识别为建档立卡贫困户,通过特色产业补贴、创业技能培训、小额贴息贷款等政策扶持,于2016年"摘帽"脱贫。

"于树红不仅自己脱贫了,还带动全村19户贫困户,通过调产走上了脱贫致富的道路。"这在古县南垣乡坡头村可是个稀罕事儿。在脱贫攻坚这场战役中,这件"1+1=19"的新鲜事,不胫而走,成为远近人们点赞的话题。

一个"1"是指贫困户。他叫于树红,古县南垣乡坡头村人,今年39岁,一家老小5口人,原先仅凭种植26亩玉米为生,一年人均纯收入也就1000多元。除了维持生计,又要供两个孩子上学,还要赡养高堂老母,日子过得艰难辛苦,2014年识别为建档立卡贫困户。

另一个"1"是古县农机局驻村工作队。2016年初,古县农机局帮扶

脱贫后的于树红夫妻

工作队进驻坡头村，对全村贫困户进行了认真细致的调查走访，发现于树红年富力强，又有一定的文化程度，可是却在致富路上"掉了队"，原因就是没想法，也没资金。摸准了"病因"，工作队的同志就不厌其烦地反复给他做思想工作，给他算细账，种玉米虽然省力，但收入低。如果他调整产业种蔬菜，1亩地纯收入好几千块钱，更何况县政府还有补贴，这样，一家人也能过上好日子，这样的好事，何乐而不为呢？

　　为了增强于树红脱贫致富的内生动力，工作队多次帮助于树红外出参观、免费技能培训。"眼界开了，技术也学到手了，并且看到发展的美好前景，树立了脱贫致富的信心和决心。"于树红信心满满地说。很快，他扶贫贴息贷款5万元起步，办起了富盛种植专业合作社，干事创业有板有眼。2016年种了10亩马铃薯，每亩产3000斤，亩纯收入1000元，10亩纯收入1万元；又回茬种植萝卜，纯收入7000元。仅此两项，2016年人均纯收入就达3400元，"摘帽"脱贫。2017年，他又种植了10亩马铃薯，收入可观，家中首次有了存款。

在经济上翻了身，于树红又在政治上积极要求进步，并顺利加入中国共产党。成为一名光荣的共产党员后，经过一次次党课的教育，一次次党性的洗礼，他的思想境界升华，他考虑的不再是自己，更多的是考虑他人。他说："个人脱贫不算脱贫，带动全村贫困户脱贫才是真正的脱贫。"

2018年于树红不仅把自家的26亩耕地全部调产种植西红柿、辣椒、西瓜等蔬菜。同时，还带动村民崔占文、王永红等19户贫困户一起种植蔬菜，并流转土地110余亩。他采取"公司+合作社+农户"的模式，从事蔬菜生产，与洪洞舜乡泽民开发有限公司签订协议。由该公司为合作社和贫困户提供辣椒幼苗、提供技术指导以及辣椒回收标准和保护价每斤1.2元，为19户贫困户吃了"定心丸"。同时，他以日工资80元雇贫困户在合作社干农活，使每个贫困农户都得到了经济实惠。

于树红胆大心细，又考虑周全。为防干旱，他在驻村工作队的帮助下，把100多亩蔬菜全部铺设滴灌，这也是全县第一家蔬菜滴灌，成功度过6月份干旱期。他还利用玉米秆高，可以充当豆角秧子上爬的架杆，在宽窄行玉米地里套种豆角10亩，既节省了架杆，又种植了蔬菜，收到了一

于树红夫妻在收获西红柿

举两得的效果。

　　站在于树红的100多亩蔬菜地里，放眼望去，满目青翠，绿油油的一片，充溢着丰收的预兆。目前，他已收获萝卜1万斤，纯收入可达3000元。预计这100多亩蔬菜，今年可纯收入20万元，每户贫困户都可挣3000至5000元左右。谈到于树红的变化，合作社里务工的贫困户们感激地说："我们脱贫，多亏这娃"。于树红则说："感谢党的扶贫好政策，感谢扶贫工作队，感谢身边贫困户们的理解和支持，让我有机会大显身手。"

勤劳坚韧抗苦难　"雨露"浇开致富花
——临汾市乡宁县贫困户郭爱脱贫案例

【家庭档案】

郭爱，乡宁县双鹤乡孝义村人，全家3口人。丈夫意外亡故，家庭收入骤减，子女都在上大学，2014年识别为贫困户。针对郭爱的现实情况，村党支部和企业把她纳入合作社的技术团队，并为她筹集入股企业的股金，使她成为合作社股东之一。不仅有务工收入还享受分红，有效保障了其家庭后续资金的稳定供给。同时教育扶贫政策，使孩子上学申请到助学贷款并享受"雨露计划"，村"两委"还为她儿子发放了助学金，医疗"三保障三救助"让她医有所保，解决了医疗费用问题，多项扶贫政策有效助力郭爱全家整体脱贫。

前些年，郭爱与丈夫有一个幸福美满的家庭，家里有一儿一女，家境也算殷实。然而她的丈夫在一场车祸中突然去世，导致家境就此一落千丈。在丈夫去世时，她的女儿在上初三，儿子还在上小学四年级。丧夫之痛的精神压力和儿女学费、生活费的经济压力瞬间落在了她柔弱的肩膀上，命运的不济，生活的艰辛，更加激发了她抗争命运的勇气和意志，就此郭爱勇敢地担起了家庭的重担，继续培养一双儿女上学读书。为了儿女健康安心地上学成长，她暗下决心，再苦再累也不能让孩子辍学，为了不让孩子受到重组家庭的困扰，她决定在孩子长大之前绝不再婚。一个普通而平凡的农村妇女，为了儿女，以不离不弃的大爱，用单薄的身躯背负着沉重的精神和经济负担，含辛茹苦地为儿女撑起一片天空。

2014年，在精准识别中，通过全村村民代表大会的评议，郭爱一家被识别为建档立卡贫困户，针对郭爱家庭的实际情况，村"两委"、驻村工作队和乡包片领导，三支队伍多次走访调研，多次协商，科学地制定了她家的脱贫规划，为了解决制约孩子上学的经济问题，村党支部和企业破格把郭爱纳入合作社的技术团队，重点培养她成为技术团队中的"土专家，田秀才"，使她顺利进入管理团队，享受较为丰厚的待遇，从而保障了这个家庭的经济来源。

有了工作，郭爱开始寻求事业上的新发展，当时合作者生意发展顺利，她就动了入股企业的心思，但愁于无入股资金，导致这个想法一直被搁置了下来。在得知郭爱有意入股合作社后，村"两委"和驻村工作队成员多方协调，为她筹到了入股企业的股金，使她顺利成为合作社股东之一，并为她争取到了扶贫资金，把她家纳入合作社产业带动和帮扶队伍中。

脱贫后的郭爱

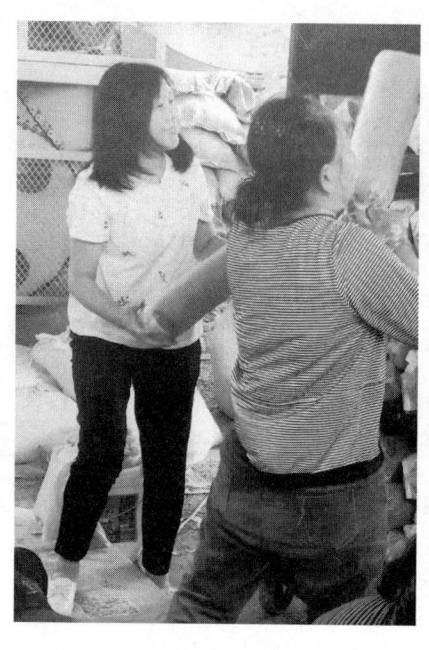 

除了工作外,最让郭爱放不下的是她的两个孩子,让孩子们接受好的教育是她的心愿。为此,扶贫工作组共同努力,为孩子申请助学贷款并享受"雨露计划",村"两委"又为她儿子发放了助学金。俗话说"穷人的孩子早当家",在政府多方面的帮扶下,郭爱的一双儿女也给了这个家庭及社会一个满意的回报。现在,她的女儿即将大学毕业,儿子以589分的优异成绩考入西南交通大学,享受到教育扶贫一次性补助5000元,为这个家庭顺利脱贫打下了良好基础,彻底切断了代际相传的"穷根"。

郭爱常说:"脱贫不能'等、靠、要',致富不能睡大觉。人只要精神不倒,再难的日子都能熬到头,现在党和政府给了我们这么多好政策,我们就应该珍惜,努力劳动,用美好的生活来报答帮助过我们的好心人。"这就是一个坚强女人对组织的承诺,对未来的憧憬和对美好生活的满满自信。

从这户平凡的农村家庭中我们看到:过去,贫困无助的农村家庭虽然有梦想,步履维艰难实现,如今依托党中央的脱贫攻坚好政策,再加上一家人坚韧不拔,勤劳奋进,好日子梦想正成真!

坚定信心斗病魔　勤劳致富摘"穷帽"
——晋中市和顺县张瑞兵脱贫案例

【家庭档案】

张瑞兵，36岁，和顺县马坊乡北马坊村民，全家3口人。本人患尿毒症，母亲年老多病，全家依靠哥哥维持生计，因病致贫，2016年识别为建卡贫困户。通过国家健康扶贫政策、低保兜底扶持，2018年稳定脱贫。

2015年4月，32岁的张瑞兵身患尿毒症，不得不住院治疗，光医疗费就用去7万多元，不仅用光家里为数不多的积蓄，还向亲戚朋友借了不少钱。出院后，张瑞兵每周需前往医院透析3次，家里因病致贫，于2016年被马坊乡确定为建卡贫困户。面对病魔张瑞兵一度感到绝望，在驻村工作队和乡、村两级干部耐心细致地谈心、体贴入微地帮助下，坚定了他与病魔做斗争的信心和决心。驻村工作队帮助他积极拓宽增收渠道，增加收入，在脱贫的道路上演绎出当代农民勤劳朴实、自强自立的感人事迹。

心理服务树信心。在得知自己身患重病、医药花费又这么大的情况下，张瑞兵本人一度心灰意冷，失去生活信心。针对这一情况，驻村工作

张瑞兵在玉米地里查看长势

队、包户人员定期上门走访，与他交朋友、拉家常，了解病情医治情况，讲解国家的有关医疗政策，积极开展爱心捐款，帮助他解决生活困难，积极鼓励他要坚定信心和勇气。在大家的不断鼓励下，张瑞兵重新燃起了对生活的信心和勇气，坚定信心与病魔抗争，积极配合医生治疗，病情得到了很好的控制，精神面貌焕然一新。

政策帮扶稳信心。针对他的实际情况，乡、村两级干部和驻村工作队积极对其开展精准健康帮扶。包括代缴新农合、实施健康扶贫"双签约"，享受省、市、县三级健康扶贫"136"就医优惠政策，2018年度就医共花费6万多元，自己最多支付1000元，彻底解决看不起病、因病致贫的问题，从而节省一大笔支出。他逢人就乐观地说："现在咱不怕进医院了，对治病有信心了，有了医保再大的病魔我也敢斗，党的政策就是好！"另外，为了解决他的实际生活困难，经过积极申请，他于2016年10月开始享受社会最低生活保障政策，让他的生活有了保障。

项目帮扶增信心。县委政法委和县煤稽办驻村开展帮扶以来,通过树立脱贫标兵等形式,激发贫困户脱贫的主体意识和内生动力,从骨子里挖掉"病根",摒弃"等、靠、要"的消极思想,树立"勤劳致富光荣、自主脱贫可贵""戴穷帽可耻、摘穷帽光荣"的理念。2018年,根据村里的实际情况,驻村工作队投入资金2.3万元为全村贫困户提供优质土豆种子2.4万斤。积极发展蛋鸡养殖,投资21.4万元,为贫困户建鸡舍23座,养鸡2800只。项目实施以来,张瑞兵在驻村工作队的帮扶下也积极实施蛋鸡养殖项目,目前已养鸡64只,待产蛋后,可持续带来收入。

自主发展激信心。随着病情的控制好转,张瑞兵主动拓宽增收渠道,增加收入。针对群众喜欢绿色、口感好的甜玉米的实际情况,他与哥哥张瑞国一起种植甜玉米,待秋季成熟后运到县城小区、超市附近进行销售。由于绿色种植、口感不错,他的玉米销售得比较好。他还在力所能及的情况下帮助哥哥开展肉牛养殖,实现增收。2018年张瑞兵可支配收入达4000元,实现稳定脱贫。

目前,虽然张瑞兵的身体还要通过透析来控制,但他总是乐观地

张瑞兵在小院里

说："如果没有党和政府的帮助和鼓励,没有这么好的扶贫政策,我估计也就这样了。现在病情控制得比较好,能干就干一点,不仅能帮助身体恢复,还能赚一些零花钱。国家政策这么好,我活得很安然。病不可怕,穷也不可怕,没有志气才可怕。我现在日子一天天变好,都是靠听党话、跟党走、辛勤劳动得来的,现在我脱贫致富奔小康的信心更足了。"他坚强的意志成就了他今天的生活,病魔没有击垮他,相信贫困一样阻止不了他,他致富的道路逐渐明朗,小康路上他绝对不会掉队!

轮椅上站起来的脱贫攻坚"领跑者"
——临汾市永和县贫困户刘书祥脱贫案例

【家庭档案】

刘书祥，1968年生，永和县霍家沟村农民，全家两口人。一级残疾，下肢失去知觉，久卧病床，因病致贫，2014年识别为建档立卡贫困户。通过低保兜底，加上自身奋斗于2016年脱贫。

他身患残疾，却主动创业；他身处贫困，却能带领群众共同致富。他不屈不挠，顽强拼搏，没有向命运低头，敢于向现实挑战，在轮椅上活出了自己的别样人生，书写了脱贫攻坚路上重度残疾人"无业可扶、无力脱贫"新的传奇。

他就是永和县霍家沟村的残疾人刘书祥

2002年农历十一月的一天，刘书祥在山上放牛时，失足坠落山崖，突如其来的变故让刘书祥家骤然变得阴云密布，生活更是雪上加霜。从重症监护室到普通病房，经过几个月的住院治疗，贫困的家庭已债台高筑，他便执拗着出院回家，医生、家人拗不过执着、倔强的他，只好勉强同意。

救治无果，下肢失去知觉，只有久卧病床，靠家人伺候。面对繁重的医药费，荒废的庄稼地，凌乱的生活，自己无济于事的干着急，让他自暴自弃，一度在轻生还是坚持中煎熬挣扎。曾几何时，他彻夜难眠，暗自流泪；曾几何时，他面对艰难，欲寻不归；曾几何时，他笑对妻女，坚定信心。

生活无常，人生无样。在困境之中寻得一条希望之路，是刘书祥在压抑中的艰难抉择，从轮椅上坐起，在轮椅上崛起，成了他变幻人生的巨大转折。

脱贫攻坚以来，县、乡、村各级领导多次与他进行了交谈沟通，他深刻体会到了党对他的关怀和温暖，这也让他更加坚定了自己先富、带领大家共同致富的决心和信心。

从为邻里代卖山货、收点废品做起。他，诚实守信、待人厚道，乡亲们都乐意和他打交道，一来二往，乡村的小院再次充满了欢声笑语。与人交流让他健谈开朗，善于思索让他获取商机，头脑灵活的他通过与收购商的交流，获悉了大量的供销信息和市场动态，刘书祥家也就成了乡亲们茶余饭后闲谈聚拢的"最佳场所"，刘书祥也逐渐成了村里的"中心人物"，成了大家值得信赖的人。

付出总有回报，辛勤的努力让刘书祥有了微薄的收入，给他的家庭也有了少许补贴，这也给他增添了生活的希望和奋斗的信心。看着堆放在墙院的山货因风吹日晒侵蚀得严重贬值，他萌发了"走"出去闯市场的想法，这对于一个下肢完全瘫痪的残疾人来说更是难上加难。

刘书祥从农用三轮摩托车的操作原理上得到启示，他想如果有一个"支点"，他完全可以用强壮的上肢将身体吊上摩托车，他摸索着、实践着，从锻炼上肢力量做起，他用床上便于起床的牵引绳和吊架反复练习，直到他的上肢力量完全可以支撑全身的体重之时，他向家里提出了他的"设想"，得到的结果是全家的坚决反对，倔强的他就此事与家庭展开了激烈的"博弈"，几个回合，最后以他的"站起来"胜利告终。

他在摩托车上加装了吊环和把手，驾驶着一辆完全用手操控的摩托车驶上了他的创业之路。寒来暑往，他奔波在乡间的小路上。为了解决上厕所的问题，他严格控制每天的进水量；为了不给别人添麻烦，他从早到晚守在车上；为了诚信于人，他从不计较秤杆的高低，每次都是谁家的货物谁家称量，帮他放在车上即可。无数个严寒酷暑、无数个艰难险阻，都让他毫不恐惧，

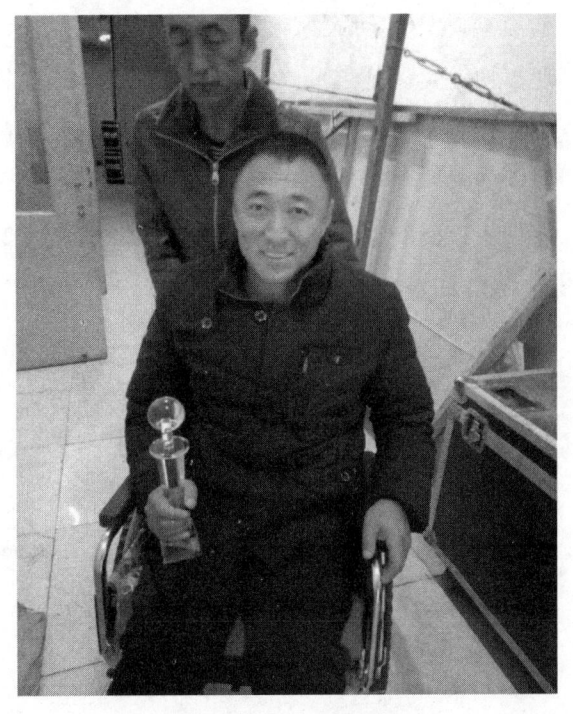

坐在轮椅上领跑脱贫攻坚的刘书祥

没有退缩，顽强穿梭在永和县的山间河川。

他的汗水没有白流，他的辛勤得到了回报，他买三轮车做生意的第一年就赚了近万元，同时也有了自己的人脉圈，从收购商到种植户，都乐意和他打交道。

他是闲不住的，又在思索下一个"项目"

经过几年的闯荡，刘书祥与外界的大客商有了交情，杂粮的种植区域和产量也能大概掌握，与种植户成了要好的朋友。他以为商机，说做就做，他把村里的几个闲散劳动力（有的是贫困户）召集在一起，提出了自己的想法。他准备购买一台脱粒机，由他掌握驾驶技术的操控，其他人进行装卸、脱粒等工序进行了详细分析，得到了大家的一致认可。

现在，刘书祥每年组织大家脱粒玉米几百万斤以上，收购各类杂粮谷

物百余吨,带动大家每人增收两万元以上,刘书祥每天忙碌于收购、沟通、协调、调度之间,形成了生产、运输、销售一条龙服务。他做得一丝不苟、有条不紊,从不计较个人得失,真正成了大伙的"领路人"。

他书写了脱贫攻坚路上重度残疾人"无业可扶、无力脱贫"的传奇,实现了自己的价值,坐着轮椅带领大家奋进在脱贫攻坚的大道上。

新型农民光荣脱贫记
——吕梁市交城县贫困户牛彪脱贫案例

【家庭档案】

牛彪，1975年生，交城县洪相乡范家庄村村民，预备党员，全家4口人。2010年，他患股骨头坏死，2011年做了手术不能干重活。2016年，被识别为建档立卡贫困户。在国家政策的帮扶下，加上自我发展，2017年实现脱贫。

自小在范家庄这片山区长大的牛彪知道，做什么都要靠自己，山区的艰苦环境也造就了他坚强的性格。牛彪育有一儿一女，一家4口人。本就紧张的生活因为一场疾病，变得更加困难。生在洪相乡范家庄村，地理位置偏僻，交通不便，牛彪初中毕业便独自扛起生活的重担，种地、打工，脏活累活都干过。

为帮助牛彪早日脱贫，村里的第一书记引导他参加了交城县农委组织的新型职业农民培训。为期5天的新型职业农民中药材班的培训，让牛彪了解了许多中药材的品种、价值和种植环境，也学到了很多中药材的种植知识。培训班中，他了解到发展中药材是交城县的一项产业发展政策，贫

牛彪给贫困户宣传扶贫有关政策

困户自己种植一亩中药材，经过验收，县政府还会有补助。这让他看到了希望，也坚定了脱贫信心。

在乡党委、驻村工作队的帮助下，牛彪主动要求加入了范家庄村合作社，同时还带领20余名贫困户一起在2018年初加入金圪垯农林牧专业合作社中，希望和合作社一起共同发展中药材种植。在范家庄村独特的山区环境中，在村内荒山荒坡仿野生栽培中药材连翘。利用村内

牛彪成为预备党员后参加主题党日活动

坡多地多的优势，与合作社建立起利益链接模式，共同增加收入，实现产业脱贫致富。2018年他还主动参加范家庄村电商培训会，妻子张润香也积极报名参加了汾阳的护工培训，充电学习，希望有一天能外出就业。

　　生活的担子在脱贫政策的扶持下越来越轻。教育扶贫让儿女上学很安心，家庭新农合政府代缴住院看病不用担心。夫妻两人也信心倍增，更加勤劳，牛彪去洗煤厂打工，妻子也要打短工赚钱。凭着一股"我脱贫，我光荣"的信心，牛彪一家实现了脱贫致富。2018年，牛彪一家年收入将近30000元，实现了人均收入9351元。如今，范家庄村实施了易地扶贫搬迁项目，他家也顺利分到了一套80平方米的楼房，没有多花钱就住进新房，日子就这样红火起来。

牛彪种植中草药材连翘

党的政策好　帮咱来撑腰
——吕梁市临县贫困户苗三爱脱贫案例

【家庭档案】

苗三爱，临县石白头乡苗家峁村村民，全家5口人。2011年，公公重病住院，生活雪上加霜，2014年被识别为建档立卡贫困户。2016年，通过"8+2"帮扶政策，修盖了羊圈，扩大养殖规模，并顺利脱贫。

在临县石白头乡苗家峁村，只要有人问起苗三爱夫妻俩来，家里的日子怎么就越过越红火，夫妻俩只有一句话："都是党的扶贫政策好，都是政府脱贫帮扶好。"

说起这对夫妻，用老百姓的话说，他们过去的日子真是恓惶。2012年之前，苗三爱夫妻二人在吕梁交口、晋中灵石一带边打工边做些小买卖，除了基本的生活需要外，收入基本全部寄回家里用来赡养老人和抚养孩子。然而天有不测风云，2011年苗三爱的公公突然重病住院，为了照顾老人，苗三爱夫妻俩回到了家乡，这让本就拮据的日子过得更加艰难。苗三爱的大女儿李小梅虽然以优异的成绩被临县三中录取，可家里由于为爷爷治病实在无法再供她完成高中学业，不得已李小梅选择去了中专学习。两年后，小梅的大弟弟李小强也因为同样的原因选择了临县职校。

苗三爱夫妻俩回到村里边照顾老人边下地务农，可仅仅在土里刨食又怎能负担得起这一大家子的生活？更别说石白头是出了名的"天荒地"。俩人就开始找法子、想办法，最后决定养羊，拿着省吃俭用攒出来的钱买了两只母羊，就这样开始了艰难的摸索。

2014年，苗三爱一家被确定为贫困户后，开始享受党和政府的各项帮扶政策，特别是2016年的"8+2"帮扶政策，帮助夫妻俩修盖了羊圈，解决了扩大养殖规模的大问题。同年苗三爱的小儿子李小鹏在"雨露计划"的帮扶下避免了像哥哥、姐姐一样辍学的痛苦，现在已经是一名优秀的大学生了。苗三爱和大儿子李小强还分别接受政府提供的护工培训和驾驶证培训。2017年更是享受了政府"危房改造"惠民工程，日子是越过越美。

在党和政府的好政策下，苗三爱夫妻没有产生依赖情绪，不等、不靠、不要，仍然是起早贪黑依靠自己的勤劳努力来脱贫致富，为了保护当地的生态环境，也为了提供最优质的羊肉，他们从不给羊喂饲料，每天都

苗三爱夫妇和她的致富羊

赶20里的路去放牧区放羊。

2018年11月，一次偶然的机会，苗三爱接触到一个从广州来本地收羊的客商，在交易过程中她发现客商受限于对本地情况的不熟悉，错过了很多收购的机会，这既是客商的损失也是当地养殖户的损失，经过多次沟通与合作，苗三爱当起了双方交易的牵线者，成为远近闻名的"羊经纪"，帮助更多的农户走上了脱贫路。

苗三爱表示，不管在哪里、不管有多苦，党和政府从没有忘记过任何一个群众，只要自己没有"等、靠、要"的懒惰思想，只要愿意勤劳奋斗，那么每个人、每户贫困户在党和政府的关怀下都能够脱贫致富，能够昂首挺胸地抬头做人。

苗家焉村里的脱贫"带头羊"
——吕梁市临县贫困户苗玉彪脱贫案例

【家庭档案】

苗玉彪，1960年生，临县石白头乡苗家焉村农民，全家3口人。2000年因车祸导致重伤，家中没有主劳力。2015年被识别为建档立卡贫困户。在扶贫贷款和扶贫资金扶持下，自主发展养羊产业，于2018年脱了贫，成为贫困户学习的脱贫"领头羊"。

苗家焉村由苗家焉行政村和下焉自然村组成。该村位于临县西北部，距县城35公里，距石白头乡政府所在地6公里。本村干旱少雨，为典型的黄土高原丘陵沟壑区，山顶全部为黄土覆盖，土地贫瘠，水土流失严重。2000年，苗玉彪因交通事故导致身受重伤，并且留下后遗症，欠下几万元的债务，家中也没有了主劳力。自被评定为建档立卡贫困户后，苗玉彪家成为乡党委和省农业农村厅领导结对帮扶的对象。

扶贫要扶志，帮扶干部只要得空，经常去苗玉彪家走访，谈政策、话家常，彻底改变了苗玉彪夫妻俩"等、靠、要"的思想。2016年底，拿着政府补贴的3000元购买10只绒山羊，苗玉彪从此开始了养殖生涯。

摸着石头过河，从防疫到销售一路走来很艰辛。在帮扶政策下，2017年苗玉彪无担保无抵押顺利取得扶贫贴息贷款3万元，解了燃眉之急。同年6月卖羊绒获利1.7万元，这更坚定了他发展养殖的信心，再次筹款购买30只小羊羔。

日子有了奔头，手里就有了劲头。夫妻俩还承包40亩土地，种植玉米、谷子、土豆，大大提高了家庭的整体收入，让家庭收入从以前一年收入2000元，变成了两万多元。截至2018年底，存栏95只羊，累计收益10万元，并光荣脱贫。

想想过去的日子，看看现在的光景，苗玉彪不无感慨地说："真是得感谢党的政策好，政府时时刻刻为老百姓着想。"他还带动其他村民一起搞养殖，在他的影响下，村里有四户也做起了养羊产业，从购买小羊羔到育肥、出售环节他毫无保留地指导帮助村民，谁家有困难，随叫随到。有一次，半夜两点多"咚咚咚"的敲门声把他睡梦中惊醒，原来是苗芝海家的羊要临产了需要他去帮忙，他穿上衣服急急忙忙地消失在黑暗的夜色中。

苗玉彪盘算着未来的计划，下一步要筹集资金，注册公司，要把羊场规模化、产业化，打造出一条深加工可持续的发展产业链。同时能带动再就业，让村里的年轻人返乡上班，让空巢老人不再寂寞，回归天伦之乐的生活品质，让苗家焉村早日实现小康生活做出自己应有的贡献。

小蜜蜂圆了脱贫梦
——吕梁市石楼县贫困户霍永平脱贫案例

【家庭档案】

霍永平，患脑梗，石楼县前山乡霍家村人，家庭3口人。妻子高血压，需长期服药，赡养八十多岁的老父亲，日子过得拮据紧巴，因病致贫，2015年被识别为建档立卡贫困户。通过养殖项目补助、危房改造、提质增效补助等扶持，2017年顺利脱贫。

今年67岁的霍永平，是石楼县前山乡霍家村人。曾担任过16年的村支部书记，任职期间他思路开阔，敢想敢干，为霍家村的发展做出了很大的贡献。后因患轻微脑梗离职。2007年，石楼县成立了养蜂产业协会，组织培训在全县推广养蜂技术，一贯好学又闲不住的霍永平，毫不犹豫地凑了3000多元钱买了两箱蜜蜂，开始了自己的养蜂历程。一干就是十多年，从最初的仅仅两箱蜜蜂发展到现在的40箱，精于钻研，耐于吃苦的他，通过自己的摸索和坚持走上了脱贫致富的道路。

霍家村紧邻黄河，漫山遍野都是枣树林，还有遍地生长的槐树，得天独厚的自然环境为养蜂提供了良好的蜜源条件。然而，养蜂是个技术活，蜜蜂的寿命本来就短，加之过度劳累，死亡率非常高，虽然繁殖很快，但是养殖过程中稍有操作不当，就可能造成蜜蜂大量死亡。为了充分掌握每一个环节的技术技巧，每年县里的养蜂协会举办技术培训，他总是积极参加，认真学习，从不懈怠，还自己购买了《养蜂技术》《养蜂法》《蜜蜂养殖实用技术》等许多书籍，潜心学习养蜂技术，把每一个技术要点都记录在笔记本上，反复钻研，并结合实际操作慢慢领会掌握。

刚开始养蜂，由于蜜蜂少，产量小，一年到头基本赚不了什么钱。自己患有脑梗，每年要输几次液控制病情，妻子是高血压，需要长期服药，还要赡养80多岁的老父亲，日子过得拮据紧巴。2011年，他一下子买了19箱蜜蜂，原本想着生活能一下子翻番，偏偏命运捉弄人，突然出现了蜜蜂不明原因地大量死亡，最后只剩下了4箱，他急得像热锅上的蚂蚁，整晚睡不着觉，照这样下去他的养蜂事业就要走到尽头，几年的心血将付诸

霍永平在辛勤劳作

东流，他不甘心啊！倔强的霍永平，东借西凑咬咬牙又买了10箱蜜蜂。他通过看书、上网、查找资料，请教有经验的行家里手，研究蜜蜂的死亡原因和预防措施，学习养殖过程中的关键技术。那段时间，他甚至寸步不离地蹲在蜂箱周围，把蜜蜂当作自己的孩子一样，观察每一点细微的变化，破解每一个疑难的问题。在他的精心呵护下，蜜蜂大量死亡的情况再也没有出现过，蜂蜜产量也稳定下来。

　　2015年精准扶贫工作开展后，霍永平被确定为贫困帮扶对象，驻村工作队员对他的情况进行了全面深入的调查了解，得知他从事养蜂行业，为他争取了1000元的养殖项目补助，同时还为他改造了危房，并补助资金14000元，提质增效补助7600元等扶贫政策扶持。结对帮扶人多次到他家里交流谈心，询问他的生活困难，鼓励他勇于面对困难，增强脱贫信心。每到冬季和逢年过节，还为他送上御寒的衣物和粮油等慰问品。霍永平非常感谢党的好政策，但是他认为自己是个党员，要具有党员的素质和觉悟，只要还有劳动能力就不能依赖政府，他要靠自己的勤劳和奋

斗脱贫致富。

2018年，霍永平的蜜蜂发展到了30箱，产出蜂蜜1600多斤。他的蜂蜜品质纯正，无公害，无污染，是纯天然绿色食品，在市场上供不应求，还没到县城就被一抢而空，这一年除去成本他净赚了一万多元。2019年，霍永平的蜜蜂增加到了40箱，他高兴地告诉我们，正常情况下今年的蜂蜜产量会达到2000多斤，吃穿不愁，脱贫致富再也不是梦。他还表示，自己会把养蜂事业不遗余力地继续下去，活到老学到老，并且愿意传授推广自己的养蜂技术，促进当地的养蜂产业大力发展，带领更多的贫困户通过养蜂脱贫致富。

老骥伏枥，志在千里。霍永平虽已年近七旬，但他却不等不靠，在困难面前不轻言放弃，这种自力更生、不屈不挠、坚持到底的精神，让我们看到了乡村农民脱贫致富的信心和希望，看到了党的扶贫政策遍地开花的成果和收获，看到了农民生活美好富裕的未来和前景！

"扶贫羊"让穷"羊倌"走上致富路

——朔州市平鲁区贫困户董四平脱贫案例

【家庭档案】

董四平，53岁，家住朔州市平鲁区凤凰城村，全家4口人。上有哑巴老母亲，下有两个儿子未成年，家徒四壁。2013年12月被列为建档立卡贫困户。脱贫攻坚战打响以来，凤凰城镇扶贫干部和村"两委"负责人为他量身打造了脱贫方案，在多项国家政策的扶持下，他最终走上富裕路，2016年底脱贫。

夕阳西下，伴着几声清脆的鞭子声，一群羊有序地走进了羊圈，一个中年男人呵斥着几只撒欢的羊，这就是家住在凤凰城村的董四平，他曾经是村里的一个"羊倌"，现在成了养羊大户，发起了"羊财"。

董四平从20多岁开始就在村里为别人放羊，靠几个微薄的工钱与哑巴老母亲相依为命。因不能忍受家庭的贫困，结婚没几年，媳妇就离家出走了，留下两个年幼的孩子，让这个本来就穷困潦倒的家庭更是雪上加霜。

凤凰城镇扶贫干部和村"两委"负责人对他的贫困看在眼里，急在心里，多次深入他的家中详细了解情况，制定帮扶措施，为他量身打造脱贫

董四平和结对帮扶人亲切交谈

方案。首先,从改变他的居住环境入手,修复了斑驳坍塌的院墙和破窑,装修了窑面,窑内墙壁粉刷一新,使这个农家小院从内到外干净整洁,再次有了家的温馨,给他向贫困挑战、走向新的生活打了一针"强心剂"。他的孩子们也享受了"雨露计划"教育扶贫政策,老母亲办了低保,无形中减轻了不少负担。这个憨厚老实的中年男人心热了起来,手也动了起来。

解决了很多燃眉之急,就该一心一意谋发展了。扶贫干部和村"两委"负责人为他免费送去了4只高产扶贫羊,鼓励他发展养羊产业。两年半的时间里,董四平的小羊圈由几只羊变成了一小群羊。看着规模逐渐扩大,收入由年均1万元增加到2.18万元,董四平尝到了养殖的甜头。

"没有精准扶贫,

我们家就没有今天。吃不饱、穿不暖的日子过去了，几年前为了养家糊口，我为别人放羊，自从政府给了我4只羊后，给了我发家的本钱，我不仅为别人放羊，也为自己放羊，圆了我多年的养殖梦，过上了好生活。好！好！共产党好！"这个憨厚的汉子说出了心里话，到最后激动得只能说出一个"好"字，伸出一个大拇指。

董四平迈出养殖创业的第一步之后，趁热打铁，享受了金融扶贫小额信贷政策。2017年，董四平又有了5万元的本钱，胆子也变大了，买了30只种羊，并且修缮了羊圈，扩大了养殖规模，如今已经发展到了70多只羊，看着羊圈里一只只活蹦乱跳的小羊，董四平掩饰不住内心的喜悦。

路过的村民大声吆喝着："老董，发财了吧，你这养羊规模越扩越大。"老董只会憨厚地笑着说："今年你也养吧，羊行情不错，咱平鲁的羊肉好吃，活卖或杀了卖都好卖，外地来咱这儿收羊的人多，需要我帮忙的你尽管说。"老董和有养羊意愿的村民蹲在羊圈旁打起了"发羊财"的主意。董四平从一个穷得不知所措的"羊倌"变成村里的创业致富带头人，他是在党和政府的帮助及自身努力下最终实现了华丽的蜕变。

榨油机"唱"出脱贫欢乐颂
——朔州市平鲁区贫困户张守华脱贫案例

【家庭档案】

张守华，54岁，三级残疾，家住朔州市平鲁区迎恩堡村，家里3口人。妻子常年生病。在村里的榨油作坊一干就是20多年。2013年12月被列为建档立卡贫困户。随着扶贫工作的推进，张守华迎来了改变命运的一次重要机会，承包村里的油坊。2018年顺利脱贫。

清晨，一轮初升的太阳照亮了坐落在长城脚下的朔州市平鲁区迎恩堡村，伴随着炊烟袅袅升起，村子东边一个院落里便传出了榨油机一阵阵隆隆的机声。人们知道，这是承包了村里油坊的张守华又开始了新一天的劳作。

因为一次意外的事故，张守华落下了终身残疾，稍微重一点的活都不能干了。他一度陷入了深深的烦恼——自己和家人今后的日子该怎么过下去？天无绝人之路。一个机会，让他进入村里的榨油作坊成了一名学徒，跟榨油师傅学习榨油。他不怕脏、不怕累、不偷懒、不耍滑，细心观察师傅操作，耐心琢磨技术。一晃眼20多年，他由徒弟变成了师傅，榨油的技术他都熟记在心。

随着影响到全国无数农民命运的精准扶贫工作的全面铺开，张守华一家作为贫困户，也享受到了许多优惠政策。尤其是随着扶贫工作队的进驻，张守华接手了村里的油坊，迎来了改变命运的重要机遇。

平鲁的北部地区，因为地域和气候的因素，非常适合大面积种植油菜，油菜被确定为推广种植的油料作物。工作队决定，在迎恩堡村建设一座小型油料加工作坊，既适合当地油料自产自加工，又能同时安置一些贫困家庭从事生产，成为扶贫帮扶工作确定的经济增长点。张守华因为熟练掌握了榨油技术，被作为首选，确定为油坊的承包人。

从接手油坊的第一天开始，他和妻子就没睡过一个囫囵觉——从安装榨油机到开机试生产，再到成品油的销售，每一个环节都要劳心劳力。随着技术改进，榨油机的许多操作也有了新的改进，他还要一边生产一边学习。文化不高的他硬是凭着一股子韧劲，经过长达半年多的探索，使榨油作坊走上了规模化生产的路子，并产生了良好的经济效益，实现了由单一种植油料作物转型到种植、加工、销售的产业提升。2018年，他的家庭年收入也由脱贫前的不足7000元增加到了2万多元，顺利脱贫。

脱贫后，他一刻也没有忘记过他的乡亲。在油坊里工作的都是自己的

平鲁区油菜花开

乡邻,油房里的原料是自己村里所产。这样,既提供了部分有劳动能力的贫困户劳动就业的机会,推动了本村的产业发展,又为本村种植油料的推销拓宽了销路,促进了当地村民种粮的积极性。

走进张守华的院落,一砖一瓦都叫人耳目一新,新换的塑钢门窗,严实的卷闸,硬化的院落……所有的一切都在向人们宣示着:榨油机唱出致富歌,贫困户走进新生活,人们日子越过越红火!

张守华正在为乡亲服务

标准化建设的榨油坊

放羊汉"曹三多"的脱贫"三本经"
——太原市娄烦县贫困户曹锁怀脱贫案例

【家庭档案】

曹锁怀，娄烦县静游镇步斗村村民，家有5口人。两个孩子上大学，2014年被识别为建档立卡贫困户，通过多项政策扶持、扶贫贷款养羊等，2016年脱贫。

在农村，一说起"放羊汉"这个词，总是带着些别样的"羊膻"味，在庄户人眼里，不是本业，是低人一等的营生。可是这一行当，村村都有，有的年龄小，有的年龄大，但都是"羊龄"不长。可在步斗村，却有这么个老汉——曹锁怀，一放就是多半辈子的"羊龄"。20世纪80年代的步斗村，那可是全国知名的贫困村，"房无遮月瓦，锅无隔夜粮"在村里是一种很普遍的现象。年轻的曹锁怀面对贫穷，虽有一颗躁动的心，却无一份脱贫的力。脱贫攻坚以来，他没有"等、靠、要"，而是在悄悄改变，悄悄念好了"三本经"，本人也成了镇里尽人皆知的"曹三多"。

话里话外的"曹三多"

一是种地多。老汉的地种的主要有玉米17亩、土豆5亩、小杂粮3亩,实现小型机械作业。玉米主要用于饲养羊,土豆、小杂粮出售,还享受粮食直补、取暖补助、退耕还林补助、秸秆还田补助等。

二是嘴多。要吃要喝的嘴多。现共养殖羊300来只,受益自主脱贫补助2000元,小额贴息信用贷款30000元。

三是客户多。老汉的农产品特别受欢迎,因为老汉的土豆、小杂粮全部采用农家肥——羊粪,羊全部采用野外放养和青、精料饲养,绝无饲料添加,产品绿色、环保、有机,客户满意,供不应求。

老汉常念的"三本经"

一是观念经。老汉常念叨,政策好了,条件好了,不能再单单地靠慰问、救济活了。慰问、救济是时节,日子还得自己想办法,自己过。时节好过,日子难熬,不能做懒汉呀。你们要是问:曹老汉,你咋明白的了?老汉肯定会说:听宣传,听广播,听帮扶人员说来。老汉的话粗,其实道理明,脱贫就

"三多"放羊汉曹锁怀在牧羊

得有信心，扶贫首先扶信心。

二是技术经。几十年来，老汉常挂在嘴上的一句话就是，身有一技不愁吃。老汉的这一经就是"养好羊，种好地"。这可是个技术活，说起来拗口，其实老汉走的产业链路子，当然了，这可是曹老汉的"秘密"。种地种青料，青料喂好羊，羊粪种庄稼，好东西卖个好价钱。多年来，只要村里有讲堂讲养殖，一定有老汉的身影。老汉是那边把羊刚入圈，这边就在学怎么"放羊"。为了老汉的这份执着，村里、工作队时不时地找专家，找资料，帮助老汉养好羊、放好羊，更主要的是，一定要让这个"放羊汉"做好"领头羊"。

三是政策经。老汉常问的一句话是："书记，又有什么好政策了？"老汉明白，赶上国家的好政策了，也感受到党和政府的温暖了。脱贫攻坚几年来，新农合、粮食直补、取暖补助、退耕还林补助、秸秆还田补助、外出务工奖补、教育扶贫政策、"雨露计划"、扶贫小额信贷、自主脱贫补助、集体经济双孢菇受益分红、农业支持保护补助等，这都是老汉受到的实实在在的补助，让他尝到创业的甜头、政策的甜头。

脱贫攻坚以来，曹锁怀的两个孩子按教育扶贫政策，分别享受了大学二本B类以上一次性补助5000元，还有大学生助学贷款、一年2000元"雨露计划"补助。一家人每年新农合政府代缴，看病不发愁，住房安全，靠养羊收入稳定。实现了稳定脱贫，产业脱贫。锁怀老汉不再是原来的"放羊汉"，他已成了村里致富的"领头羊"。

刨出"穷根根" 植下爱心树
——朔州市山阴县贫困户王振英脱贫案例

【家庭档案】

王振英，65岁，家中3口人。老两口体弱多病，不能从事重体力劳动，家中一个儿子常年外出打工，收入微薄，生活艰难。2013年列为建档立卡贫困户。通过政策兜底、介绍务工、医疗救助、"爱心超市"帮扶等各项扶贫政策集成受益，2016年底脱贫。

在山阴县下喇叭乡刘家窑村"爱心超市"里，每逢农忙之余，三餐饭后，总能见到两个忙碌的身影，那是王振英、戎凤莲两口子在"爱心超市"里做义工。

"2018年，我们家致富更有保障，光养老金、低保、粮补等转移性收入就能收近一万元，加上自家种的杂粮能卖个5000多元，种些山药磨点粉面，养头骡子种种地，杂七杂八收入抛去种地一些费用，我们3口人，一年纯收入达到了人均5000元。如今，儿子在河南打工，赚的钱也够花了，等再给领回一个媳妇，我们的日子就好上加好了！"在招呼好顾客的

同时，两口子兴致勃勃地讲述着他们家脱贫致富的经历，喜悦之情溢于言表。

前些年，王振英、戎凤莲两口子可没这精气神。由于养羊不慎，王振英得了羊传染病，近年来基本无法从事体力活儿；妻子戎凤莲又常年被病魔缠身，医药费就如同填进一个"无底洞"；家庭开销全靠30出头的儿子王虎微薄的打工钱补贴，生活异常艰难。

随着脱贫攻坚战全面打响，王振英一家终于看到了改变命运的希望。通过医疗救助，王振英的病好了，身子骨逐渐硬朗起来。在农闲季节，还不时地外出干些短工活儿，增加点额外收入。妻子戎凤莲精神头也好了很多，也跟着忙乎起来，经常帮着清扫村委会。

王振英热爱集体、友善睦邻的行为赢得了爱心积分，享受到了脱贫成果，成为不花钱光顾刘家窑村扶贫"爱心超市"的第一个脱贫户。在爱心效应的驱使下，他主动当起了村委会室内院里的卫生清洁员，带头召集村民清理乡村主干道垃圾；元宵节积极参加文娱社火活动；清明节成为森林防火的"排头兵"；在清河行动中指挥铲车、平整土坑、主动配合村干部完成了村容村貌整治、房前街道环境卫生清理、垃圾掩埋等各项工作。村民们赞许说：老王越活越年轻，"爱心超市"让他成了

"活雷锋"。

"感谢党的好政策,现在日子越来越好了,我要做一个热爱村集体、爱护公物的好村民,宣传脱贫致富好政策、自食其力的脱贫户榜样。"王振英爽朗的笑声在小山村里回荡着。

播撒致富"原种" 收获扶贫硕果
——临汾市隰县贫困户张建鑫脱贫案例

【家庭档案】

张建鑫，隰县寨子乡坪城村人，全家4口人。因缺少耕地及技术，导致家庭收入极为有限。2015年被识别为建档立卡贫困户、根据张建鑫个人意愿，乡政府鼓励其从事脱毒马铃薯育苗，在资金和技术方面大力帮助，并协调解决基地水、电、路问题，张建鑫学会整套培育技术，用扶贫贴息贷款起步，建立合作社原种培育基地，成为当地重要的脱毒马铃薯原种供给商。2017年，张建鑫顺利脱贫。

8月中旬，尽管已是立秋节气，但隰县寨子乡坪城村的气温没有一点要下降的意思。午饭过后，村里多数人在家午休，但村口的几个大棚里，却依然是一场热火朝天的忙碌场面。一畦畦脱毒马铃薯原种幼苗油绿苗壮，几个农民在紧张地为幼苗除草，照明、喷灌、滴灌管道交错布置，让整座大棚看起来宛如一个高科技生态园。"你看看这苗子，长得多壮实，这座棚里种的都是冀张12号，是根据咱们附近山区特点特别挑选的品种，

张建鑫给合作社社员分红

去年试种的时候亩产就达到了7500斤，周边老百姓反映都不错，所以今年我就重点培育这个品种，老百姓脱贫全靠它了。"看到自家的马铃薯苗长势喜人，兴奋之余的张建鑫显得比以往更加健谈。

张建鑫原本是隰县寨子乡坪城村的贫困户，过去很长一段时间他都靠着为别人跑运输赚钱过日子，由于跑车的收入有限，他一家四口生活过得十分艰难。正在张建鑫为未来生活迷茫的时候，扶贫工作人员主动找到他，鼓励他说："一个人没有信心，就对生活失去了希望，你一个大小伙子，今后的路还很长，应该树起信心，好好干一场。"在扶贫工作人员的耐心劝说下，张建鑫鼓起了脱贫的勇气，决心在脱贫道路上大干一场。

为了选择一个适合自身发展的脱贫项目，此后一段时间，在扶贫工作人员的指导下，张建鑫多次赴内蒙古考察脱毒马铃薯原种繁育项目，赴山东临清、寿光等地参加大棚蔬菜技术培训，最终选中了发展脱毒马铃薯繁育产业。2017年，他便联合20名本村老乡组建了垚鑫盛合作社，其中15名是贫困户。带头申请扶贫贴息贷款5万元，鼓励合作社成员分别贷款共投资20万元，租赁了邻村寨子村废弃的3座蔬菜大棚。张建鑫亲自设计，发动全家人动手改造，经过一番整修，大棚焕然一新，变成了功能齐全、设施完善的脱毒马铃薯原种繁育基地。张建鑫知道，没有科技挂帅，不掌握先进的技术，脱毒马铃薯的繁育就无从谈起，因此在基地建成后，他主动承担起了大棚技术管理工作。栽培幼苗期间，他专门聘请原种基地的技术员，每天都跟在技术员后面，问这问那，争取把该知道的都学会，全面掌握了脱毒马铃薯的栽培技术要领，他在务工人员中经过精挑细选，培养带出了一名技术员，两人配合默契。有时遇到难题，就随手拿出手机给远在内蒙古基地的技术员打电话询问，张建鑫的学习钻研精神，让周边群众交口称赞，说小伙子有恒心、善琢磨。

根据张建鑫创业的特殊情况，乡政府在基础设施方面给予大力支持，协调县水利局凿深井，解决了田地的灌溉问题；电业局为其提供了动力三线电；同时乡政府又为基地专门铺了水泥路。看着张建鑫十足的干事劲头，很多村民放下了手中的活帮他，亲朋好友也纷纷伸出了援手。面对来自社会不同层面的领导和众人的关爱帮助，张建鑫对生活充满了信心，他

和社员在培育大棚内

在原种培育基地查看马铃薯苗长势

感动地说:"现在政策也好,机会也好,让我这样的贫困户有了这么强的后盾,我一定要好好珍惜,好好干,干出个样子来。"

为了不辜负众人的期待,张建鑫又在大棚附近承包了15亩玉露香梨园,尝试间作马铃薯原种,他所引进的冀张12号,具有抗病毒、产量高的优势。2017年,玉露香梨园幼树地里间种脱毒马铃薯,一亩纯收入达2000余元,15亩地实际能种10亩,光这一项下来就能收入2万余元。大棚里的脱毒马铃薯原种更是"金蛋蛋",一粒5毛钱,3座棚一共栽了25万株,每株可产两粒,3座大棚年收入22万多元,扣除投入成本20万元,基本持平。他们全家也脱了贫。

2018年,张建鑫进一步建设了5座大棚,流转土地80余亩,扩大脱毒马铃薯原种培育规模。同时,他还新购置了土豆播种机、收土豆机、拖拉机等设备,合作社也扩大到61户,其中贫困户26户,不仅有坪城本村的,还带动了桑峨村、寨子村的贫困户。他表示,希望通过自己的努力,带动更多人走上脱毒马铃薯致富之路。

幸福不会从天降

——太原市娄烦县贫困户段拾太脱贫案例

【家庭档案】

段拾太，56岁，娄烦县庙湾乡盐市崖村人，家有4口人。妻子患有慢性病，两个儿子，一个在外打零工，一个因先天智障只能在家，段拾太本人近几年又得了一次脑梗，生活难上加难，2014年被识别为建档立卡贫困户。因户施策，村里让他当起了护林员，转移就业培训，帮助他的大儿子找到了稳定的工作，通过退耕还林、危房改造等扶持，2017年段拾太全家摘了"穷帽子"。

直面困境不气馁

娄烦县庙湾乡盐市崖村仅有耕地800多亩，全村有200多户500多人，其中四成是贫困户。这里交通不便、信息闭塞、靠天吃饭、思想守旧，贫困就像一个挥之不去的疾病，长期与村民如影随形。扶贫队员进入开展帮扶工作，了解到全体村民的情况，大家一致决定先啃下段老汉一家这个最

驻村扶贫工作队赠送段石太电磁炉

难啃的"硬骨头"。

"穷不可怕,是怕穷入骨髓,穷到麻木",这句话形容曾经的段拾太一家一点都不为过。段老汉一家四口住着两眼破窑洞,土坯的院墙连个门都没有,窑洞墙上还裂着尺把长的缝。大概是穷怕了,看到驻村工作队时,段拾太转身就走,满眼都是怀疑与厌恶。为了帮助他摆脱穷困,第一书记三番五次进入他家,鼓励他参加村里的"脱贫学堂",不厌其烦地给他讲解国家的政策。最初,他以自己不识字、听不懂等借口多次推脱,驻村工作队就从他大儿子段文强入手。高中毕业后,段文强想帮助家里分担一些,却一直苦于找不到工作,看到驻村工作队的到来,给他带来了新的希望。在听了两堂脱贫机制和扶贫计划的课程后,段文强主动找第一书记攀谈起来,说他想找份谋生的职业。后来通过村委会讨论,帮扶人员协调有关部门给他谋了一个护林员的差事,一年增收1万多元,家里的贫困窘境终于得到了一定程度的缓解。

看着帮扶人员为家里带来了实实在在的收入,段拾太的心里也备受鼓舞,一有脱贫课程他就去听,听完回来就给家里讲。段拾太怯怯地向第一书记提议,能否给大儿子找个稳定的工作,他替儿子当护林员,这样家里就有两个劳动力挣钱了。在看到段拾太的转变后,第一书记和驻村工作队有了干劲,同时也增强了深入开展驻村帮扶工作的信心。大家积极奔走,帮助段文强在外地找了一个修车的工作,虽然辛苦,但是生活水平有了明显提高,2017年按政策扶持外出务工补助3200元,段拾太一家也从心底里真正意识到扶贫为他们带来的好处,主动走在了盐市崖村脱贫的先锋路上。

扶贫让生活变了样

父子俩都有了稳定的收入,终于不再为生活中的柴米油盐犯愁了。他们的改变,也为全村人树立了榜样,都表示要积极配合扶贫工作,早日实现脱贫。在驻村工作队的帮助下,村里家家通了电,集体大院建起体育文化阵地,22家危房贫困户已经乔迁新居,整村已于2017年底实现脱贫。这些还远远不够,为帮助贫困户打通脱贫渠道,变"输血"为"造血",帮扶人员帮助整村成立了农产品销售公司,注册起了品牌"绿娄健",这大

段石太和帮扶人在一起学习精准扶贫政策

段石太的家

大激发了村民种植农作物的动力。作为脱贫户的代表，段拾太一家不仅搬入了集中危房改造后新建的房屋，住在舒适整洁的新房里，他还租了几亩地种植小杂粮，在自家小院里养了几十只鸡，生产的小杂粮和鸡蛋都贴上了"绿娄健"的合格商标。眼瞧着小日子越来越富裕，他的心里美滋滋的。

如今的盐市崖村已今非昔比，小杂粮加工销售、移动机房租赁、光伏扶贫项目、爬梯厂电缆支架加工、油用牡丹土地流转，每一个项目都为村集体和贫困户带来了可观收入。段拾太享受了2018年村级光伏分红1680元，这在以前是想都不敢想的事，还有近三年来生态还林补助10400元，小儿子有农村低保、残疾人补贴也能自给，全家看病住院有保障。通过脱贫攻坚精准扶贫政策帮扶，段拾太及每一位盐市崖村的村民都有了主动与贫穷做斗争的决心，面对未来美好生活，他们斗志昂扬，心中坚信只要有共产党的领导，加上自己的双手改善生活，通过劳动获取所得一定能摆脱"穷根"，过上美好生活。

政策解除看病之忧　致富依靠辛勤劳动
——忻州市代县贫困户马丙成脱贫案例

【家庭档案】

马丙成，68岁，代县上馆镇花彪咀村人。自己与妻子皆患心脏病，需常年吃药治疗，因病致贫。2015年纳入建档立卡贫困户，享受"136"医疗扶贫政策、低保、慢性病救助、"五位一体"金融扶贫项目等多项政策，2017年底脱贫。

一副结实而略显佝偻的身板，一双布满了老茧的大手，黝黑而发亮的脸上总是挂满乐呵呵的笑容。看着眼前这个浑身散发着快乐的老人，谁都不会相信他就是几年前那个被贫困压得喘不过气来的特困户马丙成。

马丙成今年68岁，代县上馆镇花彪咀村人，曾是村里有名的贫困户。说起当年的贫困，老人至今仍唏嘘不已。他家的贫困是由妻子的大病导致的。他的妻子二十多年前就得了心脏病，年过60以后，病情逐年加重，几乎每年要住五六次医院，一年下来，仅住院治疗费就得五六万块钱。多年下来，不仅撇下一屁股饥荒，生活还陷入极度的困境，人也被折磨得疲惫不堪。更让人揪心的是由于常年的劳累，老马也得了心脏前期收缩（早

马丙成在羊圈喂小羊

搏),他也需要常年吃药治疗。那时候,国家还没有实行合作医疗制度,眼看着常年为看病愁苦潦倒的老人,医院也束手无策。

2015年,党的温暖阳光终于照到了老马的身上。马丙成被列入为精准扶贫的重点对象。首先,针对老马妻子需要经常住院治疗的实际情况,让老马的妻子享受"136"医疗扶贫政策。2018年,老马的妻子一共住了11次医院,按正常情况计算,总共需付医疗费10万余元。但老马自己只掏了1千元,剩余的医疗费全部由国家承担了。如此大的扶贫力度,一下子就让老马从沉重的医疗负担中解脱出来,彻底解决了老马的看病之忧。

为了彻底解决老马的贫困状况,上馆镇党委政府随后又打出了一套扶贫组合拳:把老马列入低保救助对象,为老马解决了生活之忧;给老马争取了"五位一体"金融扶贫项目,为老马争取到每年3千元的稳定收入;将老马聘为村里的保洁员,让老马每年可得到1500元的报酬;同时还为老马申请了慢性病救助,连老马平时吃药的问题也得到解决。这样一来,老马不仅从沉重的医疗负担中解脱出来,而且有了稳定的经济来源,彻底摘掉了贫困的"帽子"。

按理说，脱贫后的老马该心满意足地坐享其成了。可老马没有这样做，而是全身心地投入劳动致富的行列中。

原来，为了彻底改变花彪咀村的贫困面貌，忻州市政协和代县水利局也加入扶贫的行列中。几年里，他们不仅优化了村里的生存环境，而且为村里打了10眼机井，把村里的500亩土地变成了旱涝保收的水浇地。这一变化让老马兴奋不已，他决心用自己的双手为自己创造一个幸福的未来。几年来，他不仅栽种了3亩梨树、6亩杏树、10亩核桃树，还在树下种了十几亩小杂粮。去年，尽管梨果树因遭受冻害减了产，但老马仍然靠卖梨果收入了5千多元，靠卖小杂粮收入6千多元，有了这些收入，老马的光景一下子滋润起来。

当我们见到老马时，他正在梨树地里浇水，望着挂满果实的梨树，老马乐得合不上嘴。看着他一身泥土，一脸劳累的样子，人们不解地发问："政府的扶贫措施已经让你摆脱了贫困了，完全可以安度晚年了，为什么还要这么努力？"

老马一脸严肃地说："政府帮你走出困境已经够幸运了，你可不能躺在政府怀里享福。"他说，在困难期间，镇政府的领导和驻村扶贫工作队的同志经常到他家嘘寒问暖，了解他的实际情况，帮助他解

在田地里辛勤劳作的马丙成

决实际困难,给予他无微不至的关怀。扶贫队的宋建业同志得知他没药了,不仅主动帮他买药,而且分文不要。每次细数起领导们对他的关怀来,老马说他都会忍不住落泪。"人要讲良心道德。"老马说,"政府和党领导对你这么好,你不能自己不要强,你要向习主席说的那样,要用自己的双手去争取幸福。只有花自己挣来的钱才光彩!"

老马是这样说的,也是这样做的。从2018年开始,他不仅对过去耽搁了的果树加强了管理,还加入了小杂粮合作社,按照合作社的要求播种了十几亩优质小杂粮。老马乐观地估算,今年他的果树最少可收入2万元,加上小杂粮和养羊的收入,总收入可达到3万元以上。

一个靠党和政府的脱贫攻坚政策扶持走出贫困的老人,正在用他勤劳的双手,为自己创造美好富裕的新生活。

守着"金饭碗" 怎能讨饭吃
——长治市壶关县贫困户姬李平脱贫案例

【家庭档案】

姬李平,57岁,桥上乡桥后沟村农民,全家4口人。2014年被列为建档立卡贫困户。享受到教育扶贫等扶贫政策,经营"农家乐",蹚出了一条发展乡村旅游、勤劳致富的好路子,2016年实现脱贫。

太行山大峡谷风景名胜旅游区八泉峡景区是太行旅游板块的代表作,游客云集,享誉中外。八泉峡景区位于壶关县桥上乡桥后沟村。近年来,随着八泉峡景区知名度、美誉度的提升,加上国家旅游扶贫政策、资金项目的倾力投入,大大改善了当地水、电、路、桥、交通等基础设施,方便了全国各地游客,带动了桥后沟村旅游发展相关配套服务产业蓬勃发展,在服务旅游的同时带动了村民的增收致富,成为村集体经济增收和贫困户脱贫的主导产业。到八泉峡景区游览观光,在进入景区之前,首先映入眼帘的是一排排建筑风格独特,依山而建,错落有致的农家客栈。说起桥后沟村农家客栈的发展,不得不提起一个人——姬李平。

姬李平认真统计"农家乐"一天的收入

发展之初,姬李平同农村广大贫困群众一样,因一无资金二无技术,思想保守,守着大峡谷景区"金饭碗"讨饭吃。但作为一名共产党员的姬李平戴着贫困户的"帽子",心里始终不是滋味。2014年脱贫攻坚以来,在党的扶贫政策的指引下,在帮扶工作队的帮扶下,姬李平认准了一条依托自身农家小院,发展农家旅游接待的创业致富之路。

大峡谷的汉子,性格和脊梁像直插云霄的大山一样坚强,认准的道路无论多难都要走下去。说干就干,全家动员齐动手。自己就是设计员、人人都是施工员,跑里跑外学、起早贪黑干,半年时间,一座占地300余平方米、漂亮的"明景小院"改造成功,开始对外接待,当年就有一笔可观的收入。

回首发展之初的艰辛,姬李平充满了成功的喜悦:"我是一名共产党员,桥后沟村又是一块风水宝地,但是大多数村民是老实巴交的庄稼人,种地干苦力还行,要是突破思想观念搞发展,都很难走出第一步。我想苦熬不如苦干，利用景区优势，对自家房屋进行改造，发展农家接待。2015年我家房屋改造对外以来，认真借鉴学习农家接待知识，热情服务，干净卫生，诚信待客，实现了从无到有、从有到好、从好到精的转变，回头游客资源提前预订，一年比一年收入高。这些年，党和政府有这么好的扶贫政策，娃娃上学、看病、吃水、修路、小额贷款、旅游扶贫等等让我们确确实实得到了大实惠，但是我们不能躺在政府身上，脱贫致富还得靠自己。"

如今，摘掉贫困"帽子"后，姬李平家真是喜事连连——大儿子姬云刚已向村党支部递交了入党申请；二儿子姬云鹏成为桥后沟村第一个一本大学生，家里经营"农家乐"，有了很多回头客，蹚出了一条发展乡村旅游、勤劳致富的好路子。面对未来，姬李平信心满怀，要用勤劳质朴的优秀品质，让太行山大峡谷景区四方来客感受到桥后沟村人的淳朴、好客和勤劳！

2016年率先实现脱贫退出的姬李平，心里装着两件事。一是怎样用自己致富的事例影响和带动周边人。他凭借着踏实肯干的好人缘，引导和动员周边村民利用农家小院搞农家接待。房屋不会改造，他就充当设计员，发展没有资金，他就动员和讲解扶贫贴息贷款的好政策，房屋改造完成了，他利用自己先干一步的游客资源，介绍客人与大家分享游客资源。在他的带领

长治市畜牧局工作队入户走访的姬李平

风景如画的太行山景区

下,桥后沟村农家接待服务产业如雨后春笋般蓬勃发展。二是怎样教育和引导下一代。致富起来的姬李平越来越认识到知识的重要性,因自身文化程度低,发展处处受限,可以说举步维艰。农家接待大多数是家庭经营,子女就是劳动力,有的家庭为了减少雇工开支,有让子女放弃学业在家搞农家接待的想法。姬李平了解到后,耐心去做那些父母和子女的工作,动员子女重返课堂。他始终说:"国家教育扶贫就是要让孩子们上学有保障,上学能改变命运,知识能挖掉'穷根',贫穷落后的老路不能再走。"

在新时代精准扶贫精准脱贫政策的指引下,太行山下这片红色的土地上,处处有老区人民艰苦奋斗、勤劳致富的身影,处处有老区人民红心向党、感恩报国的踪迹。守着青山绿水、红色资源的"金饭碗",无数个姬李平们正在迈开大步一个不落地摆脱穷困奔向小康!

精准扶贫培沃土　黄岭山茶分外香
——忻州市宁武县贫困户罗晓梅脱贫案例

【家庭档案】

罗晓梅，宁武县圪廖乡黄岭村村民，全家3口人。缺乏稳定可靠的收入，2013年底识别为建档立卡贫困户。通过帮扶，罗晓梅成为该村护林员，并且通过黄岭山茶种植、养羊等扶贫项目于2018年底顺利脱贫。

2018年底在忻州市春节联欢晚会，一位叫罗晓梅的嘉宾一出场立马成为此次晚会的亮点。作为该县脱贫攻坚中脱贫的典型人物，她在台上讲述了她种植黄岭山茶，自主脱贫的事迹，淳朴的话语赢得现场阵阵掌声。

罗晓梅原本是圪廖乡黄岭村一位普普通通的村民，过着日出而作日落而息的耕种生活，辛苦操劳一年，年底依然没有多少结余，日子过得紧巴巴的，是该村典型的贫困户。好在清苦的日子并没有消磨她早日脱贫致富奔小康的信念，她时时刻刻都想着依靠自己的双手打破贫困的枷锁，走出一条属于自己的人生道路。

随着精准扶贫工作的深入推进，罗晓梅看到了脱贫的希望。当时，罗

改革创新奋发有为好青年罗晓梅

晓梅所在的黄岭村正在推行实施护林员产业扶贫政策，罗晓梅作为该村的贫困户被纳入其中，成为一位护林员。这份收入基本保障了罗晓梅一家的生活。在感受政府温暖的同时，更坚定了罗晓梅脱贫致富的信心。

同煤漳电同华发电公司驻村工作队来到黄岭村后，通过走访，得知毛健茶具有消食、御寒、解乏之功效，是现代人的保健之宝，家家户户都会做、都在做，就是茶品相不好，而且采摘野生茶叶，数量有限、制约发展，于是决定把种植毛健茶作为贫困户增收项目。为了调动贫困户种茶的积极性，他们决定，贫困户每种一亩毛健茶奖励500元，但还是没有人愿意种植。这时候，罗晓梅站了出来，敢于先行先试。在接下来的日子里，她每天早上5点起床，背起竹篓，扛起镢头，步行十余里，到村子后面的最高峰鸡冠山顶，挖掘茶苗。手起泡了，她咬牙忍忍；鞋磨破了，她回家补补。功夫不负有心人，在她的辛勤劳作下，移植了2亩茶苗，成活率90%以上，获得了1000元奖励。"一亩地最少也能产700斤茶叶，每斤市场价5元，收入有3500元。"罗晓梅说。

有了罗晓梅试种成功的经验，驻村工作队委托原平农校园艺师培育茶苗，在黄岭村种植100亩毛健茶，作为产业扶贫项目，并创立自己的品牌，

罗晓梅养殖

冠名为"皇岭山茶",提出"户均一亩皇岭山茶"的帮扶口号。

为增加家庭收入,2015年罗晓梅引进优质山羊种羊,进行科学选配,培育优良品种,办起了肉羊养殖。在驻村工作队的帮助下,她争取到5万元扶贫贷款,在村边新建一座羊圈,扩大了养殖规模。为了降低养殖成本,承包10亩土地种植玉米,将玉米和秸秆加工成羊饲料。尝到养羊甜头后,罗晓梅一家不管刮风下雨还是烈日暴晒,总在羊舍忙碌奔波,晴天赶坡放养,雨天集中喂养,经过一家人的细心照管,山羊一茬一茬茁壮成长,没几年羊存栏由原来的几十只,发展到了现在的170余只,年纯收入2万多元,罗晓梅也顺利脱了贫。"像人家罗晓梅又是养羊、又是种茶叶,干得挺好,我们看见很受鼓舞,向人家学习,我这也拆了房准备以后养羊,自己致富。"村民温治忠这样说。

在自己脱贫产业稳步发展的同时,罗晓梅并未就此满足。她说:"光自己致富不算富,必须带领大家脱贫致富奔小康,共同发展。"她将学到的养殖知识结合自己摸索出来的经验,随时随地向养羊贫困户传授,积极向村民宣传党的精准扶贫政策,在2018年黄岭村迎国庆、庆丰收、促帮扶、助帮扶的党日活动上，向全村村民发出了《"勤劳致富 脱贫光荣"的倡议》，倡议"懒等靠要"变为"奋发脱贫"，挺起腰板、脚踏实地，早日实现脱贫奔小康梦想。

　　罗晓梅的勤劳努力也得到了大家的认可和支持，2018年她被县委评为"脱贫标兵"，2019年被县妇联评为"脱贫致富最美女性"，被团县委授予"改革创新、奋发有为好青年"荣誉称号。希望通过她的事迹激励到更多人，通过勤劳的双手，走上自主脱贫之路，真正摆脱贫困。

弱鸟可望先飞　至贫可能先富
——忻州市繁峙县贫困户王有良脱贫案例

【家庭档案】

王有良，繁峙县横涧乡乔儿沟村人。他腿有残疾，妻子哑巴，3个孩子上学，靠种地为生。2013年建档立卡，2015年脱贫。脱贫不脱政策，享受教育扶贫、产业扶贫等多项扶持。

王有良，出生在桥儿沟村，他曾在砂河二中初中考上了师范院校却因为腿残被拒之门外。家里人口多，兄弟姐妹共七人，由于家穷，兄弟几个娶不起媳妇，尤其是他，腿有残疾，哪个女人愿意嫁给他呢？后来经人介绍，娶了哑巴。有人问起王有良，你不嫌弃哑巴媳妇吗？他咧着嘴笑笑说："别人活个有滋有味，咱活个稀里糊涂。"人们又问："哑巴不嫌弃你穷吗？"他说："人活着穷不怕，就怕懒得不动。""人得有个活法，奋斗！就得奋斗！"

劳动是使贫困的家庭走向富裕道路最重要的保证。王有良带着哑巴妻子，每天早出晚归。在这片土地上，实现着自己的人生梦想——坚决拔掉"穷根"。虽然热土接纳了他的情怀，但现实是残酷的。每遇干旱之年，辛苦一年，也收入不了多少钱，种坡地更是如此。

二十多年过去了，王有良自豪地夸赞："我这个家庭，三个孩子的成长，是媳妇的功劳，三个孩子的聪明也遗传了哑巴妻子的天赋。大儿子考上了山西农大（当时县关工委给了3000元资助），去年又考上了南京农大的研究生，我很高兴，很知足。"

他说："'村看村，户看户，农民看支部。'上级给钱给物，还要有好的村支部。全靠扶贫组领导们想办法，落实强农、惠农政策。"村支部响应国家号召，提倡致富脱贫门路，把基层党组织同脱贫攻坚结合起来，发挥党员的模范带头作用，带动贫困户抱团发展，驻村扶贫工作队吃住在村里，提倡产业扶贫，搞好特色产业。

王有良说，过去玉米亩产600斤左右，除了成本还亏200元。种杂粮，收入高一些，但又没有销路。依靠传统农业是不可能脱贫致富的，只有根据自身特色和市场需求，调整产业结构，坚持地上地下结合、林地结合，

王有良夫妻在学习精准扶贫政策

才可脱贫。现在，自己家里种了50多亩地，水浇地种植见效快、收入高的蔬菜类；坡地旱地种植玉米、杂粮、山药等，还有几十亩退耕还林地。他经常参与科技种田小组学习与技术交流，土地分析检测，试用新品种试种，使用大型农机对土地精耕细作。每年生产出来的粮食由扶贫工作队队员提供销售门路，不愁卖不出去。每亩收入比过去还提高了三四百元。

2015年，王有良这个特殊家庭靠勤劳脱贫了，还小富起来。去年大儿子从山西农大毕业以后考上了南京农大的研究生。两

王有良在田间

个小孩子学习也很好，家里挂着第一名的奖状。我们下午3点到他家里时，没看见他的哑巴妻子，问到哪里去了。他说，在地里干活，秋天中午不回家。她走的时候给她拿点饭，在地里吃几口就行了。

  在短短的几年里，两个残疾人组成的家庭，很快成为脱贫致富的模范人物。习近平总书记在福建工作时说过："弱鸟可望先飞，至贫可能先富，贫困地区完全可以依靠自身努力、政策、长处、优势在特定领域先飞。"哑巴家庭是怎么走过来的，哑巴家庭的脱贫史，就是习近平总书记讲话的最好佐证。

五世同堂念党恩　脱贫路上勇争先
——阳泉市盂县贫困户李万明脱贫案例

【家庭档案】

李万明，68岁，盂县西烟镇袁梁村村民。上有双亲，下有两儿一女。因人多、劳动力少、收入不高，2015年识别为建档立卡贫困户。脱贫攻坚战打响以来，在多项国家精准扶贫政策扶持下，通过扶贫工作队的帮扶和自我努力，于2016年光荣脱贫。

李万明一辈子没有离开过生他养他的土地，将近70岁的他经历了新中国成立以来农村百姓生活的巨大变迁，经历了改革开放以来农民衣食住行的巨大改变，亲历了新时代以来精准扶贫精准脱贫的巨大成就。他勤勤恳恳大半辈子与土地打交道，对生养他的土地一往情深。如今，家里五世同堂，上有父母，下有重孙，生活其乐融融。他和妻子梁润爱养育了两儿一女，一辈子辛辛苦苦为这个大家族无私奉献，但家里人多地少，收入有限，摆脱不了贫困。2015年，村里对建档立卡户开展"回头看"时，因家庭人均可支配收入仅2050元，李万明一家被列为贫困户。李万明没有自怨自艾，积极学政策、鼓干劲，乘着党和政府的各项精准扶贫精准脱贫惠民政策的东风,加上他的勤劳苦干顺利走上了脱贫之路。

袁梁村驻村帮扶工作队员和镇村干部经常深入贫困户家中,及时为贫困百姓传达党和政府的精准扶贫精准脱贫惠民政策,因户施策,鼓励村民奋发作为。在脱贫路上,一项项对百姓实惠的政策为陷入困境的李万明一家人带来了希望之光。

生态造林是李万明享受到的第一个惠民政策。在得知西烟镇里建立了造林合作社,吸纳贫困户参加植树造林增加收入的消息后,李万明积极参与。有造林任务时,他与其他贫困户一道,不辞劳苦,起早搭黑,自带干粮、水,吃在山上,干在山上。一年两个月下来,大家都能拿到四五千元的收入。

参加生态造林的短期收入解了李万明一家的燃眉之急,而金融小额扶贫贴息贷款政策让李万明一家有了稳定的收入来源。在袁梁村干部和帮扶队员入户宣传贷款政策后,李万明递交了申请,并在银行工作人员的核实、审核后,无担保、无抵押贷到了5万元贴息贷款。以前百姓苦于没人

李万明家人在一起

担保、没东西抵押,有心发展想贷款却贷不到。现在只要想发展产业干实事,两天工夫钱到位,还有国家扶贫贴息扶持。根据国家相关扶贫政策"将扶贫小额信贷资金用于有效带动贫困户脱贫致富的特色优势产业"的要求,李万明自愿参与生产经营,把贷款投入村集体的猪场。同时,作为股东之一的他还当起了养猪场的饲养员,现在除了参与养殖的工资,他年年还有固定的分红收入,老李在脱贫路上老当益壮奋勇争先。

李万明常说,三天买卖人,一辈子学不会庄稼人。他小时候遭遇过三年自然灾害,饿过肚子,所以他对土地有特别珍贵的情感。他辛辛苦苦一辈子与土坷垃打交道,最了解庄稼人的不易,最懂得粮食稳定的重要。从春播、翻地、选种到除草、防病虫害再到防冰雹、暴雨等,李万明每个环节都处处操心,科学种田。近几年,李万明家的粮食产量年年有提高,家有余粮心不慌,种植也是这个家庭主要的基本收入来源。

另外,秋收之后,村里只要有收购玉米的,他就跟着人家打零工剥玉米,一个月也能挣到两千多元。勤劳就是他的本分,也是他的生财之道。

不仅如此,以孝为先的李万明还享受到了县委、县政府"孝亲敬老"奖补政策。盂县县委为弘扬中华民族的传统美德,倡导全社会尊老爱幼,制定了贫困户子女为父母账户拨付3000元,政

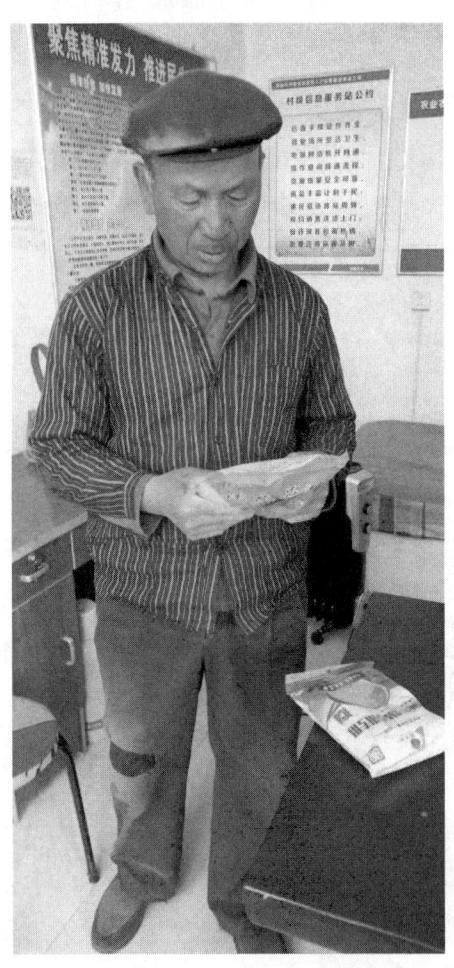

李万明挑选良种

驻村第一书记家访李万明

府就给予500元奖补的政策，而李万明连续两年享受了这项政策带来的实惠。还有，全家新农合费用政府代缴，看病住院有保障，不会有因病欠债顾虑，孩子上学有教育扶持政策保证，住房安全有鉴定，水、电、网、路面硬化都实现，外出务工还有技能免费培训……

李万明天天看《新闻联播》，就是为了解党各项的方针政策，现在成了村里脱贫政策义务宣传员。他爱好广交朋友，有一副热心肠，朋友有什么困难都尽力帮助解决。曾经有一次，得知一个朋友因病导致家里的庄稼撂荒了，李万明放下自己的活不干，跑到十几里外的朋友家亲自打药除草，帮忙渡过难关。李万明非常感恩党的优惠政策，关心村里的公益事业，响应青山绿水、环境卫生整治号召，经常自带工具打扫。现在村里面貌改变了以前的脏乱差现象，农村也和城里一样很干净。李万明闲时和村民拉家常时不忘宣传国家扶贫好政策，忆苦思甜话变迁，教育儿孙常怀感恩心，回报社会，用实际行动影响周围的村民参与公益事业，用勤劳的双手创造幸福生活。

当年李万明由于家中兄弟姊妹多，经历过少吃没穿、饥肠辘辘的困难时代；经历过天大旱、人大干的火热时代；经历过包产到户、联产承包的喜悦时代。一年又一年，他见证着中国农村、农业、农民的喜与忧、苦和甜。见证着新中国成立70年站起来，更见证着改革开放40年富起来强起来，国家翻天覆地取得的辉煌成就。对现在精准扶贫精准脱贫的新时代，他深有感慨，感恩党中央的英明举措，感恩各级党委政府的全力以赴，感恩驻村帮扶队员的倾情贴心。

  如今李万明家儿孙满堂、家庭和睦，这个大家庭生活无拘无束，心情舒畅。2016年，老李家光荣脱贫，家庭人均可支配收入8140元，2017年达13665元，2018年提高到18400元。2018年被村委会授予"脱贫攻坚模范户"荣誉称号。年年有提升、年年有进步，李万明总是感慨自己赶上了党的好政策、好时代，这辈子很满足。

像滚雪球一样靠羊奔富路
——朔州市山阴县贫困户李辉脱贫案例

【家庭档案】

李辉，65岁，家住朔州市山阴县吴马营乡后榆林村，一户两人。一直以种地为生，人均纯收入不足900元，生计艰难。2013年列为建档立卡贫困户。从分得一只扶贫母羊，到小额扶贫贴息贷款5万元，李辉靠发展养殖，2016年底脱贫。

每个清晨，早起的乡亲们总能看到一个身影在羊舍里忙忙碌碌着，从不间断。他就是山阴县吴马营乡后榆林村脱贫户李辉。脱贫后的日子，李辉笑容盈腮、脚步轻快，一天比一天充实，一年比一年忙碌。

几年前的李辉，可不是这般模样。他以种地为生，虽然干活从来不惜力，但由于缺水、地形等自然环境的限制，年年广种薄收，遇上个旱年份更是颗粒无收，生计困难，人均纯收入还不足900元，日子就这样一天天苦熬苦挨着。

2011年，朔州市师范高等专科学校的扶贫工作队到村后，针对全村荒坡荒地面积大的实情，把发展养羊作为重点帮扶项目，决定动员村民

李辉的羊群

养羊。同年冬，朔州师专的第一批扶贫羊送到村后，李辉也通过抽签的形式，分到一只羊。当时送去的羊都是肚里带羔的母羊，把羊拉回家后，没过一个月就产下了2只小羊，到了春节前两只小羊都健康地成长着。"我早就想做点什么了，苦于家里条件太差，养羊好啊，每天只要花半天时间，还不误下地干活，这活儿适合我干。"李辉高兴地说。

后榆林村养了不少羊的消息在周围传开了，收羊的羊贩子也多了起来。李辉却一直不为所动，他说，"扶贫队的同志们送给我们的羊，不是为了让我们过嘴瘾，是用来让我们发财致富的。如果为了赚上几个钱卖了，等钱花完我们不是又和原来一样了，还一直是个贫困户！"就这样，李辉把工作队送的带羔母羊留了下来，把产下的公羊养大卖了变成流动资金，母羊留下继续繁殖。每年大羊下小羊，小羊长大再生羊，李辉的羊群像滚雪球一样越来越大。看着自己逐渐壮大的羊群，李辉乐得合不拢嘴。到了2016年，李辉家的羊群大小羊加起来足有200多只，通过养羊，李辉彻底告别了贫困，走上了致富路。

李辉本就是一个种地的好手，养了羊后地里的农活也没有落下。随着地膜的使用，再加上籽种的更换，农作物的收成逐年增加，羊的养殖成本也大大地减少。如今的李辉，农忙时节，白天在自家的农田里辛勤劳作；晚上在窑洞里电灯下学习科学种养技术，联系肉羊销售事宜。他逢人便说："脱贫不仅要靠国家精准扶贫的好政策，我这几年起步是一只扶贫羊，发展扩大规模靠的是5万元的小额贴息扶贫贷款，没担保、没抵押，用的是我们的诚信，还要靠自己勤俭加灵活，多想点子，一味指望别人是脱不了贫的。"

"我粗算了一本账，这几年，我享受了不少国家的好政策。种粮补贴、生态扶贫退耕还林补偿、冬季取暖补贴、村集体务工及分红，还有扶贫贷

款、政府代缴新农合医保金，生病住院还有特惠'136'政策……现在我有能力了，也要帮助其他贫困户脱贫致富。"李辉边掰着指头边算账，满脸的幸福还不忘党的恩情，在他的带动下，村里凡是有劳动能力的，每家都养羊10只左右。"现在我要带动更多的村民，发展养殖，增加收入，把日子越过越红火！"面对未来，李辉信心满满。

小额贷款起步　木耳产业致富
——运城市垣曲县贫困户马全红脱贫案例

【家庭档案】

马全红,58岁,英言乡关庙村村民,患有轻微腰脊劳损,全家3口人。老父亲90余岁,患有心脏病、高血压等多种疾病;妻子侯小云57岁,患有腰椎间盘突出,腿疼不时发作,常年药物不断,不能从事重体力劳动。全家多年来靠马全红打零工、种植粮食的微薄收入维持生活。因病致贫,2014年被识别为建档立卡贫困户。通过扶贫贴息小额贷款和技能培训走上致富路,2018年底脱贫。

一截截高25厘米左右的菌棒像士兵一样整齐地排列,一个朴实的身影穿梭其中,打开水喷头对菌棒喷水保湿,有的菌棒上已经冒出好多木耳芽。这就是英言乡关庙村村民马全红和他的黑木耳种植基地。

为了改变贫困的局面,让家人过上好日子,年轻时的马全红曾经怀揣着致富梦到外地打工。由于文化水平低,又没有技术,只能干一些简单的体力活,起早贪黑忙碌一年,仅能维持基本吃喝,十分艰难。后来,他在家尝试养过猪、蝎子、土元,种过天麻。由于缺乏技术,信息闭塞,均以赔本而告终。但这一切并没有击垮他,秉承着祖祖辈辈勤劳朴实的品格,在日出而作日落而息的清贫而平凡的小日子中,马全红不断探索着致富之路。

2017年,关庙村村"两委"从本村实际出发,通过大力争取,开始发展黑木耳种植产业扶贫项目。村委采取日常务工和领取菌棒种植两种形式,为贫困户增收提供路子。菌棒种植实行统一回收、统一包装、统一销售的管理模式。

马全红得知这一消息后,认为在本村发展有技术指导又不用愁销路,抱着试试看的心态,积极与村"两委"联系,希望试种植黑木耳。但是,多年屡屡受挫受骗的经历又让他瞻前顾后,拿不定主意。帮扶工作人员及时上门,帮他分析政策形势、制订计划,转变了他的想法,打消了他的顾

马全红在培育菌棒

马全红培育的菌棒

虑。万事开头难，购买菌棒的第一笔资金难以解决，村里干部和帮扶干部主动帮忙协调银行与马全红对接，扶贫贴息贷款2万元迅速落实到位，这对马全红来说在以前是想都不敢想的事。他表示，感谢共产党，感谢大家的帮助，他有手有脚，以后一定会把日子过好。

种植期间，马全红两口子认真学习种植技术，细心听取技术员的讲解，仔细询问关于木耳种植、管护技术，与其他种植户积极交流。功夫不负有心人，第一年纯收入就有3万余元，随着收入稳步增长，两口子的生活有了盼头，日子更有奔头，生活越来越舒心。另外，在村里人居环境整治工作中，闲不住的两口子积极参与，只要是能干得了的，都全力以赴，始终保持着一种勤劳朴实、奋发向上的精神状态。

直面挫折不气馁，脱贫路上不停步，在党和政府精准扶贫精准脱贫英明政策的指引下，在帮扶干部的倾力带领下，马全红家庭稳定达到了"两不愁三保障"，好日子在致富路上越来越红火。

易地移民搬迁好 挪出"穷窝"奔富路
——阳泉市平定县贫困户王燕斌脱贫案例

【家庭档案】

王燕斌,阳泉市平定县岔口乡范家岩村村民,与父母共户同住,一家3口人。其父母身体不好,收入不高,居住面积不足25平方米,于2015年被确定为建档立卡贫困户。脱贫攻坚战打响以来,在易地移民搬迁政策的扶持下,王燕斌户喜迁新居。挪出"穷窝"后,王燕斌一家的内生动力大大增强,积极就业,于2018年光荣脱贫。

2019年,阳泉市平定县岔口乡不少贫困户都先后搬进了装修好的移民新居。大家都夸:"新家就是冠山镇鹊山村,离县城近、生活方便,还有移民产业园,营生(工作)也好找。"

驻村干部在岔口乡范家岩村贫困户王燕斌调研时,其父王怀长无奈地说:"我家燕斌学历不高,打工赚的不多,家里三个人住一间屋子,我和他妈身体也不太好,一年就靠那三亩地的收入来维持生活,人家姑娘一看,这谁嫁给咱家呀,眼看着燕斌年龄一天天大了,连找个媳妇都成了问

王燕斌在扶贫车间从事雕刻工作

题，你们说我们能怎么脱贫呀？"脱贫攻坚战打响以来，岔口乡积极贯彻落实省市县聚焦"精准扶贫精准脱贫"推进易地扶贫搬迁工作的要求，在该乡一些地处偏远、交通不便、产业发展条件差、典型的"一方水土养不起一方人"的村进行了群众意愿摸排，充分聚焦精准识别、充分尊重搬迁群众意愿、让群众全程参与，保障了群众的知情权、参与权、监督权。岔口乡严格按照搬迁户自愿申请、群众评议认可、帮扶

单位和乡镇入户调查核实、签订搬迁协议和折旧复垦协议、乡村公示、报县政府批复等程序，建立健全了易地扶贫搬迁档案，做到了户有明白卡、村有花名册、乡镇有档案，帮助贫困户挪"穷窝"、迁新居、换穷业、奔

富路。

易地扶贫搬迁扶持政策的出台，补助资金的巨额补偿让王燕斌一家看到了希望。他们积极向村委会递交了申请书，并配合各级一系列的评议和核实后，于2017年12月30日如愿领到了新房钥匙，那一天是他们家近几年笑得最开心的一天。按照人均不超25平方米、户均自筹不超1万元的搬迁政策，王燕斌一家只花了9999元，就领到了鹊山村一套75平方米的新房。也是从那一天开始，王燕斌像换了个人似的，党和政府的关怀让他一下子开朗了起来。他与爸妈立刻着手装修新房，同时他也开始积极地出去找工作。

搬出"穷窝"、迁入新居，如何才能换穷业、奔富路？2018年，在平定县扶贫易地搬迁产业园建成后，王燕斌积极报名，通过培训、考试、试用，他顺利上岗，在山西天弘晋腾商贸有限公司从事雕刻（电脑操作）工作，每个月能拿到3400元的工资。这个工资就是放眼县城也能算得上中等

收入。在有人问他的工作情况时，他不再是低头不语，他笑了，高兴地告诉大家："现在真好，每天准点上班、准点下班，加班有加班费，离家还近，赚得也不少，都有人主动给我介绍对象了。"看着这个腼腆的小伙子脸上那真诚开心的笑，大家都为他感到高兴。王燕斌的母亲也找到了一份打扫卫生的工作，老人开心地说："找到了工作，我一个月有1500块前左右的进账呢。健康扶贫让我们有医生签约服务，生

病住院花费不大不用愁，村里的地我们还种着，主要就是种些谷子、豆子什么的杂粮，村里的磨坊免费给我们贫困户磨米、磨面，扶贫单位还帮我们推销，有党和政府细致的关怀，我们村里人正在走进新生活，现在活得真是一天比一天更好。"

　　王燕斌家的脱贫只是该村一个缩影，岔口乡的贫困户在搬入鹊山村后，只要是有劳力的，在鹊山村的商业街或是扶贫产业园都先后找到了工作，也有不少人在县域附近找下了稳定的营生，真正实现了搬得出、住得起、稳得住、能致富的目标。

"养猪脱贫"变成"养猪致富"

——忻州市静乐县贫困户巩先为脱贫案例

【家庭档案】

巩先为,静乐县段家寨乡永安镇村人,家中2人。老伴儿闫亮英年轻时患病,常年打针吃药,家里仅靠几亩薄田度日,生活拮据。2013年因缺技术被列为建档立卡贫困户,通过扶贫贴息贷款扶持养猪产业,2017年脱贫。

"人穷命苦!"一谈起巩先为的家,村民们就想到这四个字。老巩今年61岁,就是一个老实巴交的庄稼人,一辈子吃苦从来不叫苦,受难从来不说难。

巩先为的家位于村最南边的山头下,东侧紧靠宁白线公路,屋前正好有一块荒坡地,排水也方便,扶贫工作队根据现实情况,琢磨来琢磨去,多方调查论证,建议他建一个猪场养猪,并协调村委会批准他占用土地。老巩骨子里有一股不服输的劲儿,说干就干。2016年一开春,老巩拿出所有积蓄,又求告亲朋好友共筹款6.7万元,开始打地基、拉砖、砌墙……老两口为省钱,发动儿子巩慧杰以及媳妇、女婿齐上阵,大工、小工一起当,起早贪黑,锅炉、粉碎机、地暖设备资金通过工作队关照赊欠了一部分,猪场提前在当年的5月10日竣工。老巩已经精疲力竭,却没有喘息,继续马不停蹄,赴山东省以每头600元的价格,一口气购买了60头"杜洛克"猪仔,第一批活蹦乱跳的小猪仔"入住"了带有地暖的猪舍。

每天天刚蒙蒙亮,巩先为就起床了,先去锅炉房给锅炉填填炭,再进猪舍查看每头猪的状况,接着去磨坊拌食喂猪,老伴儿则默默地给他打下手。刚开始,由于摸不透猪的习性,吃了不少的亏也受了不少苦。2016年5月8日,老巩在猪舍喂猪,看着一天天长大增肥的猪儿,他心里美滋滋的,谁承想老巩一高兴,竟忘记了头上吊着的通风扇,飞速旋转的风扇从他的额头划过,顿时血流满面,他儿子和村里的乡亲立即送他去了县医院,在县医院,经过医生的紧急处理,血止住了,伤口也缝合了,但是医生建议他住院半个月观察治疗。老巩人在医院心在猪场,他总在想,自己能走到今天这一步,来之不易,他不能撂下猪场不管,入院第三天,在老巩的坚持下,他带了点药出院回村了。临走时医生一再告诫他一定要注意

巩先为夫妇脱贫后的快乐生活

巩先为夫妇在脱玉米粒

休息，勤换药。可老巩一回村就钻进了猪舍。到现在，他头上留下了一道深深的疤。功夫不负有心人，经过老巩不断地学习和自我摸索，他逐渐掌握适合的圈养密度、适宜的圈养温度、湿度及规范圈舍的卫生，猪仔生长势头越来越好。老巩挑选膘肥体壮的5头作为繁育猪仔的种猪，其余的则出售获利。"卖了大肥猪，数着自己劳动换来的钱，心里舒坦！"老巩的话语颇为自信和自豪。

2017年6月，眼见猪仔数量增多，扩建缺钱成了巩先为的"拦路虎"。帮扶队员了解到这一情况后，立即和村第一书记商量对策，马上与段家寨乡农村信用社联系，帮助其办理贷款手续。信用社经过上门核查养猪场情况后感慨地说："好家伙，这个愣老汉拼老命哩！"支持巩先为终于拿到5万元的政府贴息扶贫贷款，解了燃眉之急，老两口感觉浑身都是劲。老巩坚信，只要肯做肯干有志气，勤劳终将致富。

随着养猪场规模的扩大，老巩自己种的玉米不足以喂食，上市场购买又没有现钱，怎么办？工作队的同志们又出谋划策，利用村民种的玉米，让老巩给的收购价比市场价略高一点，先赊给老巩，等猪长大出卖后再结账，大伙儿乡里乡亲的也信任，互相帮衬着。现在，猪场每年为本村消化玉米4万多公斤，也解决了村民卖粮难的问题。

两年多来，猪场在巩先为的精心打理下，生猪先后共存栏208头，出栏100多头，收入9万多元，还了借款、贷款，一举摘掉了贫穷户的"帽子"。他把"养猪脱贫"变成"养猪致富"，还帮助带动乡亲们自立自强，下一步将通过资源循环利用，发展生态种养。老巩已成为全县贫困户加快精神脱贫、增强内生动力的一面镜子、一个典型。

养猪致富的巩先为

脱贫攻坚路　幸福加"好油"
——忻州市宁武县贫困户张向东脱贫案例

【家庭档案】

张向东，45岁，家住凤凰镇大河堡村，全家3口人。他的妻子在2013年因突发蛛网膜出血，导致全身瘫痪，因病致贫，2014年建档立卡贫困户。根据张向东的家庭情况，扶贫帮扶干部帮助他申请贷款建立了一家胡麻油加工坊，学习加工技术，打开销售渠道，2018年底顺利脱贫。

2013年秋后的一天，一辆小车从宁武县的马路上呼啸而过，车里躺着的人叫王凤英，而她的丈夫张向东在一旁焦急地守护着。此时，张向东一方面担心妻子的生命安全，另一方面，这已经是妻子第二次转院了，从宁武县人民医院到忻州地区人民医院，如今又要到宁武县中医院住院治疗，前两次高昂的医疗费用几乎花光了家庭所有的积蓄，妻子现在的情况，后面还需要花多少钱，他心里也没底。好在经历过数次转院后，妻子的病情已趋于稳定，但留给张向东的只有一大堆欠条和未来需要支付的药费单。妻子的这场大病直接拖垮了这个本身就不富裕的家庭。2014年，张向东的家庭被识别为建档立卡贫困户。

如今，在凤凰镇大河堡村村民张向东的家中，一袋袋堆积如山的菜籽摆放在仓库里，轰鸣的机器下黄澄澄的菜籽油就像自来水一样从一根管子里流出，这就是张向东的农家榨油房。通过不懈的努力，张向东依靠自己的榨油技术走上了脱贫致富路。

精准扶贫以来，为了帮助这个家庭彻底摆脱贫困，扶贫帮扶干部多次入户与和他沟通交流，给他做思想工作，和他探讨脱贫致富的好路子，从思想上激发张向东发展的信心和动力。扶贫帮扶干部在了解到他多年前开过胡麻油坊，有榨胡麻油的手艺的情况后，决定以此为突破口，帮助其开办一个胡麻油制作小作坊。

"我的父亲是一个榨油老手艺人，有40多年的榨油经验，我年轻时候也跟随父亲积累了丰富的榨油经历，刘镇长为我制订的脱贫计划深深打动了我，既能脱贫致富又能守家顾地。"张向东说道。扶贫帮扶干部帮助他申请了小额扶贫贷款，购置榨油设备，胡麻油坊正式开业。新开业的第一榨，5000斤胡麻籽榨出了1700斤胡麻油，出油率达到了30%，出品的胡麻

张向东展示油品质

油色泽鲜亮、味道醇香,品质超出了所有人的预期。同时,为了帮助其销售,扶贫帮扶干部还帮助他办理了《个体工商户营业执照》《食品经营许可证》《食品小作坊的许可证》《健康证》,为未来产品迈向更大的市场打下了坚实的基础。

截至目前,张向东的油坊已累计榨了18000多斤胡麻籽,出品胡麻油5000多斤,销售胡麻油3500多斤,实现纯收入11000元,胡麻油的品质也得到了消费者的诸多好评。

眼看着自己的油坊生意越来越好,张向东的心态也逐渐由过去的无助转变为现在的积极乐观,在干活的时候也变得更加卖力。"能过上现在的好日子,真的要感谢党的关怀,感谢扶贫帮扶干部的支持和帮助,妻子目前身体恢复情况很好,孩子也参加了工作,我们家的日子是过得越来越起劲。是党的脱贫攻坚好政策让我走上了脱贫致富路,我一定要通过自己的辛勤努力,把以后的日子过得越来越好、越来越富。自己富不是真正的富,全民小康才是最终目标。下一步,我将继续诚信经营,不断扩大自己的榨油坊,带动更多的贫困户参与进来,一起携手奔小康,一起回报党和社会。"张向东信心满满地说。

张向东油坊生产的胡麻油

小额贷撑起大梦想　穷日子过成好光景
——忻州市代县贫困户李了亮脱贫案例

【家庭档案】

李了亮，代县新高乡刘街村村民，家中3口人。4亩耕地，女儿上大学，平时靠种地艰难维持生计，2014年列为建档立卡贫困户。脱贫攻坚以来，他申请了扶贫贴息小额贷款，办起了养鸡场，2018年稳定脱贫。

"微信真是个好东西。手指动一动，便知天下事，就连进货、卖东西在上面都能办到。"在养鸡场一个小办公室里，李了亮的妻子范爱莲正在用微信与供货商沟通购买鸡饲料的事宜。这个养鸡场三天需要一罐料，两千多斤，一个月要加工十次。为了能够方便快捷地了解市场动态，及时掌握供销消息，如今已四十多岁的她学会了玩微信，相继加了饲料群、蛋鸡群、免疫群、鸡蛋价格走势群，内容涉及种鸡购置、饲料供应、疾病防治、价格走势等内容。此时的她正坐在家里选购存储饲料。

在她采购的时候，她的老公李了亮正在鸡场里忙着清理鸡粪。"不比以前，现在是给自己打工呢，肯定心劲足。幸亏赶上了这几年的扶贫好政策,尤其是小额贷真是帮了我大忙,让我有了这个养鸡场,现在挣钱有了门路,生活有奔头了。"李了亮满脸喜悦地说。

据了解,在养鸡场忙碌的李了亮夫妻,此前在代县铁矿打临时工,2014年夫妻俩双双失业回家,迎接他的只有4亩耕地,如果只靠种地连维持日常开支都不够。加上这时候他的女儿就要上大学了,这又是一笔不小的开支。"那时候四处都要用钱,可我们俩手里一分钱也拿不出来,真是感觉就像天塌下来了。"提到刚回村时的情景,李了亮的语气依旧有些颤抖。

正当他失业无奈之际,看到同村的刘二喜养鸡致了富,让李了亮动了养鸡的心思,可当时他连女儿上大学钱都拿不出来,让他投资建养鸡场更成了天方夜谭。村干部刘二德了解到他家的实际情况后,主动上门联系,帮助他通过小额扶贫贴息贷款贷了4万元钱。有了这笔钱,李了亮便自筹资金,开始了鸡场建设。很快鸡场于2015年春季开工,秋季便开始运营。

鸡场最初运营期间,购买饲料、种鸡钱可以暂时赊欠,待鸡蛋款回笼后及时支付即可。凭借良好的信用,李了亮渡过了起步时的难关。后来,由于经销商运营模式发生改变,逐步改为现金交易或者微信支付,为此李

了亮夫妇还专门让女儿教他们学习使用微信，每天及时掌握养殖的最新动态。通过微信他学习了最新的养殖知识，通过严把鸡种关，提高产蛋率；严把进货关，杜绝变质饲料进场；严把喂养关，不喂湿玉米；严把消毒关，凡是来拉鸡蛋的车一走后就要进行消毒。销售上李了亮同样精心把关，拾捡鸡

李了亮的规模养鸡场

蛋时，不卫生的、有粪便的不卖，烂了的、过了水的不放。在摆放鸡蛋时，大的放在边上，小的放在中间，以免运输途中磕碰损坏。由于李了亮鸡场所供的鸡蛋出货时间短、产品质量高，很受客户欢迎。不仅周边村庄的小卖部上门购买，就连县城里的一些超市也指名要求送货。

李了亮认为，养鸡是个微利行业。投入高、风险大、利润薄，要想多赚一点钱，除了靠技术、靠规模，还得靠勤劳，舍得吃苦。"鸡蛋不能放在一个篮子里。"近年来，李了亮办的养鸡场平时主要由妻子在家经营，他自己则选择外出打工。偶尔进货时，临时聘用村里贫困户劳力解决。

李了亮的养鸡场运营以来，第一年挣了3万元，第二年7万元，第三年虽然因为禽流感赔了4万元，但丝毫没有影响到他的养殖决心，反而促使他在养殖管理上更加投入，他的养鸡场很快就从困境中走出来。到目前为止，养鸡场有鸡2500只，日产蛋300多斤，收入1000多元。今年的鸡蛋价格走势良好，效益预计很好。李了亮对未来充满信心："现在鸡场正规了，门道咱也摸清了，扶贫小额贷款帮我家解决了难起步大事，女儿上大学也有了保证，今后我们一家人告别了穷光景，过上好日子。"

精准扶贫让甜蜜事业走上幸福路
——太原市阳曲县贫困户张占吉脱贫案例

【家庭档案】

张占吉，84岁，阳曲县侯村乡黄道沟村人。一户一人，体弱多病，虽有一双儿女，但各自分户对他帮助有限，2014年列为建档立卡低保贫困户。因户精准施策确定了以养蜂为主业的脱贫措施，同时，享受养老保险和高龄补贴并列入低保贫困户稳定增加收入，2018年顺利脱贫。

2018年5月18日，记者开车从阳曲县出发，沿着弯弯曲曲的山路，来到当地的侯村乡黄道沟村，找寻一位因病致贫的空巢耄耋老人——养蜂人张占吉。据随行的县扶贫办公室主任周峰介绍，这位老人已经80多岁的高龄，本该是颐养天年的时候，他却靠着勤劳的双手养起了蜜蜂。近年来，随着脱贫攻坚工作的深入开展，让他这个小家庭彻底摆脱了面朝黄土背朝天的穷苦日子，并依靠蜜蜂养殖，走上了一条甜蜜的脱贫致富之路。

走进张大爷的住处，眼前是一座平整的窑洞小院，与其他村户不同的是，小院一角摆放着几个大木箱。据张大爷介绍，这些木箱就是给他带来致富希望的宝贝蜂箱。可能是看到记者略带惊恐的表情,张大爷微笑着说道:"没事儿,不要害怕,蜜蜂不会主动蜇人哩。"

"张大爷,黄道沟村已经整村搬迁了,您为什么又回村继续养蜂呢?"

张大爷边整理蜂箱边缓缓地说:"我读的书不多,就是能吃苦,只要给我找准路子,我一定要做到最好,我还要养好身体,把日子过得越来越好、越来越富裕。"说着,张大爷又熟练地将捆蜂箱的带子装好。

"养蜂这只是第一步,最关键的还是取蜜。"张大爷热情地邀请记者到窑洞里看他的手摇蜂蜜机,张大爷并没多少文化,他也说不上这个"家伙"是怎么让蜂蜜从蜂箱里出来。只见他用颤巍巍的手将手柄安装好,然后便熟练地将手摇蜂蜜机转了起来。"你看!这蜂蜜就是这样在机器上甩下来的,甩下来之后我就把它灌到罐子里,什么都不加,蜂蜜绝对好吃!"据了解,依靠养蜂,张大爷每年增收超过5000元,大蜂箱成了他名副其实的"百宝箱"。说起当前脱贫攻坚,张占吉也是满脸笑容:"我活了80多岁,饿过肚子,经历过许多大运动,但这次扶贫真是前所未有的真扶贫、

耄耋老人张占吉的甜蜜事业

扶真贫，当年知青下乡，现在帮扶工作队进村，真正地为咱村里人办实事，村里镇上变化大，听从党的话，活在新时代，我要做力所能及的事，我要养好身子骨，好好看这世道变化……"

当初，张占吉因病返贫，几乎失去了生活的信心，脱贫攻坚的开展让他重新拾起养蜂技术，重燃了生活的希望，不仅战胜了病痛袭扰、经济困境，自己脱了贫，还与大家共同撑起养蜂"甜蜜产业"。

张占吉年老多病，根据国家的帮扶政策、措施和有关规定给予享受养老保险和高龄补贴2616元，低保收入3804元，农业和退耕还林补贴2000余元，村里还免费为他上了220元的医保。经过以上项目的帮扶，2018年张占吉纯收入达到了13000元。比前几年评为低保贫困户时，收入翻了好几番还有余，吃药住院不发愁了，人也精神多了。

目前，张占吉家有10箱蜜蜂，老人还打算在2019年继续增加养殖数量，致富思源、丹心不忘感恩，带动周边村民学习科学的养蜂技术，带动大家脱贫致富，在奔小康的路上不断前进。

张占吉在创新改造养蜂器材

只要肯努力　脱贫不负我
——运城市闻喜县贫困户郭东水脱贫案例

【家庭档案】

郭东水，闻喜县河底镇大峪村村民，是该村贫困户郭和英的长子，今年26岁，自幼残疾，不能正常行走。有低保和残疾救助。现今，父母常年在外地打工，弟弟在运城一所中职学校就读，平日里东水一个人在家孤独地生活。2014年郭东水家被评为贫困户，2015年脱贫。

2015年7月，康杰中学与河底镇大峪村结对帮扶，郭和英家也与康杰中学的党员干部建立了结对帮扶关系。2016年初，在帮扶工作队和帮扶责任人的入户走访座谈中，郭东水对帮扶队工作人员说出了自己的想法，尽管村里给他办理了低保和残疾救助，但一天天地就这样坐着不劳而获也不是个法子，他非常想通过自己的努力养活自己，为家庭增加收入，体现自己的生存价值。

通过几次的走访座谈，郭东水都坚持提出自己的想法，但是对于一个残疾人来说，想法固然很好，但必须结合他自身的实际情况，为东水选择什么样的帮扶产业，必须要慎之又慎，产业选不好，进行不下去必将挫伤东水的积极性。

工作队在经过认真的考察、思考后，决定和东水进行一次认真的交谈，从项目、资金、技术等多方面一起分析。最后，一致认为东水可以利用山区的有利条件发展土鸡养殖。在工作队和东水充分沟通并双方认为可行后，帮扶队在2016年5月份帮东水购回了小鸡，从此东水开始做起帮扶队为自己量身定做的产业——发展土鸡养殖。

搞养殖，对正常人来说都不容易，更何况是一个残疾人，困难是可想而知，但更大的困难是收鸡蛋。东水说每天收鸡蛋时，他都是脖子上挂个棉袋子，要费好大的劲才能把鸡蛋收完。有一次为收几个鸡蛋在挪动凳子时不小心摔倒了，一个人趴在地上，看着摔破的鸡蛋自己很是想哭，但却没有，硬是自个靠板凳又撑了起来，继续收鸡蛋。

工作队得知这种情况，又千方百计为东水争取了一台轮椅，结束了东

郭东水的土鸡蛋已被预订销售

水撑着凳子收鸡蛋的历史。在帮扶队的不断支持与鼓励下,东水凭着这样一股子毅力,一天天地坚持着,慢慢地也摸索出了自己的经验,什么时间喂鸡,喂多少,他都心里有数。

土鸡养殖的经济效益主要是来源于每天的鸡蛋产量。刚开始每天的鸡蛋产量不是很多,村干部经常直接就到东水家帮助把鸡蛋销售了。自2017年6月起,鸡蛋产量明显开始上升,半月二十天就能收回鸡蛋一大纸

自力更生的郭东水

箱。看着这么多的鸡蛋,单靠村干部销售已经远远不能满足,必须打开销售渠道。可是怎么办才能打开鸡蛋销路,又是摆在工作队的一个课题。

2017年7月,驻村工作队主动为郭东水送去了一百多个鸡蛋盘,并积极通过社会力量帮助销售土鸡蛋,当年就累计销售鸡蛋3000多枚。

过完2018年春节,天气陡然变暖,鸡蛋产量更是天天增加,不到一个月时间就产鸡蛋600多枚,看着满满一箱子的鸡蛋,卖给谁又让东水发愁了。工作队在走访东水家时发现了这个问题,"解决不了这个问题,驻村帮扶就不算帮到实处!"工作队干部这样说道。

一个偶然的机会,驻村工作队干部在单位的微信群中无意地说到了这个话题,大家都很热情,立即问道:"是真正的土鸡蛋吗?"在得到肯定的答复后,大家你30个他50个,转眼间时间把600多枚鸡蛋订购一空。通过这个事情,驻村第一书记突然想到,为什么不能利用单位同事这一庞大的消费群体帮助贫困户销售一些土特产呢?如果能架起这么一座桥梁,

既让单位同事吃得放心,又能让贫困户土特产快速销售,这岂不是两全其美!

2018年,驻村工作队已经通过单位同事帮东水累计销售土鸡蛋4000多枚。平时,土鸡蛋的销售价格是1元一个,紧俏时涨到1.5元一个。自2017年以来,东水累计销售土鸡蛋6000多枚,纯收益在3500元以上。

有了很好的销售渠道,每次东水拿着卖鸡蛋的钱,脸上都洋溢着幸福的笑。想着自己的土鸡养殖产业,在康杰中学帮扶工作队的支持帮助下,能给家庭不断地增加收入,也能够减轻父母的负担,还能帮助弟弟完成学业,东水的干劲越来越大了。他说:"老天对每个人其实都是公平的,我不会抱怨任何人。现在有工作队的帮扶,有那么多好心人的支持,我虽然不能为社会做点贡献,但我能够通过自己的努力养活自己,能够为家里减轻负担。"郭东水表示,今后他也要有追求、有梦想,不管以后的路还有多长,一定要为了自己的信念和梦想,去拼搏、去奋斗。

精准扶贫见实效　姐弟同圆大学梦
——阳泉市盂县贫困户梁爱平脱贫案例

【家庭档案】

梁爱平，54岁，盂县梁家寨乡对王只村村民，全家4口人。夫妇二人长期务农，两个孩子上大学，属因学致贫，于2013年识别为建档立卡贫困户。在教育扶贫政策多项扶持下，两个孩子顺利上学，通过扶贫工作队的帮扶和自我努力，于2017年顺利脱贫。

2019年6月，对于盂县梁家寨乡对王只村建档立卡贫困户梁爱平家来说可谓好事连连，一是即将大学本科毕业的女儿被一家教培机构录用，正在北京参加岗前培训，儿子也拿到了大学专科毕业证书，准备应聘对口的工作；二是家里的一间旧房子也修葺一新；三是去年畅销的红谷小米等小杂粮现在也长势喜人，全家对未来的生活充满了美好的向往。这些喜人的变化，不仅体现了党和国家扶贫政策给我国贫困人口脱贫致富带来的实惠，也凝聚着社会各界勠力同心脱贫攻坚不懈努力的一个缩影。

对王只村位于阳泉市盂县与河北平山接壤的盂县梁家寨乡东部，距乡政府18公里，距县城80公里，交通不便，信息闭塞，人均耕地1.67亩，建档立卡贫困人口34户103人，梁爱平家是其中一户。

1965年出生的梁爱平和妻子都出生在以务农为生的家庭，习惯了从土地里耕作为生，梁爱平年轻时曾外出打工，受伤后回家继续务农，家庭生活开支和孩子上学的费用基本就是靠那头老母猪生小猪的钱来维持。他们的两个孩子学习一直很努力，女儿梁俊青2015年从盂县一中考入晋中学院（二本）中文系，儿子梁俊星2016年考入晋中职业技术学院（大专）计算机工程专业。在为孩子考上大学高兴的同时，梁爱平夫妇也为学费发了愁。虽然国家的助学贷款政策让这个家庭缓解了交学费的燃眉之急，但仅靠种地的收入根本不能解决两个孩子的日常费用。

扶贫工作队进驻后多次到他家了解实情，针对村里2015年考入大学（二本A）的贫困户大学生因故未享受到教育扶贫政策补贴的实际情况，连续向盂县扶贫办、县农委专题报告反映情况，在扶贫工作队员的积极努力下，按教育扶贫政策给他女儿梁俊青补发了5000元助学金，解决了他家的实际困难。

脱贫后的梁爱平夫妇幸福生活剪影

背柴火的梁爱平很乐观

2017年暑假，在整理扶贫档案时，经阳泉市审计局领导同意，为正值暑期放假的大学生安排力所能及的工作，让他们增加收入，同时还协调市、县希望工程给梁俊青2000元的助学金，为他们完成学业尽一份力；梁俊星也享受到了"雨露计划"2000元的补助款。同年，阳泉市审计局职工自助捐款，对大病患者、80岁以上贫困户和在校大中小贫困户学生进行了慰问，其中大专以上的梁俊青、梁俊星姐弟俩每人收到500元的慰问金。

驻村扶贫工作队为鼓励村民发展养猪，为村内贫困户先后两次购买共68头猪仔免费发放，经过村民精心饲养，最后以每头均价2700余元出售，让村民得到养猪的甜头，带动村民发展养猪致富。梁爱平家养了两只猪，增收5400余元。

2017年以来，在巩固传统养殖、种植产业的基础上，村里用互助金建起了26.7千瓦光伏发电项目并入网，梁爱平家分红400多元。通过新建乡村机耕路、村容村貌提升工程等项目，鼓励村民投工投劳增加收入，梁爱平也通过日常在村内打零工增加收入，全家于2017年脱贫。

为了夯实帮扶效果，审计局驻村扶贫工作队确定新任局党组书记、局长巨建军与梁爱平结为帮扶对象。2018年除夕，巨建军来到梁爱平家慰问，当看到梁爱平家还没有安装网线时，巨建军自掏腰包为这个家庭开通了网络，那个场景至今还印在梁俊青的脑子里。梁爱平全家非常感谢帮扶人的真情付出，更加坚定了他们全家努力稳定脱贫成效的信心。

驻村扶贫工作队动员全局党员干部开展消费扶贫等活动，购买农户的花椒、核桃、红薯等各种农副产品2万余元。扶贫队员购买梁爱平家的小米、猪肉，给他们增收4900多元，货款直接通过微信转给外地上学的梁俊青，让她能安心学习，早日完成学业。2019年通过希望工程梁爱平家又增收1000元。

精准扶贫政策深得人心，梁爱平一家深有感触，如今稳定达到"两不愁三保障"。大学毕业的梁俊青深深感受到了中国共产党的伟大。她说："我们全家都感恩祖国！感恩党！我渴望成为一名优秀的语文教师，也希望自己能在未来帮助更多像我这样的贫困家庭的大学生，将爱的火炬传递下去。"

精准扶贫政策好　带来生活新希望
——运城市永济市贫困户李全法脱贫案例

【家庭档案】

李全法，1947年生，双手残疾，妻子患有心脏病。有3个儿子，大儿子成家分户家境一般，二儿子因车祸去世，小儿子因性格缺陷，至今未成家，与老两口一起生活在仅有的几间毛坯房中。是典型的因病缺劳力致贫，2014年6月精准识别为建档立卡贫困户。通过危房改造、扶持养猪产业，2017年成功摘掉了贫困户的"帽子"。

多年来，生活上的窘迫，经济上的困顿，使得太宁村贫困户李全法老两口在街坊邻居和亲朋好友面前"抬不起头、张不开嘴"，家庭状况一直得不到大的改善。

党中央的脱贫攻坚政策犹如一缕春风拂去笼罩着这个家多年的寒意。2015年由城西街道包村干部、村干部积极争取，为李全法申请危房改造扶持资金，盖了两间平房，解决了他们的安全住房问题。2016年，扶贫帮扶干部带着"扶贫任务"入户，了解了他家的情况后，开展针对性帮扶。在

李全法旧居

李全法新居

得知老人擅长养畜之后,与老人商量争取扶贫资金购买种猪,通过饲养繁殖增加家庭收入。

2016年12月23日一大早,帮扶干部尚宏喜拿着一张扶贫资金申请表快步走进老人家中,跟李全法讲明政策后,老人几度哽咽,一边感叹政府政策好,一边立刻表示自己绝不会辜负党和政府的政策恩泽,会靠自己勤劳的双手改善一家子的生活状况!村干部和帮扶干部为李全法申请了700元养殖扶贫资金,他本人另外借了300元,购买了一头种猪崽。从那天起,村干部和帮扶干部不放过任何一个机会,通过不同渠道介绍李全法学习现代养殖方法。李全法也靠着自己老当益壮的拼劲和善于学习思考的习惯,现在他家后院种猪繁殖一窝接一窝,猪圈里的猪数量不断增加。2017年底出栏30头,李全法家庭纯收入3万元,成功了摘掉贫困户的"帽子"。

截至目前,李全法的猪圈里大大小小的"宝贝"共有54头。另外,家里安装上了沼气,做饭和照明都不花钱。老人年逾古稀,但精神状态很好,把家里卫生整理得干干净净。

回顾在脱贫致富道路上忙忙碌碌的这5年,李全法感慨地说:"养猪让我起了步,新农合医保政府代缴,住院不用愁大额费用,房子也改造成安全住房,还有许多政策性红利。我这一辈子,亲眼见到新中国70年的经历,从解决吃饱到吃好,从解决穿衣到穿好,还有许多许多天上地上的大变化,感谢党、感谢帮助过我的这些驻村工作队,是他们让我老伴脸上的笑容越来越多,

李全法的脱贫产业养猪

是他们让我抬头挺胸走在路上,是他们让党的扶贫好政策在老百姓中开花结果,我们全家人将来的生活会芝麻开花——节节高!"

摘掉"穷帽子" 享乐最村人最想乐
——长治市平顺县贫困户陈新令脱贫案例

【家庭档案】

陈新令,平顺县享乐最村人,家有6口人。公公、婆婆年迈,两个儿子上学,2015年被识别为建档立卡贫困户。通过医疗、教育、危房改造、技能培训、花椒产业等精准扶持顺利脱贫。

陈新令,家里有丈夫崔孝军和两个儿子,还有公公、婆婆。们家居住在平顺县一个偏僻但美丽的小山村——享乐最。近年来,家里因负担两个儿子的上学费用,加上两位年老体弱的老人的医疗费用陷入困境(婆婆胃癌手术病愈,公公患有高血压和严重的静脉曲张)。因要照顾年迈的父母,丈夫不敢外出务工,只能在周边打点零工,经济收入微薄。2015年识别为建档立卡贫困户。老父亲常说:"政府也不容易,咱不能拖累政府,发家致富要靠自己努力。"丈夫崔孝军每天起早贪黑在周边村打零工,为增加收入,他经常抽空看书、上网学建筑技术,终于从小工变成大工。响应县委调产号召,家里种了100多棵花椒树,一年可以摘300多斤花椒。老父亲为减轻家里的负担,70多岁了拄着拐杖上地干活,大儿子大学毕业后在外打工，为了节省开支多挣钱，常常一年不回家，省吃俭用为了给家里多寄些钱。

政府的精准扶贫政策和驻村帮扶工作队给了他们很大的帮助，小儿子上学享受了"雨露计划"，解了燃眉之急，陈新令和丈夫也参加了政府的免费技能培训。帮扶工作队鼓励他们学习科学种植和花椒树修剪技术，提效增值。他们认真学习并努力实践，花椒树产业收入翻了倍。帮扶单位还帮陈新令的公公婆婆办理了慢病证，吃药基本上不用花钱，住院还有"136"政策（县、市、省定点医院住院，贫困户支出不超1000元，3000元，6000元），为他们减轻了许多压力。去年，陈新令的公婆居住的破窑洞，经过危房改造，面貌焕然一新，二老有了安全住房，可以安度晚年，高兴地感谢政策感谢党。卫生院还为两个老人办了健康扶贫"双签约"，签约医生按时负责为他们进行身体检查，并指导他们如何用药。"今年小儿子也顺利读完了大专，我们的经济负担减轻了，这几年的收入也大大提

陈新令母亲健康扶贫"双签约"

陈新令在采摘花椒

陈新令的安全住房

高了，感谢党的精准脱贫政策、感谢扶贫帮扶单位让我们的生活越来越好。"陈新令激动地说。

通过精准扶贫精准脱贫政策实施，享乐最村面貌发生了巨大变化，自来水入户、道路硬化、环境卫生搞好、家家户户有事做、孩子上学不用愁、生病住院不用慌、住房安全有人管，好事连连。如今摘掉"穷帽子"，享乐最村里人最想乐。老人们常说："现在的国家扶贫政策好，各项帮扶政策接地气、暖人心。帮扶单位住在村里头，走东家、进西家，和咱老百姓紧紧联系在一起，帮咱解决了不少困难，现在活的赶上好时候，只要咱大家付出辛勤的劳动，哪能没有好日子过！"现在，享乐最村全村上下处处是村民奋力拼搏的身影，处处有村民欢快的笑声，处处是美好的原生态田园生活画面。

扶贫扶志"酿造"的甜蜜生活
——临汾市汾西县贫困户陈红贵脱贫案例

【家庭档案】

陈红贵,汾西县僧念镇坂底村村民,全家3口人。陈红贵从小肢体残疾,老母亲又瘫痪在床需要长年照顾,2014年,因残被识别为贫困户。在国家扶贫政策的扶持下,鼓励其进行自主创业,参加养蜂技术培训,发展养蜂产业,参与该村光伏产业扶贫和村公益性岗位,于2016年全家光荣脱贫。

9月初,北方的天气已普遍转凉,但汾西县僧念镇这些天却格外炎热。中午,村民陈红贵佝偻着身子,在自家窑洞里翻看着手机微信。他说:"再过两天就中秋了,这两天买蜂蜜的人不少。有这方面信息的,大伙都发到群里了,看看谁家还有存货,大家一块帮着卖。"这次,他决定除了留一部分给蜜蜂过冬外,剩下的借此机会尽可能都卖了。

别看现在的陈红贵是一个善于经营、经验老到的养蜂专家,而就在几年前,他还是一个只会种地的贫苦庄稼汉。陈红贵从小肢体残疾,走路一瘸一拐,加上老母亲瘫痪在床,需要长年照顾,他无法外出打工,只能守着家中几亩薄田，过着日出而作日落而息、清贫而平凡的小日子。2014年，陈红贵由于残疾被评定为贫困户。

为了帮助这位身患残疾的贫困户，帮扶干部多次找到陈红贵，为他讲解扶贫政策，讲述周边脱贫致富的先进事迹和感人故事，并鼓励他加入脱贫致富的大潮中。在扶贫帮扶人员的不断劝说下，陈红贵的思想悄然发生了变化，"我要脱贫、我要致富"的想法在心底潜滋暗长。此后不久，在扶贫干部的帮扶下，坂底村成立了汾西县春晖养蜂专业合作社，采取"合作社+农户"的合作共赢模式，大力发展蜜蜂养殖业，建起了电子商务平台，经常邀请专家开展养蜂技术培训，发展养蜂前景广阔。陈红贵看到养蜂投资小、见效快，而且政府还对贫困户提供养殖技术及资金补贴。于是他就开始学习养蜂技术，并在政策帮扶下率先购买了10箱蜂种尝试养殖。他说："从想养蜂到开始养以及把蜂养顺，我用了一年多的时间，这个过

陈红贵的幸福小院

程真不容易。刚开始不懂得技术，好几次都是'蜂去箱空'。好在政府给提供养蜂培训，我就认真听专家讲，回来后学着做，那会儿我天天都是早上6点起来，一箱一箱地仔细检查，一个人在蜂场一待就是一天。经过几个月的观察和实践，才慢慢地摸清了蜜蜂的脾性，才把蜂养好。"

　　陈红贵勤奋好学，仅仅两年时间他家的蜜蜂养殖数就发展到30余箱。由于自身残疾，现有的养蜂工具对于他来说有着诸多不便，于是陈红贵就自己动手改进工具。在他家窑洞里，陈红贵指着蜂箱上的一个小物件，一脸自豪地说："这个把手是我自己改的，我腿脚不方便，原来来回搬蜂箱太费事，我就加了这两个把手，不用其他人帮忙，一个人就能出外面放蜂了。"除了蜂箱，在摇蜜机器、灌装工具方面陈红贵都花了不少心思改进。

　　在陈红贵专注的养殖下，他家产出的蜂蜜越来越多。汾西县食品药品监督管理局驻村工作队也积极帮助其打开销路，通过实体店、电商平台等多渠道销售蜂蜜，陈红贵年收益2万余元，生活得到了极大改善。在扶贫干部的支持下，陈红贵还带动了5户农户发展养蜂，通过指导他们进行蜜蜂养殖管理，充分带动了周边村民养蜂的积极性。如今，"一箱蜂子可抵两亩田"，已经成为当地村民的共识，养蜂产业也成了当地扶贫产业的一个亮点。

陈红贵还积极参与该村光伏产业扶贫和村公益性岗位。通过大型光伏、村级光伏扶贫收益陈红贵每年可分红2000余元。日常帮助村内倒垃圾，一年公益性岗位收益3000元。此外，陈红贵家里种植5亩玉米，年纯收入2000多元。而且贫困户的基本医疗保险、养老保险全部由政府代缴，大大节省了他家的开支，为他解除了后顾之忧，让他过上了衣食无忧的好日子。

扶贫先扶志，脱贫攻坚是一项系统工程，其中最为可贵的是战胜贫困的自主脱贫意识。在政府部门的帮助下，奋发图强、勤劳实干的陈红贵，在党的脱贫攻坚大扶贫政策扶持下，不仅用行动诠释了一步一个脚印的脱贫步伐，也为更多贫困户树立了榜样，激发着大家的脱贫斗志，用勤奋和努力，斩断"穷根"，增收致富。

汾西县脱贫产业参会者在陈红贵蜂场观摩

毛皮布条条　致富金带带
——大同市阳高县贫困户闫金花脱贫案例

【家庭档案】

闫金花，阳高县东小村镇上马涧村人，全家两口人。2014年识别为建档立卡贫困户。通过肉牛养殖、技能培训等帮扶措施，办貂皮小作坊等多种措施，2017年脱贫。

走进东小村镇上马涧村闫金花家中，一条条鲜艳的"彩带"飞舞着映入记者的眼帘。说起闫金花，村里人都竖起大拇指，纷纷夸她是女强人、女能人。

2014年前，闫金花和丈夫两人种了7亩责任田，一年忙到头，只能维持基本生活。如何尽快脱贫致富成为她的一块心病。2016年，镇政府帮他们家购买了一头肉牛，希望通过养牛帮助他们家走上脱贫致富之路。在驻村工作队和村"两委"干部的帮扶下，闫金花积极发展貂皮手工业，带动全村20多户贫困户走上了致富路，为全村贫困户脱贫致富起到了模范带头作用。

闫金花有种不服输、不向困难低头的个性。在反复考虑下，她和丈夫

闫金花在貂皮加工小作坊忙碌

合计着,不发展新项目,不靠科技、信息,仅靠几亩薄田和一头肉牛难以迈上致富大路。闫金花通过听广播、看新闻等渠道多方打听,了解到河北省阳原县的貂皮手工业制作近几年发展很快,是个挣钱的好行业。她果断决定只身一人去阳原县学习取经。2017年,她在村里办起一个加工貂皮的小作坊,她每天除了拉业务、跑订单,一有时间就扎进小作坊,一干就是十几个小时,几个月下来,人瘦了,腰包鼓了,通过小作坊,一年的纯收入就达到2万元。2017年底,全家实现了脱贫。

闫金花和村民在进行貂皮初加工

如今小作坊现已成为一个能同时拥有20—30人的小型加工厂。吃水不忘挖井人。随着事业做大，闫金花回馈社会的心愿越来越强烈。在她的带动下，已经有十几户贫困户加入她的团队中，闫金花免费给他们提供技术和场地，帮助他们尽快脱贫致富。

谈及今后的生活，闫金花满怀激情地说："走着总比站着强，动一动就能挣大钱。赶上好时代，扶贫政策大帮扶，勤劳能致富，生活靠自己。我相信，日子会越过越好。"

光伏扶贫点亮脱贫致富灯
——忻州市五台县贫困户王新明脱贫案例

【家庭档案】

王新明,48岁,五台县台城镇后岗村人,全家4口人。2014年因缺技术致贫被识别为贫困户。因他需要顾家,不便外出打工,于是帮助其申请扶贫贷款用于光伏发电,并学习光伏发电技术,家庭收入稳定增长,顺利脱贫。

在美丽的五台山脚下,有一个叫后岗村的小村落。巍峨的山峦,紧紧拥抱着土地,守护着一方淳朴、善良、勤劳的人们。村子里一排排灰黑色的发电板,幽静古朴的村落搭配着规整、整洁的设备,让这个村子散发着别样的魅力。

王新明,1971年出生在后岗村,与妻子王磊鑫一起养育着一对子女。妻子每天忙完农活就忙着照顾两个孩子,全家的经济重担都压在王新明一个人身上,因缺乏相应的致富技术,又忙于照顾家里,只能在家附近做些小活计赚取生活费用,什么脏活、苦活、累活都干。因缺技术致贫,2014年被识别纳入精准贫困户。面对生活的艰辛,王新明从没有一分抱怨,只是更加卖力地干活，更加细致地种地，靠着微薄的收入苦苦支撑。他并不是对美好生活没有期待，只是缺少资金和技术，拖累了发展的步伐。

2015年，后岗村为了帮助贫困户及早脱贫，积极引进光伏扶贫项目，当王新明

王新明家庭申请脱贫时留影

得知这一消息后，感觉到自己的生活迎来了转机。于是他主动配合驻村工作队、村"两委"班子对进村道路改造，同时对光伏发电用地进行平整和规整。他还认真学习光伏发电的相关知识，详细了解项目施工中的困难。2016年初，王新明申请扶贫贴息贷款5万元，全部用于光伏发电项目

农家房顶上的户用光伏

王新明家户用光伏

的投资。

项目是投资了,可是在安装组件时出现了很多问题,比如抽真空不够彻底,组件内部气泡回返,出高压釜之后,全玻组件出现电池碎片……解决这些问题,需要资金、技术、人力,这对于原本就很拮据的他,无疑是雪上加霜。在了解到他的这种情况后,扶贫工作队主动去他家中走访讲解,他也不断奔波往返于附近的村子,从点滴入手,终于掌握了光伏发电的整套技术要领。

2018年,学成归来后的王新明又投资13万元到电站,并于当年并网发电,一年下来增收1.7万元,年底顺利摘除了贫困"帽子"。王新明说:"现在觉得日子越来越有奔头了,感谢共产党的好政策,感谢新时期扶贫的好待遇,感谢帮扶责任人。现在我有信心了,最近准备利用起自家的几块地,参与杏林种植产业,再创点收。"

昔日贫困户　今朝发"羊"财
——忻州市保德县贫困户刘双枝脱贫案例

【家庭档案】

刘双枝，73岁，保德县林遮峪乡霍家塔村人，全家共有11口人。因病致贫，2014年识别为建档立卡贫困户。通过健康扶贫、养殖免费技能培训、养殖特惠补助扶持，2016年顺利脱贫。

73岁的刘双枝是霍家塔村的贫困户，祖祖辈辈在村务农、靠天吃饭的他，几乎一辈子没有摆脱贫困。但让老刘欣慰的是当地政府一直关注他的生活，从未放弃过对他的帮扶。特别是精准扶贫工作全面开展以来，刘双枝家借助这股春风，搞起了养殖。如今，靠着养鸡、养羊、养牛，他们一大家子终于走出了贫困的泥沼，凭借着自己勤劳的双手，在2016年脱了贫。

当霍家塔村第一书记赵丹领记者来到刘双枝家时，刚锄地回来的一家人正在吃早饭，匆匆吃过早饭，勤劳朴实的一大家人就各自行动起来，喂羊、喂鸡、挑水、铡草、打扫院落……分工明确、各司其职，一幅和谐的劳作场面展现在我们面前。这几天正好县里中考调休，在城里读书的孩子们也都在家，就连在神华中学上初一的小孙子刘吉祥也帮忙挑水、喂羊，做一些力所能及的事情。

刘双枝的妻子简单收拾后，和记者慢慢攀谈起来。2014年，她家被识别为建档立卡贫困户，全家共有11口人，两个儿子都在村里务农，由于大儿子患有长期慢性病，不能过度劳累，就在家里帮忙喂牛、铡草等；外出放羊的任务就落在了二儿子的肩上，老两口就帮忙种地、在家照应收拾，虽然穷，但一家人相互照应和谐共处。

考虑到他家的特殊情况，该村扶贫干部经常到他家"串门"，鼓励他们自我发展。县广播电台驻霍家塔村的第一书记赵丹和村"两委"班子成员多次商讨，认为饮水难、行路难、基础设施滞后是制约霍家塔村精准脱贫的最大瓶颈。她和工作队员们与交通、水利等部门积极对接，为全村争取项目，开工建设投资300多万元的通村公路，建成投资17万元的100立方米高位水池和4个供水点，解决了该村人畜饮水难的问题，同时也打消

刘双枝和帮扶工作队在一起

刘双枝家的羊群

了刘双枝发展养殖业的后顾之忧。

刘双枝开始扩大养殖规模，县里出台了贫困户养殖特惠帮扶政策，一头牛年补贴1000元，一只羊年补贴200元，家里领到了9000元的封顶补贴，乡政府和驻村工作队还为他送来了鸡苗，这为他解决了发展的起步难题。为了养好羊、牛、鸡，他不断学习养殖技术，积极参加各类扶贫养殖免费技能培训，边养边学。说起养殖心得，刘双枝讲得头头是道。每天一大早，刘双枝就起来清理羊圈、喂鸡、喂牛、放羊，虽然劳累辛苦，但他的脸上洋溢着幸福而满足的笑容。

"今年已经卖了150只羊了，一只羊大约能卖1000元，再加上卖鸡蛋和小杂粮的收入，一年下来，我两个儿子家一户就能收入10多万元。大儿子也健康扶贫'双签约'了，村医常来给我们检查服务，我们家还有户用光伏扶贫电站哩，一年也有2000多元收入，我们能摘掉贫困户的'帽子'，过上好日子，全靠党的政策好。"刘双枝激动地说。

刘双枝的妻子也开心地说："现在人们的消费越来越挑剔，绿色食品更受欢迎，我家的鸡都是放养的，饲料也是自己种的玉米，这样散养出来的鸡，肉质好，蛋香，所以鸡蛋也比普通鸡蛋的价格高了很多，现在市场价能卖到12块钱一斤。"采访结束时,随行的记者也给自己家的小孩买了几斤土鸡蛋。

眼下,驻村队员们正帮着刘双枝家申请办理养殖合作社,同时积极申请扶贫产业发展资金,准备投资20万元进一步扩大养殖规模,新建一个标准化的养殖场。他们说:"留在村里的大多数是建档立卡贫困户,还有些无法外出打工的妇女、老人,通过合作社的带动,可以吸纳更多的贫困户搞养殖,在家门口就能赚上钱。"

"刘双枝一家人穷志不穷,非常勤劳,在大家的帮扶下,起早贪黑,一心一意发展养殖产业,终于走出了困境。他家现在饲养了400多只羊、7头牛、40只鸡。这些努力已经让他们一家人有了实实在在的收益,不仅仅激活了产业扶贫'造血'功能,更是激发了贫困户脱贫内生动力。"该村第一书记赵丹说。

刘双枝家能有今天这翻天覆地的变化,源于国家精准扶贫精准脱贫政策的大力扶持,还有源于这一大家子人身上那种吃苦耐劳、团结一心、顽强拼搏的精神。全村正是有了像刘双枝这样的脱贫致富信心和干劲,霍家塔村已于2017年底整村脱贫退出。

刘双枝在羊圈忙碌

旅游扶贫"农家乐"　让咱生活乐开花
——长治市平顺县贫困户岳松堂脱贫案例

【家庭档案】

岳松堂,平顺县石城镇岳家寨村村民,2015年建档立卡贫困户。在优惠政策的扶持下参加农家菜厨艺技能免费培训学习烹饪,开办"农家乐",2016年底,摘掉贫困户的"帽子"。

"没想到野菜、土鸡、石头屋都能变成宝,咱岳家寨遍地都是'金'啊!"昔日靠种花椒树勉强度日的贫困户岳松堂,是村里最早开起"农家乐"的,生意红火得不得了。仅仅几年时间,岳松堂从年收入不到1000元的贫困户变成年收入10万元的致富能人,轻轻松松摘掉了贫困户的"帽子"。今年62岁的岳松堂,是平顺县石城镇岳家寨村村民,2015年被识别为贫困户。这两年多来,他和妻子在优惠政策的扶持下学习烹饪,开办"农家乐",终于在2016年底,摘掉了贫困户的"帽子"。说起一直陪伴自己的妻子任换先,岳松堂内心充满了感激和愧疚。

原来岳松堂从小家庭条件就十分困难,在他的印象里,身患残疾的父亲和体弱多病的母亲,总是在夜深人静的时候长吁短叹,两个姐姐在

山上采药材卖掉贴补家用。除此之外，一家人只能靠着务农的微薄收入来支撑整个家庭的支出。穷人家的孩子早当家。因为家里经济条件差，岳松堂年少时不得不放弃了学业。从那时起，他就帮父母分担起了家庭的重任，翻地、种地，一晃岳松堂到了娶亲的年轻，由于家庭原因，始终没能如愿。山里的生活艰难而又漫长，直到后来遇到现在的妻子时，岳松堂的家庭条件还是十分困难。有人说："这么困难的家庭，还有人肯嫁给他。"听着这些话，他默默立誓一定要让妻子过上好日子。

怎样才能过上好日子？给妻子一个像样的家是这么多年岳松堂的心愿，岳家寨整个村庄处于山体断层平台之上，石板房、石板路、石磨、石碾、石水缸，呈现出一片石头的世界，优美的自然环境、良好的生态环境、淳朴自然的人文景观和独特民风民俗，这些都对外界的人们产生了巨大吸引力。岳家寨村利用地理条件的优势在村"两委"会上商量决定发展乡村旅游才是唯一出路。岳松堂得知这一信息，想通过乡村旅游发展自己的事业，然而发展什么是自己最头疼的事。与村支书沟通后，认为发展"农家乐"是唯一的脱贫方式，为了开办"农家乐"，岳松堂东拼西凑了两万元钱，自己找人设计图纸。为了省钱，在原有的房屋基础上自己出工出力改造成标准化"农家乐"。贤惠的妻子把里里外外收拾得干干净净，两口子的日子也似乎有了希望。然而祸不单行，孩子病故，对老两口的打击很大，这才让岳松堂和妻子不得不迈出了申请贫困户的这条路子。

其实，岳松堂打心眼儿里不愿意当贫困户。他说："家里出了事没有了劳动力。有时听到别人说'贫困户躺着也能拿钱'这种话时，总觉得脸上火辣辣的。"

2018年，岳松堂和妻子参加了平顺县免费举办的"农家乐"、农家菜厨艺技能培训班。学了点技术，他们对做好"农家乐"发展更有信心。

随着岳家寨村名气越来越大、品尝农家菜的游客络绎不绝。瞅准了

风景如画的太行山岳家寨村远景

干净整洁的村街巷道

这一点，岳松堂找到驻村第一书记，主动说出了自己的想法。看到这位贫困户积极向上的精神状态，第一书记多方协调，在政策上帮扶或是在资金上帮助。终于，岳松堂一家人办起了自己的"农家乐"，成为岳家寨村脱贫致富的带头人。正是投入了实诚的一颗心，不管是地方风味的菜品还是就餐的环境，都让客人赞不绝口。

一年下来，除去成本后竟然能有8万元的收入。在依托旅游扶贫的创业路上，岳松堂和妻子虽然付出了辛勤的劳动，但脱贫后的一家人，心里充满了对党和政府的无限感激，脸上时常洋溢着幸福的笑容。

"夫妻二人半只眼"　脱贫路上看得远

——大同市阳高县贫困户张全脱贫案例

【家庭档案】

张全，阳高县大白登镇潘寺村人，全家3口人。2014年被识别为建档立卡贫困户。通过易地扶贫搬迁、公益性岗位（文艺宣传员）、经营红白理事会等措施，2017年底顺利脱贫。

一声声清脆而嘹亮的唢呐声从大白登镇潘寺村的东南方向阵阵传出。循着美妙而悦耳的唢呐声，笔者推开了一扇厚实的院门，主人公正在院子里悠闲地吹着《幸福像花儿一样》的旋律。

现年60岁的张全自幼眼疾，只有一只眼睛能模模糊糊地看到东西。有一技之长方能安身立命，22岁就跟随村里的能人师傅学习吹唢呐。虽然身患残疾，但他吃苦耐劳、奋发拼搏的精神感动了邻里乡亲，村里帮他张罗了一位双目失明的媳妇，从此"夫妻二人半只眼"。村干部和街坊四邻都为他们夫妻今后的生活感到担忧，但命运总会眷顾不满现实、敢于拼搏的人，张全一边在乐队里打零工维持生计，一边在琢磨如何才能过上更好的生活。

2014年被识别为建档立卡贫困户后，张全一家3口人，在镇党委政府、驻村工作队的帮扶下，购买了良种母猪，想通过出售猪仔增加收入，但因缺乏养殖技术收入甚微，走不出贫困的现状。经过驻村工作队和村"两委"干部多次商议，决定发挥他的特长，聘请他为村级文艺宣传员（公益性岗位），又帮助他组建了乐队。在驻村工作队、村干部的帮助下，购买回一套崭新的餐具、桌椅，形成了农村红白喜事一条龙服务。凭着他诚信、认真、服务到位的经营理念，很快就承揽了周边乡村的红白宴席。截至目前，仅凭这项生意，收入增加5万多元。通过镇政府的帮扶，驻村工作队、村干部和自己的不懈努力，2017年底张全一家彻底摘掉了贫困的"帽子"，他的唢呐声也吹遍了周边乡村的每一处角落。

2017年初，镇政府考虑到他居住的窑洞常年漏雨，存在安全隐患，又帮他申请了易地扶贫搬迁项目，现在他已经住进了敞亮的3间大瓦房。

潘寺村党委书记潘廷讲道："张全是个能人，比咱们健全人都能，也

民间艺人张全吹唢呐

张全和他的安全住房

是个知恩图报的人,村里开展各项工作,他都积极帮着宣传,前富不忘帮后富,长期雇用村里6个贫困劳力,带动他们一起脱贫致富。"

说到今后的打算时,张全信心满怀地说:"现在的精准扶贫政策这么好,镇里又帮我盖了新房,下一步,我还要更加努力,准备开个饭店或超市,好好干一番,这是我有生以来最幸福的时刻了!"

养羊发电两不误　扶贫扶志寻出路
——临汾市安泽县贫困户崔保林脱贫案例

【家庭档案】

崔保林，安泽县良马乡英寨村人，家中4口人。妻子患有精神疾病，长期需要家人的照顾，两个儿女上学，靠耕种十几亩玉米地生活。2013年底建档立卡。扶贫人员送去羊羔并教授养羊技术，申请小额贷款、建户用光伏发电站并借助国家多项扶贫政策扶持，2016年底脱贫。

在英寨村车沟组弯曲的乡村水泥道旁，有几间砖房，崔保林一家4口常年居住在这里。泗河水缓缓从门前流过，山上松柏苍翠，山涧有一片片的玉米地。屋后用木栅栏圈出了一小片菜地，绿油油的菜苗长势喜人，紧靠菜园边上用石头整整齐齐地堆砌出一个羊圈，养了几只山羊，一只待产的山羊悠闲地吃着秸秆。放眼望去，院落井井有条，地面干净整洁，咩咩的羊叫声、家庭的欢笑声，让整个小院充满了生机，俨然一副世外桃源的景象。现在的日子对于崔保林一家来说过得有滋有味，有谁能够想到就在几年前他的家庭完全是另一种生活状态。

良马乡干部走访英寨村贫困户崔保林

过去崔保林给人的印象，就是一个终日面朝黄土背朝天的庄稼汉。他家一共有4口人，妻子患有精神类疾病，长期需要家人的照顾。儿子初中毕业便外出打工，女儿正上初中。家庭的责任和生活的重担压得崔保林喘不过气来，家中物品摆放杂乱，十几亩玉米地完全是靠天吃饭。被识别为建档立卡贫困户后，扶贫工作队针对崔保林家庭特殊困难，与他实行了结对帮扶，不断为他讲政策、送温暖。制定切实有效的帮扶措施，并化为实实在在的

崔保林的养羊场

动力与行动，帮助他转变了思想观念，点燃了他对生活的希望。

2017年9月，帮扶工作队早早地就来到村里，为崔保林送去一只羊，并详细指导养羊的技术。此后的生活，崔保林除了每天种地，回来的时候还不忘捎一捆玉米秸秆来喂羊，小日子日渐滋润起来。年初，一只小羊羔还为他换取了500元的收入。尝到养羊甜头的崔保林决心不断扩大养殖规模，随着养殖数量不断增加，他的生活一切都朝着更好的方向发展。他说："有这么好的政策支持，我一定要好好养羊，只要羊崽成群了，就不愁没有好日子过。"

通过养羊，崔保林燃起了脱贫致富的干劲，对扶贫优惠政策充满了信心。期间，恰逢当地干部走访入户介绍光伏扶贫项目，在听到这一惠民政策后，崔保林毫不犹豫地申请加入。为了顺利安装光伏，他在当地政府的帮助之下申请了小额贷款、财政贴息。很快，光伏电板就安装并实现了并网发电，仅通过这一项，崔保林每年可增收4000余元，光伏发电项目为其开辟了稳定的增收渠道，加快了脱贫致富的步伐。

享受了政策优惠，崔保林脱贫致富的想法也大胆起来。他积极响应村里调产号召,将自家的玉米尝试换作辣椒。没承想,试种收回辣椒后效益竟然远远高于种植玉米收入。这让崔保林立下决心扩大辣椒种植规模并虚心请教辣椒种植方面的知识,立志成为村里的辣椒专家。

有了可靠的生活来源,崔保林一家子生活有了翻天覆地的变化。过去女儿每次开学他都会为学费、生活费发愁好久,如今家底殷实了,让他对儿女未来求学路更是充满了期待。"现在不一样了,只要孩子愿意念书,她上到哪儿我就供到哪儿。"崔保林自豪地说道。久违的笑容出现在这个50多岁男人的脸上。这一承诺不仅是他对新生活的憧憬,更是对国家扶贫政策的信心与期待。我们相信,只要贫困户自身有一颗强大不屈的心,他们总能通过自己勤劳的双手,走上这条脱贫致富的康庄大道。

崔保林自豪地笑了

磨难人生尽坎坷　永不言弃报党恩
——临汾市吉县贫困户郭东月脱贫案例

【家庭档案】

郭东月，55岁，吉县屯里镇安乐沟湾里村村民。自身残疾，妻子常年吃药，是典型的因病致贫。2014年识别为建档立卡贫困户，享受小额贷款、健康扶贫等政策，2016年脱贫。

郭东月家住屯里镇安乐沟湾里村，受地理条件的限制，村里大多都靠种植玉米为生，但玉米的经济效益并不是很好，仅靠种地打粮，实在不足以养活一家老小。好在郭东月是个心思活络又脚踏实地的勤劳汉子，除了种地，他利用农闲时间出去打工，将自己练成了泥瓦匠好手，家里的日子也还算过得去。

天有不测风云。2002年，郭东月的妻子张玲巧患上了萎缩性胃炎胃溃疡。萎缩性胃炎胃溃疡想要根治十分困难，张玲巧需要常年吃药，每年的春秋两季还需要住院治疗。

而坎坷的命运，并未放过郭东月。2004年的时候，饱受病痛折磨的张玲巧又患上了脑供血不足的病症。看着每天被病痛折磨的妻子，郭东月心疼万分，他只好放弃外出打工的机会，留在村里照顾妻子。

由于郭东月的父辈都是木匠，他从小耳濡目染，也拥有精湛的技艺。郭东月和妻子再三考虑，决定重新拾起木匠的手艺，这样不仅可以照顾妻子，还能在家挣钱。很快，郭东月的木材加工作坊就红红火火地开起来了，家里的日子也渐渐好转。屋漏偏逢连夜雨，2013年8月，郭东月在驾驶三轮车的时候，右手绞进三轮车的三角带里被严重夹伤，经过一番治疗，他的无名指还是没有保住，被定为四级残疾。对于一个靠手吃饭的庄稼汉，这无疑是个致命的打击。偏偏这时因为林业政策，郭东月的木材加工作坊需要关停。他十分清楚这个木材加工生意对自己的重要性，但是他毅然决定响应政策，关停了木材加工作坊。

失去了无名指还失去了加工作坊，这让郭东月一时间茫然失措，看着被病痛折磨的妻子，不知道该如何是好。鉴于郭东月家里的情况，2014年，他们家被识别为建档立卡贫困户。

为了帮助这个陷入困境的家庭，安乐村第一书记、驻村工作队以及村

郭东月在清运垃圾

郭东月积极育苗造林

"两委"多次去到郭东月的家里,为他家走出困境想办法、找路子。大家了解实际情况后建议,郭东月可以将他之前的木材加工生意转型,进行家具的加工制作。

找到了合适的路子,大家立刻行动起来。村"两委"和驻村工作队帮助他跑手续、筹集资金、协调场地,郭东月自己也积极地调查市场做准备。在多方努力下,郭东月的木材加工作坊顺利转型。虽然郭东月右手有伤,做家具的速度比较慢,但他并没有气馁,加班加点、没日没夜地工作。与此同时,郭东月妻子的状态一天比一天好。看着生活再一次步入正轨,郭东月的心里也越来越舒畅,于是闲不住的郭东月,又有了新的想法。

2016年,经过慎重的考虑和缜密认真的考察,郭东月用扶贫政策中的低息贷款,购置了一台小型的装载机。自从这台装载机到了郭东月的手里,一刻都没有闲着。平地、挖土、推土、装卸,装载机为郭东月带来了可观的收入。他时刻不忘自己共产党员的身份,经常用自己的装载机为村里的父老乡亲义务帮忙,主动清理村里堆积的垃圾,为乡亲们出一份力。2016年底,经过多方帮扶和自己的努力,郭东月成功脱贫。

现如今，郭东月将自己的事业再次转型，开始积极参与林木保护工作，不仅通过土地流转种了5亩树苗，积极植树造林，还成了村里的护林员。他从村里的建档立卡户中挑选有劳动能力的人来打工，为4名贫困群众提供了长期务工的机会，也为他们找到了脱贫之路。他说："现在国家提出了保护森林的生态环保政策，作为一名共产党员，我就要有这个觉悟，靠我的双手保护资源，让我们的儿孙都能享受到这片绿水青山。"

摆脱贫困，是人类世世代代念兹在兹的共同梦想，奋力摆脱贫困是广大贫困户的最大愿望，我国从救济式扶贫到开发式扶贫，再到精准扶贫精准脱贫，开辟了中国特色道路。郭东月全家不等不靠不要，穷则思变，响应国家生态绿色政策，积极转型发展，诠释了一名农村共产党员带头脱贫不忘党恩的初心。

鸡生蛋蛋生鸡 我养鸡鸡养我
——忻州市神池县贫困户乔文明脱贫案例

【家庭档案】

乔文明,因缺技术,2014年列为建档立卡贫困户。通过产业政策帮扶和自身努力,由一个贫困户转变成了"鸡司令",实现了稳定脱贫。

乔文明手指着自家院落和周边坡地上自由觅食的散养土鸡,乐呵呵地和记者说道:"我养了鸡,鸡养活了我。所以只有自己真正树立起摆脱贫困的斗志和勇气,以劳动奋斗就是幸福的姿态。只要辛勤努力,就能真正实现稳定脱贫。"

乔文明的脱贫之路不仅靠驻村工作队、第一书记的"输血"帮扶,更重要的是靠自己辛勤劳动改变贫困落后面貌的自身"造血"功能。2016年4月,在驻村工作队、第一书记、村"两委"的帮扶引导下,已过耳顺之年的乔文明利用自家房前屋后及周边坡地的空地建起了生态散养鸡场,引进散养鸡苗300只。初次饲养,肯定免不了下一番功夫。他时常蹲在鸡群里,摸索生态散养土鸡的生活习性,一旦发现病鸡及时隔离饲养,虚心请教有关养殖技术人员,亲自给鸡精心用药调理,直至康复。虽然是初次搞养殖,但在乔文明的精心饲养下,第一批鸡苗成活率就接近90%,于当年10月份开始产蛋。

市场上常见的养鸡模式多为棚养,养鸡密度较高,没有足够的活动空间,导致鸡体质不优,且鸡饲料为复合饲料,产蛋品质不高,市场销路不好。乔文明的生态散养鸡则不同:他围起来的鸡场共20余亩,散养土鸡整天在宽阔的场地活动,体质优良,同时严格把控养鸡饲料,以玉米为主,辅以麸皮、麻糁,还可以自由觅食蚂蚱等昆虫,补充足够的蛋白质、维生素,坚决做到不喂加工饲料。足够的运动量和自然生态喂食,土鸡产蛋自然是"良心品质,放心鸡蛋",销售甚是乐观,十里八乡的人们总是不辞路途辛苦登门购买乔文明的绿色生态散养鸡蛋。

从陌生到熟悉,从熟练到精通,乔文明的生态散养土鸡技术逐步成

乔文明在收割草用于喂鸡

熟，鸡场的经营渐渐步入正轨，效益逐年递增，他依靠生态养鸡实现了稳定脱贫。他的吃苦耐劳和钻研劲儿使得鸡场前景越来越好。2017年，他又购买回一台小型孵化机，开始自己孵化鸡苗，一部分鸡苗用于扩大养殖规模；一部分鸡苗出售给邻近村养鸡农户。2018年，生态散养鸡已经扩大到了600多只，为了巩固脱贫成果，乔文明加固扩大了鸡场围栏，修建完善了鸡舍。

2019年，乔文明在继续发展生态散养土鸡的同时，又担任起了戎家梁村一家村办企业的林麝特种养殖饲养员。林麝养殖属于高收益、高风险产业，林麝饲养容不得半点马虎。乔文明通过请教林麝养殖技术人员、读书看报、上网等途径积极主动掌握林麝养殖技术，通过一整天一整天盯看监控、小心翼翼地进圈观察等方式深入了解林麝生活习性，早起晚睡、加班加点精心配制的饲料，保证了林麝饮食的安全营养。在乔文明的精心饲养下，林麝个个长势喜人、活泼灵动，乔文明也大大增加了收入。

"志气这东西是能传染的，你能感染笼罩在你的环境中的精神。那些在你周围不断向上奋发的人的胜利，会鼓励激发你做更艰苦的奋斗，以求

乔文明的家

乔文明的养鸡场

达到如像他们所做的样子。"乔文明通过生态养鸡、饲养林麝不仅实现了自己稳定脱贫,而且还真切感染到了身边的人,让身边的人坚定了脱贫致富的信心,带动村里家家户户发展起了庭院养鸡,一起为美好幸福生活辛勤劳动努力奋斗。

此刻的乔文明和乡亲们又蹲在那里照看着新一批散养鸡苗,熟练地扬撒着饲料。我们相信,这些像乔文明一样有志脱贫致富的人们一定能够摆脱贫困、发家致富,同全国人民一道进入全面小康社会。

脱贫路上自强不息的"犟女子"
——大同市阳高县贫困户李秀平脱贫案例

【家庭档案】

李秀平,阳高县古城镇赵石庄村人,家有3口人。2014年识别为建档立卡贫困户。通过易地扶贫搬迁、金融扶贫小额贷款、教育扶贫、技能培训等帮扶措施,2017年脱贫。

在阳高县古城镇赵石庄村一提起李秀平,人人都竖起大拇指,直夸她有骨气,够要强,是一个"犟女子"。

李秀平现年49岁,2012年丈夫因病去世后,她带着两个孩子,独自扛起了全家的生活重担。不服输的性格和生活所迫激发了她与生俱来的"犟劲",李秀平决心要通过自己的勤劳,改变这种窘迫生活的现状。

2014年识别为建档立卡贫困户后。在镇政府的帮扶下,用扶贫资金购买了肉牛,并申请了5万元的金融扶贫小额贷款,子女也全部享受了教育扶贫资助,李秀平在感谢党和政府的关怀之余,认定一定要靠自己的努力来改变家庭面貌。

李秀平看到村里人打工都致富了，她辗转反侧，反复思量，开始在各个村询问有没有女人们可以干的活儿，寻找能当天回家照顾孩子，又能打工赚钱的活儿。当她看到有几个女人在给小树刷漆，她就上前去问，不曾想，这里正缺人手，当时李秀平立即上岗开始投入工作。李秀平刷起树苗来是又快又好，工地负责人非常满意，不仅经常有活给她干，还形成了经常性合作关系，只要有了类似的活儿，该负责人就会找到李秀平。有时候，由于活儿集中，李秀平自己干不过来，她就把本村里的女人们带过来一起干，不仅增加了收入，还形成了一支稳定的女子服务队。

2017年，她带领赵石庄女子服务队承包了四干渠抹水泥缝的工程。这可是从未有过的挑战，于是，她带领的七八个女工人每天起早贪黑、自带干粮，一尺一寸地认真测量，一尺一寸地认真检查，真正做到了均匀入缝不掉渣。奋战一夏天，她的身影深深地刻在了村

李秀平打零工包装果脯

李秀平正在水泥硬化工地忙碌

农田里的李秀平

民的眼里。工程终于成功通过了验收,她们人均增收近万元。

李秀平这个"小工头"成了全村贫困户的榜样,日子过得越来越好,自强不息的"犟女子"终于脱贫了!

2019年,她又带领女子服务队承包了抹沥青缝的工程,村里面的闲散妇女们纷纷找上门来,要求加入她的服务队打工挣钱。由于这项工程一下子无法解决她们的打工问题,她就又组织妇女们去大同县及周边乡镇摘黄花,使村里面的妇女们真正"忙起来"了。

脱贫攻坚让好日子更有奔头
——忻州市河曲县贫困户王兴弟脱贫案例

【家庭档案】

王兴弟,49岁,刘家塔镇黄尾村贫困户。有3个孩子上大学,因学致贫。通过教育扶贫、小额信贷等相关扶贫政策,2018年脱贫。

"我从小家穷,父亲有病,基本没念过什么书,大字也写不了两个,就下定决心,不管怎么难,一定要让3个娃娃念书,能念到什么程度,就供到什么程度。"这是王兴弟这辈子最大的心愿,为了这个目标,吃多少苦他也心甘情愿。

为了供孩子们读书,王兴弟夫妻两人甩开膀子大干苦干。"咱也没别的本事,当好农民,搞好种植、养殖是正道。"王兴弟两口子种了60多亩地,除了自家的15亩,其余都是流转租来的。其中,马铃薯种了15亩,都是脱毒马铃薯优质品种。王兴弟种地肯动脑子,相信科学,早在6年以前,村里人还不知道脱毒马铃薯是怎么回事,他就多方打听,一个人跑到兴农公司买微型薯,他是全县第一个主动要求培育微型薯的农民,兴农公司除了教他培育种薯的技术以外，还特意每袋优惠了150元作为奖励，这让王兴弟非常高兴，一次性买了10袋。

这几年，他每年花七八千元调取晋薯16号、青薯9号等优质品种，培育成原种后，就开着自己的三轮车到周边村庄卖，为了能卖的价钱高一点，他常常跑4个小时车程去内蒙古薛家湾卖。种薯1斤最多卖到1元钱，平均每斤8毛。王兴弟感觉到，自从种了脱毒马铃薯，增产效果很明显，2018年天旱，亩产仍然达到4000多斤。

除了种地，王兴弟还在自家庭院里养猪、养羊、养驴，把种植、养殖发展成了简单的循环经济。自家种植的玉米不出售，全部用来喂猪、喂羊。他养猪已经三四年了，打的是地地道道的"农家猪肉"品牌，现在存栏肉猪14头，母猪1头，300多斤的大猪3头，百十斤的10头。去年，王兴弟自己杀了13头猪，开着三轮车在周边村卖，最远的市场也会跑到内蒙古那边去，每斤卖到16元的价格。现在王兴弟的肉猪暂时还没有出售的意思，他算了一笔账，猪肉价现在不高，即使卖到每斤12元，也仅能保本，没有赚头，他打算等到入冬以后再卖。

王兴弟在羊圈忙碌

说起王兴弟养羊,已经有近30年的历史了。当初结婚的时候,家里很穷,是自己的岳父给了两只羊起了步,以后就没有间断过。现在的规模也是这些年来最大的。到了秋天,有10只羊就可以出栏了,每斤卖到11元,每只70多斤,能卖七八千元,再加上一些积蓄,孩子们开学的学费就凑齐了。

王兴弟夫妻俩每天天不亮就到地里忙碌,回到家先喂猪、喂羊、喂驴,然后才给自己做饭,一家

猪肉行情不错,增加了王兴弟干活的动力和积极性

人吃中午饭的时间是下午3点,天天如此。付出总有回报,孩子们非常争气,一个接一个考上了大学。王兴弟高兴地说:"我知足了,知足了。"靠自己勤劳的双手,培养出3个大学生,这在村里屈指可数,更让这村里人羡慕不已。

2016年,大儿子已大学毕业,二女儿大学二年级在读,小儿子今年加了高考,开学就是大学生了。3个孩子读高中、读大学的过程中,先后都享受了"雨露计划"等教育扶贫政策,累计帮扶近万元,这可帮了王兴弟的大忙。"党的扶贫政策那么好,自己要是不勤劳怎么对得起党?"王兴弟对此感激在心。"我的孩子们特别懂事,知道父母不容易,在学校里,吃的是最省钱的饭,从来也不乱花一分钱。"王兴弟非常欣慰,不仅如此,家里秋收大忙的时候,3个孩子都会争先恐后地帮助父母干农活,完全没有大学生的架子,喂猪、喂羊、收割,样样是好手。现在,大儿子已经凭

自己的能力找到了工作,女儿今年也要实习了,眼看着孩子们自食其力,王兴弟有一种越来越强烈的感觉:自家的好日子更有奔头了。

2017年,王兴弟申请了小额农贷5万元,入股企业,每年能分到4000元的红利,加上养殖、种植上的收入,2018年,王兴弟成功脱贫。"我打算将来还要扩大养殖规模,养上百十来头猪,50多只羊,那样我们家就不只是脱贫,还要走上致富的道路了!"王兴弟感慨地说。

在脱贫攻坚决胜时期,王兴弟只是脱贫路上千万个勤劳肯干走上致富路的脱贫户的缩影。在国家扶贫政策的支持下,他们不等不靠、用心做事,用勤劳脱贫致富,让一贫如洗的状况成为历史,朝着小康生活不断迈进。

王兴弟在蓖麻地里采叶养蚕

下了山 上了班 心里舒坦
——晋城市陵川县贫困户李志秀脱贫案例

【家庭档案】

李志秀，53岁，陵川县六泉乡小翻底村人。因缺资金缺技术2014年底识别为建档立卡贫困户。通过产业扶贫、劳动力转移、移民搬迁等扶贫政策和资金扶持，2017年顺利脱贫。

头顶的太阳时而火辣辣，时而又钻进浮云里，眼前这1亩多党参苗已经有1尺多高，顺着枝蔓丛生的苗茎，灰绿色的叶片两面或疏或密贴伏着一层绒毛，这就是李志秀的党参田，也是自家的脱贫"法宝"。

"真是赶上党和政府的好政策了！"李志秀开心地说，"县里头在沙上头村集中修建的易地扶贫搬迁小区，已经分下来钥匙了，让我从小翻底村下了山。第一书记又刚刚告诉我，可以到村里的合作社去'上班'挣工资。没想到老了老了，还能上班挣工资，这日子过得心里舒坦呢。"

李志秀家一共5亩多耕地，散布在山前山后周围十几个地方，最大的就是那1亩多的党参，最小的就一小绺儿，还不够3分地。山里气候冷，无霜期短，种玉米根本就不合算。扶贫队在经过调查后，建议李志秀种植

"五花芯"党参。

可党参种植又是个需要较长周期的项目，怎么解决当下的"两不愁三保障"问题？第一书记和帮扶干部又和李志秀夫妻俩谋划了一番。小翻底毗邻赵汕岭村蔬菜集散中心，完全可以利用好这个便利条件。在众多的蔬菜品种里，圆白菜——也就是百姓常说的"苤蓝"，是一个不错的选择。圆白菜耐寒、抗病、适应性强、易贮耐运、产量高，再加上含有大量人体必须营养素，市场需求量一直很大，而且价格相对稳定，收益期短，可以在一两年之内，就让志秀家的精准脱贫有起色、见成效。

在帮扶工作队的努力下，小翻底村成立了"金榆豆"合作社，主要经营的就是种植和培育云杉、国槐、连翘、党参、黄芩等幼苗。村里的贫困户想发展药材产业，合作社承担种子和肥料钱，收获之后再结算。以李志秀和秋玲一家为代表的贫困户几乎是"零成本"地种上了药材。帮扶干部又专门把李志秀送到农业技术培训班去住了一段时间，真别说，专家讲的，全都是李志秀怎么也捅不破的那层"窗户纸"。这下好了，好政策兜底，合作社助推，技术员撑腰，李志秀家的党参亩产达到了300斤，光是1亩地的纯收入就能突破6000元。再加上国家给贫困户种植党参每亩补贴800元，种植黄芩每亩补贴500元，仅仅两三年光景，李志秀和秋玲总算是

李志秀在中药材地里拔草

能松口气了。

　　在李志秀家里的墙上，挂着帮扶档案袋，精准扶贫政策实施4年多来，住房、医疗等有了保障，家里的光景一年比一年强。2016年，家里人均可支配收入3196.6元；2017年上升到6289.5元；2018年达到了7791.55元。看着脱贫攻坚这年复一年、日复一日的变化，李志秀说，自己的心从来都没有这么舒坦过……

奔走在脱贫路上的"女汉子"
——晋城市泽州县贫困户李云霞脱贫案例

【家庭档案】

李云霞，泽州县山河镇马街村柳树街自然村建档立卡贫困户，家有4口人。年迈多病的公婆，因车祸高位截瘫的丈夫，上学的儿子。通过低保兜底、"雨露计划"、扶贫贷款、移民搬迁等政策扶持顺利脱贫。

11年前，一个仅有29岁的年轻女人，她年仅31岁的丈夫来二培不幸发生了一场车祸，虽经多方医治保住了性命，但却造成高位截瘫，从此卧床不起。这场突如其来的灾难使妻子李云霞痛苦过、伤心过，但并没有被吓倒。丈夫手术后她每天奔波于医院和家庭的两点一线之间。在家里，她对公婆孝顺有加，对儿子来彭杰呵护教育；在医院里，她精心照顾丈夫的饮食起居，为他不断按摩、清洗全身，促进其血液循环。

当年，家里的顶梁柱倒了，儿子刚刚5岁，公婆也已70多岁了，还体弱多病。为了给丈夫治病，欠下许多外债。当时的来二培除了双眼能睁开和能摇头外，全身都失去知觉，不能动弹。吃喝拉撒等都要靠李云霞手把手来扶持帮助完成，因丈夫只能吃流食，她常常为丈夫的饮食绞尽脑汁，不断为丈夫更新各种饮食。11年如一日，每天早上5点左右她就起床，为丈夫准备流食、烧水，并为他擦身洗脸。在照顾好丈夫的同时，李云霞还要照顾好孩子和年迈多病的公公婆婆，洗衣、打扫卫生等各种家务活，都是她在夜间做完。同时，地里的农活也不能耽误，她忙里忙外做的这一切，感动着周围的乡亲，大家亲切的戏称她为"女汉子"。

经过十几个春秋，在"女汉子"李云霞的照顾下，丈夫来二培可以下床并且可以拄单拐走路。在这漫长的十多年里，虽然李云霞尝尽了现实生活的酸甜苦辣，但她挺了过来。现在儿子在校安心学习，享受党和政府的"雨露计划"扶贫待遇，她的婆婆生活也很幸福，弱女子支撑起一个和睦的家，"女汉子"过上了幸福生活。

2015年以来，随着党中央和省、市、县的一系列精准扶贫精准脱贫政策落地，李云霞和众多建档立卡贫困户一样，享受到了党的扶贫政策带给他们的幸福生活。山河镇党委政府和柳树街村首先为来二培办理了最低生活保障，党的低保政策使他们每月有了固定的收入，为这个苦难家庭注入了新的生机与活力；及时纳入建档立卡贫困户，实行一对一精准扶贫，相

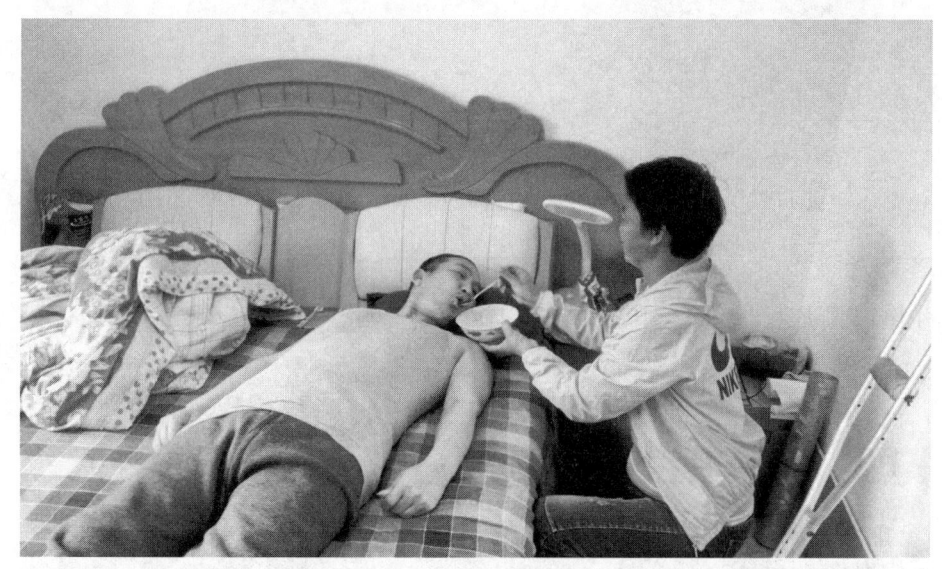

李云霞精心照顾丈夫

继为她落实了金融扶贫政策，使李云霞家庭每年又有一份固定的分红收入；随后又为孩子落实了贫困生寄宿补助政策，使李云霞的孩子不会因贫穷上不起学，也能和别的孩子一样安心地学习；同时，新农合政府代缴，让他们一家有病不发愁。

最让李云霞感动的是，易地扶贫搬迁政策让她家搬出了年久失修、摇摇欲坠的小灰平房，住上了由县扶贫办和山河镇等单位专门为贫困户修建的善和小区居民楼。该小区水电暖等基本设施配套，孩子上学也比以前方便了。李云霞激动地说："多亏了党的扶贫好政策，多亏了各级党委政府及社会各界的帮扶，我才一步步坚持走出贫困。"

新时代党的系列精准扶贫政策的落地落实是贫困户脱贫致富的重要抓手。李云霞全家勇敢担当，坚强奋斗，紧跟党中央向贫困宣战的号召，因户精准施策，精准扶持在根上、扶在点上，把曾经深深嵌入家庭肌体的贫困"帽子"彻底甩掉，从根本上医治了贫困顽疾，扶贫扶志，拔掉了"穷根"。"女汉子"李云霞走上了脱贫路，她坚信：脱贫只是第一步，更好的日子还在后头！

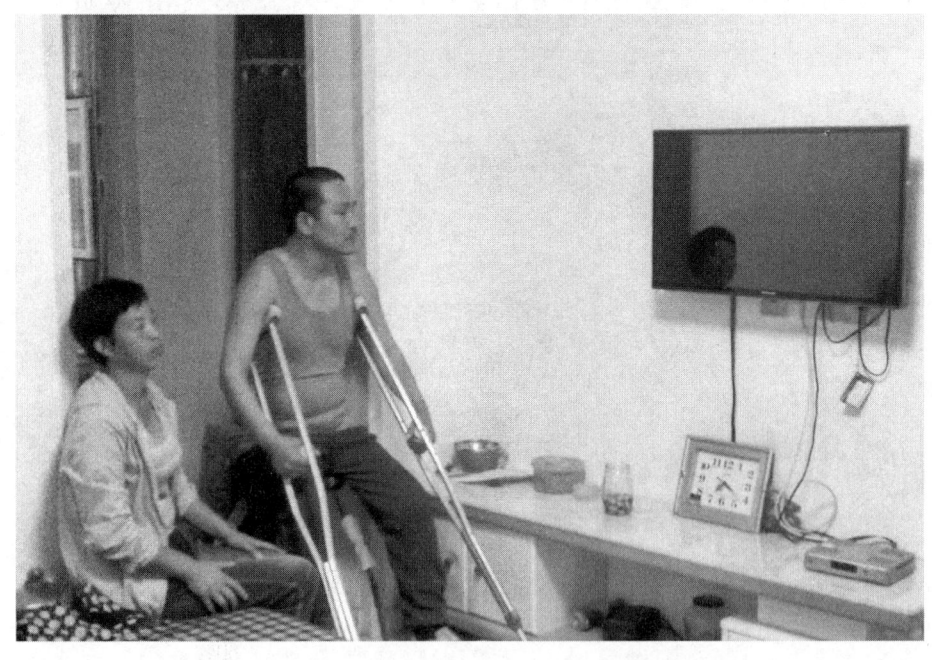

摆脱贫困 焦三录奏响三部曲
——晋中市昔阳县贫困户焦三录脱贫案例

【家庭档案】

焦三录，53岁，昔阳县孔氏乡刀把口村人，家有4口人。以务农为主，两个孩子在大学就读。2013年底，识别为建档立卡贫困户。他以养羊为主创业，两个孩子受益于教育扶贫政策，并享受易地移民搬迁集中安置工程，稳定达到"两不愁三保障"标准，2017年脱贫。

"勤劳致富光荣、贫困落后可耻的思想在我脑海中迸发，我要脱贫、我要致富的想法在心底滋长。"聆听着脱贫致富的先进事迹和感人故事，感受着帮扶干部的亲切关怀和无私帮助，孔氏乡刀把口村贫困户焦三录的思想悄然变化。结合扶贫干部的帮助，根据自身实际情况，经过考察和分析，焦三录决定发展养羊业。刀把口村地处大山深处，属于典型的山区，山地、林地面积较为广阔，发展养殖前景广阔。他的这一想法得到了扶贫干部的大力支持，更重要的是享受到了贫困户养殖补贴政策，养羊、种地、增加收入这是焦三录脱贫奏响的第一部曲。

焦三录在放羊

一切从零开始，由于缺少养羊经验，疫病防控等不到位，养羊整体效益一直不好。焦三录没有气馁，他请帮扶干部联系昔阳县畜牧中心专家适时提供专业指导和技术培训。同时，自行购买养羊方面的书籍，利用一切空闲一本一本地研读，终于慢慢地掌握了羊适应期、增肥期等养殖要领。他每天天不亮就起床，深夜还要起来到羊圈转转，为羊增添饲料，清扫羊圈，观察羊的生长情况、健康状况等，边学习、边实践，焦三录全面掌握了全套养羊技术，他养的羊也很少生病，个个膘肥体壮，数量达400只左右，养羊使他走上了一条致富路。致富不忘乡亲，焦三录对前来参观和学习的群众热情讲解、毫不保留，也经常和本村的其他6户养羊村民交流经验和技术，并带动覆盖5户贫困户。即使养羊再挣钱，焦三录也没有荒了自己的土地，相反，他要用心地把耕地弄得更好。他说："咱农民就要守住农民的本分，只有伺候好土地才能把日子过得安心！"他利用养羊的盈利，加大在土地上的投入，种植了3亩核桃树。同样，遇到技术问题就通过帮扶单位农业农村局找专业的技术人员和专家不断去学、去问、去实践，凭着他的韧劲和吃苦精神，核桃收入也越来越好，为家庭增收又增添了一条不错的渠道。

近年来，焦三录的孩子们上学期间每年享受"雨露计划"2000元的补贴：女儿焦娇，毕业于山东凯文科技职业学院，财会专业，现在太原市某公司务工；儿子焦阳，现就读于运城学院本科大三，享受二本B类以上一次性奖补5000元。子女能安心上学完成学业，这是焦三录最大的期盼，如今在国家教育扶贫政策的帮扶下如愿以偿。教育扶贫保障子女稳定完成学业这是焦三录脱贫奏响的第二部曲。

2017年，焦三录一家还享受了贫困户易地搬迁集中安置工程，扶贫移民建房补助资金10万元，自己仅自筹1万元就住进了新楼房，搬到了昔阳县城德润家园，生活环境得到了改善。易地搬迁这是焦三录脱贫奏响的第三部曲。

如何摆脱贫困是一部大乐章，加快发展就是其中的主旋律，精准施策扶贫就是它的主音符。精准脱贫政策和内生动力帮助焦三录走上致富之路，他既秉承着祖祖辈辈勤劳踏实、艰苦朴素的品格，又兼具了当代农民锐意进取、勇于实践的精神，在脱贫攻坚战中，奏响了三部曲，亮出了自己的风采，实现了人生价值，圆了新时代农村百姓人生的美好梦想。

甩开大膀子　摘掉穷"帽子"
——忻州市神池县贫困户张伟脱贫案例

【家庭档案】

张伟,贺职乡赵官庄村村民,全家4口人。因缺资金致贫,2015年10月识别为建档立卡贫困户。通过小额扶贫贴息贷款发展壮大养羊业,2017年脱贫。

回顾奔跑在脱贫致富道路上的这一年,张伟感慨地说:"感谢党的精准扶贫好政策,感谢驻村干部的真帮实扶,让我家能够迅速改变贫困面貌,真的实现了全家人渴盼了多年的致富梦。"

可能是因为人穷志短,也可能是"脱贫致富"距离自己太远而不敢想象,曾经,张伟和妻子的"等、靠、要"思想在脑海里挥之不去。但经过帮扶人员多次与张伟深入沟通,宣传扶贫政策,鼓励他靠自己的双手脱贫致富,张伟一咬牙,决定靠勤劳双手拼一把,坚决要摘掉贫困户"帽子"。

在帮扶人员的分析建议下,张伟在养殖上产生了很大的兴趣,特别是养羊。说干就干,张伟通过小额扶贫贴息贷款发展养羊业,有不懂的就积极向本村养殖大户刘海栓、马爱兴虚心请教,学到了很多养羊经验;为了提高养殖技能,他还从乡文化站、村图书室借回来有关资料阅读;人手不够,他就和本村有经验的村民联系,让他们帮忙放牧。张伟生于农村,长于农村,养羊对他来说并不陌生,再加上他努力向上的个性,把几十只羊打理得个个膘肥体壮。夫妻俩起早贪黑,辛勤劳作,加上帮扶责任人的关心支持,他们光养殖业年纯收入就达到5万元。现在他们腰杆子挺起来了,精神面貌也发生了翻天覆地的变化。经过不断地努力,张伟的家庭情况大有改观,他们再也没有因为自己是贫困户而感到自卑,也改变了左邻右舍对他们的看法。

手上有钱了,紧接着,他们对自己的窑洞进行了彻底翻修。一进院子,窗明几净,真让人心情怡然。更让人欣慰的是,张伟意识到了勤快的重要性。他说:"不勤快,再好的政策也没用,政府帮助我们很多了,剩下的要靠自己让日子越过越好,不能坐享其成,还是靠自己劳动得来的踏实。"张伟信心很足,打算继续扩大自己的养殖业,购买更多的羊进行繁殖,把农闲时间全部利用起来,自力更生,勤劳致富。

2017年至2018年,他家的养羊场从10只羊发展到76只,羊养得又肥又壮,长势喜人。养殖规模扩大了,羊粪便成了充足的肥料,投放到家中自留的玉米地中,玉米成熟了,又成了天然生态的饲料,产业链的初步形成,也见证着张伟的养殖业上升到了一个新的台阶。张伟常说:"上级不仅给了我物质上的帮助,更给了我精神上的支持,他们的鼓励让我时刻

张伟夫妇精心饲养小羊

充满信心,再不甩开膀子干,有愧于人啊。如果说我是一间屋子,那么驻村扶贫工作队就是我的梁,我要靠自己的双手把这个小屋建设好!"

"等我脱贫致富了,我会带动别人致富,帮助村民脱贫。"这是张伟接受扶贫政策帮扶后发自肺腑的誓言,如今这个从贫困中走出来的汉子,没有失言。其他贫困户看到张伟养殖脱贫的路子越走越宽,就来羊场看热闹,过来找他摆龙门阵,取养羊经。张伟明白村民想的是什么,谁不想靠自己的双手脱贫致富?谁想一直戴着贫困户的"帽子"?于是他吸纳了两名贫困户马四仁、刘荣生,帮自己养羊的同时向他们传授养殖技术,一起走在脱贫致富的道路上。

2017年张伟家人均纯收入已达到8500元,光荣地脱贫"摘帽"。在精准脱贫走访时,张伟说出了一段很平实而鼓舞人心的话:"我书读得少,但是我晓得脱贫不能'等、靠、要',人只要精神不倒,再难的日子都能熬出头,日子一定越来越好的!"这就是一个普通农民对美好生活的满满自信。这个朴实的农村汉子坚信,只要靠着自己这双手积极向上,努力拼搏,一定能够梦想成真。

张伟的幸福小院

选对脱贫路子、鼓足了钱袋子
——晋城市陵川县贫困户王何富脱贫案例

【家庭档案】

王何富，64岁，潞城镇西村人，家中两口人。妻子10年前患上了腰椎间盘膨出病，无法从事较重的体力劳动，又因缺技术于2014年识别为建档立卡贫困户。2016年的秋天，他本人小腿骨骨折，至今还上着钢板，通过发展中药材产业扶持，于2018年稳定脱贫。

"2018年，俺们老两口全年收入了大约2万元，人均收入1万多元，我不能躺在家中靠着政府养活。虽然64岁了，只要自己有个好身体，靠自己的双手脱贫致富没问题。今天的幸福日子，是党和政府给我指了一条好路子，是扶贫政策让我鼓足了钱袋子。"王何富开心地这样说。在帮扶单位和村"两委"的倾力帮助下，他勤劳耕耘，短短两年时间就圆了他脱贫致富的梦，生活条件明显改善，精神面貌焕然一新。现如今，他的中药材种植产业日盛一日。

为推进精准扶贫工作，更好地帮助贫困户脱贫致富，当地出台了一系列产业扶持政策,大力扶持产业发展,其中就包括中药材种植。通过乡里一系列的宣传动员工作,以及县里的扶贫单位文物管理局的多次入户谈心,王何富逐渐了解了当地的产业扶贫政策,并开始打起了种植中药材的"主意"。

话虽如此,但他的心里却是喜忧参半。喜的是当地出台的产业发展扶持政策让他看到了脱贫的希望,忧的是自己之前从来没有大面积种植过中药材,对种植中药材技术知识可以说是一无所知。正当他一筹莫展之际,驻村工作队又打来电话,帮助他联系了中药材种植技术培训班,让他带上身份证、户口本等相关资料到"安伟中药材产业种植合作社"报名。就这样,王何富顺利地参加了中药材种植培训班并拿到结业证书。结业后,他更加坚定了要种植中药材的想法。合作社免费发放中药材幼苗,等到种植成熟后所有利益归种植户自己。帮扶单位和村"两委"坚持扶贫先扶志的做法,为他找到了一条深山里的脱贫致富路。

黄金本无种,出自勤俭家。王何富在种植中药材伊始,因妻子的腰椎间盘膨出无法从事体力劳动,只好在农忙季节让大儿子回家帮助播种,平时的农活便全部落在了他一人身上。每天天不亮王何富就得起来,去地里

王何富耕种的黄芩长势喜人

锄草，到了移植茴子白苗时，只好和乡亲们相互交换劳动力，虽然每天的劳动非常辛苦，可王何富丝毫没有放松对种植中药材的学习。功夫不负有心人，他买了很多种植中药材方面的书籍，起五更、搭半夜，利用一切空闲时间一本本地啃，终于使自己从对于种植一窍不通的"门外汉"变成了掌握了一整套种植中药材技术流程的土专家，通过边学习、边实践，他种植的中药材属一等产品。

富裕了，王何富请来了县城的装修队装修家里的4间砖瓦房，用泥子粉刮了墙并上了墙漆，铺上了地板砖，还吊上了顶棚。看着他们家的日子越过越红火，大家也开始仔细琢磨起了自己家的致富门道。在他的影响带动下，本村的许多群众纷纷到他家的中药材地参观和学习，讨教种植技术，他也非常开心地把自己的宝贵经验和种植技术分享给大家。

2019年，在他的全力帮助带动下，村里新发展起中药材种植户6户。谈及下步打算时他说："等自己家的情况再好一些，喘过气来后，想进一步带动邻里街坊大力发展中药材种植业，并通过电商平台拓宽销售渠道，提高效益。"

人若有志，万事可为；人若无志，无事可成。贫穷并不可怕，可怕的是穷而不自知，穷而不思变，穷而安现状。王何富正是因为有了这种穷立坚志、勤劳务实的创业精神，最终圆了自己的致富梦。我们坚信，随着精准扶贫工作的深入开展，在帮扶单位的继续帮扶下，王何富的致富梦想和脱贫事业将会迈向更为广阔的天地。

昔日厄运疮孔　如今含笑抚平
——长治市武乡县贫困户王雪清脱贫案例

【家庭档案】

王雪清，武乡县墨镫乡井湾村建档立卡贫困户，家有两口人。低保户，丈夫田国红一级残疾，于2017年顺利脱贫。

"来，这是我家新摘的茄子、豆角、西红柿，今天培训课正好用得上！"一个温和而又腼腆的声音飘进墨镫乡井湾村村委会小院，在嘈杂的免费技能厨艺培训现场，并没有荡起多少涟漪。这声音出自人称"铁娘子"的田家大嫂——王雪清。

穿过人群，绕过灶台，她吃力地把两大袋蔬菜放下，又取了两个大盆，动作麻利地择菜、洗菜，始终沉默着不发一言。为让农民掌握务工技能，武乡县人社部门在村里开展厨艺免费培训整整8天，她每天都免费地主动把自家蔬菜、鸡蛋送过来作为老师厨艺食材，谁都劝不住。

"国家精准扶贫对我家这么好，免费技能培训是服务大家的，我这点贡献是应该的，俺尽一份感恩心也是应该的！"瞧！她总是这样说。

村里人说，王雪清要是不这么倔、不这么憨实，她那个人见人愁的贫

在扶贫车间做力所作及的工作

困家庭可能早散了!

"好人啊,有情有义,一个人撑起一个家!""外村人都知道俺村有个叫王雪清的好媳妇!"……说起王雪清25年如一日守护下身瘫痪的丈夫,不离不弃、相守相依,苦苦支撑着全家人的生活,村民们有说不完的赞赏、道不尽的钦佩。

王雪清和丈夫田国红是建档立卡低保贫困户,家有两口人,丈夫田国红一级残疾,已于2017年顺利脱贫,但故事的起源却远在25年前的一个深夜。

那时候,田国红在墨镫乡乡办煤矿做打炮工。一记"哑炮"在他弯腰查看时轰然炸响,瞬间砸断了一家人的"顶梁柱"。"那一秒钟,我知道我完了,家也完了!"田国红回忆说,"但孩子他妈支撑我活下来了,家也圆圆满满的!"

过去日子有多难?25年来,王雪清像个英勇的战士,操持家务,照料一家老小,挺起精神的脊梁,把残破的生活装点得有声有色,一点儿不比别人家差。25年来,王雪清像个农家壮汉,担水挑肥、抡锄扶犁、打谷扬场,从未落下一场农事。

面对贫穷,全家人的心有多累?"弟弟学习成绩好,就让我赚钱供弟弟上学吧!"那一年,年仅12岁的女儿田王凤无奈辍学,给别人家做保姆、看孩子。4年后,儿子田王飞15岁初中毕业,也踏上了打工路。"孩子们没有过上一天好日子,整个童年都在田地里帮我撒种子、掰玉米、割谷子……"王雪清哭过、崩溃过,但那是在山谷深处最偏僻的田地里,只有她一个人听得见、看得到。

穷日子算着过,苦日子笑着过。千般苦、万般难,王雪清都咬紧牙关一一挺过去了,期间他们全家感受了人间的冷暖亲情,常有亲戚朋友不定时接济,还有村委、乡政府的救济。如今,一双儿女相继成家立业,孙儿外孙承欢膝下,她心里沉重的愧疚也稍稍得到了一点慰藉。

"别人帮一点小忙,他们夫妻俩总是千恩万谢、感激涕零。"村民韩树德说,"俺们知道,这不是见外,是打心眼里谢谢咱。"滴水之恩当涌泉相报,25年来,谁家帮忙刨地,谁家帮忙秋收,王雪清都记得清清楚楚。

"别看田国红行动不便,心气儿高着呢!闲着没事就开着电动三轮车,帮西家运农肥、帮东家收粮食,谁家老人想去邻村赶个集儿他都包接包送!"村民田文忠说道。田国红、王雪清夫妻俩为大伙儿做的事儿,其实

王雪清在自家谷子地里劳作

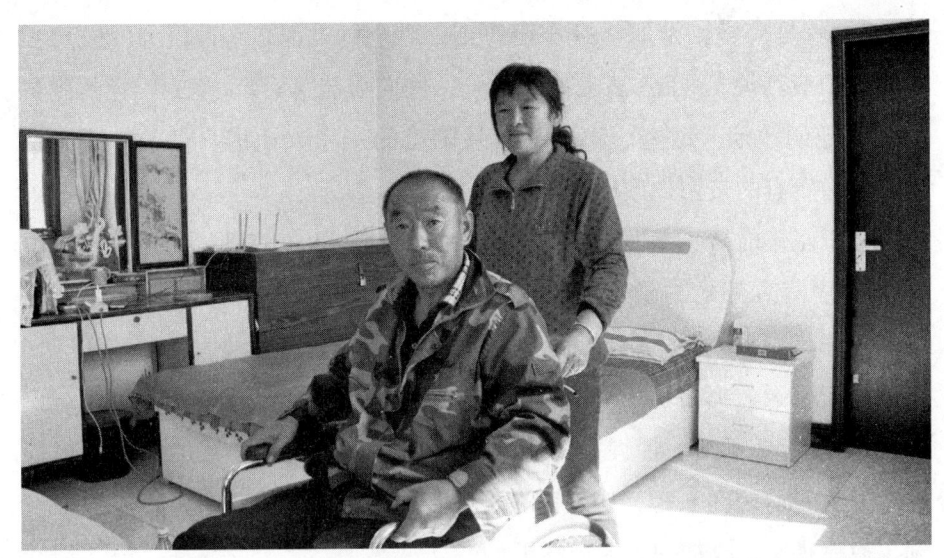

王雪清和丈夫田国红

更多、更贴心。村里有了他俩的身影,有了大伙儿互相帮把手,那真是实打实的更团结、更和谐、更其乐融融了。

最初被确定为贫困户时,王雪清五味杂陈、百感交集,家里的困窘不可否认、不可回避,村委和乡亲们真心实意拉拽他们夫妻二人、帮助她减轻负担的恩情不能辜负,但她满心顾虑丈夫的感受,不想让他觉得自己是个"包袱"。于是,她和村里乡亲们达成了一个心照不宣的默契——绝不因丈夫田国红残疾而戴贫困户"帽子",吃国家救助,一定在最短时间内摘掉"贫困帽"。

"一户一项"脱贫项目,这是武乡县委、县政府脱贫攻坚因户施策大手笔,对贫困户发展小产业创业扶持资金一人不超1000元,一户封底不超5000元,王雪清毫不犹豫选择养鸡,得到扶持资金2000元,在家门口养土鸡赚钱,省时省力,最适合不过了;连翘产业种植刚刚兴起时,王雪清率先在离家最远的山坡圪梁地试种,虽然自己的年龄越来越大,但耕地又舍不得撂荒,种连翘也是个好办法;村里自来水入户工程任务繁重,王雪清夫妻俩主动参与,一人开三轮车一人搬水泥,把大伙儿的事当成自家事……

"她就是榜样！她那一股子韧劲儿，对全村人都是一种巨大的鼓舞！"贫困户田成江说，"王雪清家都脱贫了，俺们哪能落后！"是的，党的脱贫政策让他们敢信、敢想、更敢干，最困难的一家人凭借自己的双手脱贫了，全村所有的贫困户谁也没有拖后腿。

临近正午时分，厨艺培训结束了，王雪清把丈夫背到轮椅上，在满眼苍翠、浓荫翁郁的村道上走走停停、说说笑笑。此情此景，正如一句诗——根，紧握在地下；叶，相触在云里。如今，王雪清家的"穷帽"摘了，笑声一天天爽朗了……无须细数25年的无微不至、精心呵护，无须赘述25年的情真意浓、惺惺相惜，只要他们不想穷、要小康的精气神提起来，齐首并肩站在一起，伤残留在丈夫身体上的疮孔，王雪清精心护理清创，疤痕犹在，心却一天天释然了。

贫穷曾带给王雪清家庭的困窘与无奈，他们夫妻俩不是"等、靠、要"，咬牙艰难前行；脱贫攻坚的号角吹响了，在党的精准扶贫政策的帮扶下，夫妻俩努力通过自己奋斗过上了好日子，他们常怀红色老区人民朴实真挚的感恩心，对未来致富奔小康充满了美好憧憬和强烈期盼，饮水思源，时刻不忘报答党和人民的恩情，王雪清家庭自立自强的脱贫实践充分证明：只要有志气、有信心、有干劲，就没有迈不过去的坎、爬不上去的坡。

患难夫妻25年如一日

老牛湾里念的"脱贫经"
——忻州市偏关县贫困户郭文生脱贫案例

【家庭档案】

郭文生,46岁,偏关县万家寨镇老牛湾村民,家中6口人。4个孩子有两个是在校大学生、两个高中生,因学、因缺资金致贫,2015年建档立卡贫困户。通过"雨露计划"、旅游业发展扶持、小额信贷等多项扶贫政策,于2016年顺利脱贫。

在晋、陕、蒙三省区相交、偏安一隅的万家寨镇,在惠及三晋的引黄起始之处、民风淳朴的老牛湾村,有这样一位憨厚朴实、励志前行的农村汉子向我们走来:壮实的身板,洋溢着追逐梦想的精气神;爽朗朴实的性格,体现着脚踏实地的民风;坚持不懈的劳作,彰显着对美好生活的向往。他,就是偏关县万家寨镇老牛湾村的贫困村民——郭文生。

用我的双手勤劳致富

"人要有志气。"现年46岁的郭文生与我们交谈时讲,"自己不主动脱

郭文生和他的旅游"农家乐"小院

贫,永远脱不了贫。"这位贫困户的家中,妻子是能干善良的农村女人,两个女儿都已上了大学,一对双胞胎儿子正在高中就读,幸福美满的光环曾几何时却被拮据的生活阴影所掩盖。精准扶贫工作开展以来,郭文生的家庭被识别成贫困户,也开始享受国家的扶贫政策,生态护林员、"雨露计划"、旅游业发展扶持等一系列政策,瞬间激发了郭文生脱贫的动力,致富的梦想强烈滋生。他深知,党的政策是自己脱贫致富的根本保障。要想实现脱贫致富梦想,必须跟党走,必须在党的带领下踏实苦干,以实际行动一步步踏上自己的圆梦之旅。

幸福是奋斗出来的

郭文生牢牢记得这句话,时刻以此激励自己。他知道,"天上不会掉馅饼,努力奋斗才能梦想成真"。老牛湾村是山西省有名的旅游景点,也是偏关县主打的旅游品牌,借助地利优势,郭文生开始了自己的旅游业发展。开始的时候,老院子只有两间窑洞可以开发,但经济上的拮据不允许扩展。他就从窑洞住宿条件、环境装饰、饭菜质量和服务意识方面下功夫,文化程度不高的他,在手机上经常与村民交流、与游客交谈从中不断学习旅游业服务的经验。为了提升游客满意度和产业效益,他有时半天来不及喝上一口水,有时要经受个别游客的刁难还要尽量服务到位,有时不惜顶着夜色骑着摩托车辗转100多里的山路去购置物品。起早贪黑、摸爬滚打，吃尽了苦头，太多不为人知的苦难，每次都自己默默承受。功夫不负有心人，几年下来，郭文生攒下一部分积蓄，加上小额贷款和向亲朋好友的一些借款，建成10余间新窑洞即将投入使用。"旅游业也不好干，幸亏坚持住了。"望着新窑洞，所受的苦，他不愿多提，更多的只是欣慰，一种极大的成就感萦绕心头。他懂得，幸福是靠自己打拼的，睡大觉是实现不了梦想的。

"真心感谢党的政策，感谢驻村干部们的帮助，今后我一定会更努力，好好干，为老牛湾村树立一个典型，用行动回报社会。"谈起生活，他充满信心、斗志昂扬。妻子羞涩的脸庞上荡漾着幸福："我会做好他的贤内助，永远支持他。"上大学的女儿每每谈起父亲，一脸的自豪。上高中的儿子对我们说："爸爸妈妈是勤劳的榜样，他们激励着我们前进，我们会用优异的成绩回报他们。"

发展旅游业取得了成功，但郭文生深知，土地是农民的根本，这一点不能丢。除养猪、养鸡之外，自家地里的农活从没有落下。除草、修剪、施肥、撒药，庄稼每年都能获得丰收，自己也成为田间地头的行家里手。

2018年的家庭收入已达到6万余元。遥想脱贫之前自己为了基本的生活物资还要四处奔波时，郭文生不断感慨。当有些村民向他请教发展旅游业经验时，他毫不保留地传授，赢得了村民们的高度赞誉。每每谈及，郭文生动情地说："是党的政策引领我致富，我也要回报党和政府。自己富了，不能忘了乡亲们，要带领更多的人过上幸福的生活，不然对不起党。"憨厚、幸福的笑容又一次洋溢在他坚毅的脸膛上。

老牛湾

脱贫致富有"牛"招　自强不息奔小康
——临汾市永和县贫困户任永军脱贫案例

【家庭档案】

任永军，34岁，永和县孙家庄榆林只村人，全家3口人。任永军因患先天性脊柱弯曲，因残致贫，2015年被列为建档立卡贫困户。通过扶贫贴息贷款养牛、建户用光伏电站、易地移民搬迁等扶持，2017年顺利脱贫。

他身体有残疾，生活在一个深度贫困的山区里，却依然能够笑着面对人生的风雨；他是不幸的弱者，但却依靠自己的力量摆脱贫困，为自己的家庭撑起一片天。他就是永和县脱贫示范户——任永军。任永军今年34岁，出生在永和县孙家庄榆林只村的一个贫困家庭。因患先天性脊柱弯曲，他打小就不能和其他正常孩子一样学习、玩耍。为了改变家庭贫困的状况，他克服一切困难用功读书，2001年考取运城市口腔专业学校，成为村里为数不多的中专生。

毕业后，任永军曾梦想成为一名牙科医生，先后在西安、临汾、洪洞等地从事医疗工作，但因为身体原因，一直没有得到很好的发展。因为供他读书，家里变得更加贫穷，破烂不堪的土窑洞、年迈多病的双亲，还有未成年的两个弟弟。作为家中的长子，任永军在心里坚定了撑起这个家的信念。为了照顾父母，2013年他选择回到家乡。

刚回到村里，任永军就在邻县承包了20亩山地种植玉米。因为不能干重活，大多农活都得雇工完成，种植成本比其他农户增加了许多，辛苦一年，收入微薄，勉强维持家里的开支。那一刻，他有过沮丧、有过无奈，也有过对未来生活的茫然，但为了那份沉甸甸的责任，他毅然选择坚持下来。

2015年，任永军被列为建档立卡贫困户，县、乡、村各级领导，第一书记，驻村工作队多次到他家走访，给予他帮助。在大家的支持下，2016年任永军承包30余亩坡地，种植玉米，通过科学种植、规范管理，终于有了收获，顺利实现脱贫。农闲时，他在解决温饱后，思考如何发展。当其他贫困户劝他不用那么辛苦时，任永军总是说："我要靠自己的努力，摘掉贫困户这顶'帽

任永军精心饲养牛

任永军家的光伏电站

黄河乾坤湾

子'。"

  为了增加家庭收入，任永军选择肉牛养殖。2016年以来，永和县大力实施产业扶贫、易地搬迁扶贫、金融扶贫、生态扶贫、光伏扶贫、教育扶贫、旅游扶贫八大扶贫工程。在政策的支持下，他申请5万元的扶贫贴息贷款，购买4头肉牛，修建了两座简易牛舍，购进养殖设备。

  为了增加养殖经验，任永军多次向养殖能手请教，通过网络、书籍学习，使自己从一点不懂到逐渐掌握牛的适应期、增肉期、催肥期等。通过边学习、边实践，不断提高养牛技术。在驻村第一书记的建议下，他选择了"圈养+放养"、自繁自育的滚动发展模式来扩大规模。

  每天天不亮，任永军就起床为牛添饲料、清扫牛舍，深夜还要起来到牛棚转一圈，观察牛的生长情况、健康状况等。虽然辛苦，但付出总有收获。他养殖的牛膘肥体壮，不少客商都和他联系收购，而且有两头配种成功，2018年7月产下牛犊。

  村里实施光伏发电项目，起初好多贫困户听说还要自己掏2000元钱，都不愿意安装，任永军第一个积极报名，还不厌其烦地给其他贫困户宣传政策。5千瓦的光伏发电板安装好后，看着电表上欢快蹦跳的数字，即将入住易地移民搬迁新房的他，与其他贫困户一样，对未来生活充满了憧憬。

通过辛勤努力，任永军不仅收获了希望，还收获了爱情。2011年，在洪洞县打工时，一位朴实的姑娘被他的真诚和勤劳打动，从相识到相爱，并选择和他一起回到大山里，现在他们拥有一个健康、活泼的女儿。

谈到今后的打算，任永军笑着说："精准的扶贫政策、贴心的帮扶队伍给了我希望和力量，我也要一路小跑追上大家，致富奔向小康。"下一步，他计划积极响应国家粮改饲的政策，试种一些墨西哥玉米草，同时还要不断学习养殖技术，在3年内培养出10头优良繁殖母牛，同时把村里的养牛户组织起来，成立养牛合作社，带动大家共同富裕。

注重扶贫同扶志、扶智相结合。生活的贫穷并不可怕，可怕的是思想的"贫穷"。志不立，"穷根"难断。虽然是一名残疾贫困户，但任永军"不等不靠"，凭借自己勤劳的双手，在精准扶贫政策的帮扶下，为家庭撑起了一片天，走出了一条致富路。

香菇不"蓝瘦" 脱贫有盼头
——运城市闻喜县贫困户张新萍脱贫案例

【家庭档案】

张新萍，闻喜县石门乡店上村土岭组的贫困户，家有5口人（婆婆2019年2月底去世）。两个孩子都是在读大学生，典型的因学致贫。张新萍和丈夫乔引宏因为缺技术，外出务工每月只能赚1000多元，多年来始终没能摆脱贫困。2014年底建档立卡，2017年底顺利脱贫。

2017年，运城市妇联举办全国新型职业女农民免费技能培训，张新萍在第一书记的鼓励下，走进了久违的课堂。十几天的全封闭培训课程，除了农业技术、管理、经营课程外，还有心理疏导、家庭关系等内容。她学得如饥似渴，触动很大。她激动地说，自己还从来没有参加过这么高规格、高层次的职业培训呢。

在一次与第一书记的交流中，第一书记和她分析了她贫困的现状和脱贫的方案，并谈了村里的产业规划以及种植香菇的市场前景，她听后备受鼓舞。而在此次培训期间，张新萍刚好认识了垣曲县香菇种植大户席娟娟，利用课余时间向其请教了不少关于香菇种植方面的问题，这更加坚定了她回去种植香菇的信心。培训结束后，张新萍刚回到村就主动找到第一书记，请求帮助她成立香菇合作社，从这以后开启了她的香菇创业之路。

参加完村里举行的集体经济香菇产业发展动员会之后，张新萍就迫不及待地交了菌棒定金，准备展开拳脚、大干一场。不料，其他经过帮扶工作队和村主干多次组织培训和轮番动员确定的十来户香菇种植意向户，到了交菌棒定金时候，却纷纷打了退堂鼓，就剩下两家了，咋办？张新萍说，幸福是奋斗出来的，如果总是不敢干，哪能脱贫致富。她力排万难，说服丈夫和她一起干。

寒冬腊月，他们在菌棚里忙得热火朝天。新建的育菌棚一次次被大风刮坏，他们一次次修好，从无怨言。自家

的出菇棚没有合适地点，她和丈夫雇铲车、挖机硬是在坡上平出了1亩多的平地。

次年5月，第一茬香菇出菇后，张新萍喜获丰收。但由于项目启动时，养菇户反复迟迟定不了，菌棒进棚迟了20天，错过了4月收获的价格高峰期。所产的1万多斤香菇，共获利约4万元，但刨去投资，一年几乎白干

了。她的丈夫无奈地说："这活太苦，坚决不干了！"但是，张新萍心有不甘，为此，帮扶工作队拿出10万元扶贫产业发展资金，购买了3万棒香菇，无偿分给张新萍夫妇1万棒，这才解决了他们夫妇的后顾之忧。不用投入启动资金，又有了去年的种植经验，张新萍心里的香菇创业之火又熊熊燃起了。

这次，她像对待孩子一样，精心呵护着这1万棒香菇。种菌、翻棒、戳孔、撕袋、通风、注水、采摘，每一个环节，她都格外悉心、尽心。技术上有不懂的地方，她就电话咨询技术员；管理上有不懂的地方，她就微信咨询培训班同学席娟娟。她再也不是一个遇到问题"两眼一抹黑"的贫困山区妇女，而是迅速成长为一个有技术、懂经营、善管理的职业女农民。

就在前不久，第一书记问起她香菇经营近况的时候，她竟然还给第一书记讲了一套她总结的独特的管理方法。她说，培训班老师在课上一直给他们强调的一个词就是"创新"，我们老百姓不会创新，但是我一边干一边琢磨，我知道怎么能让我的香菇长得更好。

5月底第一茬香菇出售之后，张新萍拿到了2.5万元的收益，占到了3.3万元投资的75%。之后还有四茬，收回成本，稳赚一笔，不成问题。张新萍信心满满，笑容满满……

张新萍和学员们的合影

幸福里小区的幸福梦
——运城市夏县贫困户董铁栓脱贫案例

【家庭档案】

董铁栓，夏县瑶峰镇神头岭村二组村民，家里4口人。主要就靠8亩玉米地的收入和平时打零工维持生活，女儿上大学。2016年纳入建档立卡贫困户。享受到易地搬迁、教育扶贫等扶持，2017年底顺利脱贫。

三孔窑洞，家里一件像样的家具都没有，映入眼帘的就是堆放杂乱的农具和生活杂物，整个院子甚至令人无从下脚。这就是几年前第一次去董铁栓家里时的印象。

这个中年男人身体很瘦，话也不多，多年的操劳让他看起来比实际年龄苍老许多。聊天中，他告诉我们，这些年家里主要就靠着8亩玉米地的收入和平时打零工赚的零钱维持生活，不仅要保证平时的基本开支，还要支付女儿的学费和生活费。谈及女儿，董铁柱的眼睛闪现出一丝光芒，满脸骄傲和自豪。女儿董瑞瑞从小乖巧懂事，不仅学习优异，回家还总帮忙干农活，年纪小小的她话不多，却总是用实际行动让父母放心。前几年高考顺利考入山西交通职业技术学院,全家人都乐坏了,但面对学费和生活费这一笔不小的开支,这位父亲却不由得深深叹气。

国家的扶贫政策给这家人带来了希望。自从2016年他们家被纳入建档立卡贫困户后,不仅在易地搬迁政策实施下在幸福里小区分到了一套110平方米的新房子,而且旧窑洞拆除复垦后还得到5万元的补偿款。同时,为了助力大学生圆梦,国家"雨露计划"每年扶持3000元,夏县税务局每年捐资2000元作为董瑞瑞的教育扶贫专项基金,鼓励她继续完成学业。不仅如此,为了保证这家人的收入来源,夏县税务局还帮助其发展花椒产业3亩,并组织培训,保证高产量、高收入。经济富裕的同时,精神生活也不能贫瘠。夏县税务局经常通过志愿者服务、党日活动、扶贫日活动等多种形式,丰富村民生活,营造"扶贫扶志扶智扶德"的良好氛围。董铁栓常常在农忙之余,积极参加各项活动,让自己的生活丰富多彩。

如今的董铁栓家已然发生了翻天覆地的变化,女儿董瑞瑞大学毕业后,在南方的一家服装厂当设计师,收入稳定,还能给家庭补贴一些。董铁栓本人经夏县税务局介绍也去了运城一家工厂打工,每月有3000多元的收入,妻子与儿子也在县城里打零工。一家人也搬进了幸福里小区干净、整洁的

新房里，日子越来越好。

董铁栓作为神头岭村一个普通村民的代表，是这几年村民生活变化的一个缩影。近几年，在夏县瑶峰镇党委政府的正确领导下，在夏县税务局的大力帮扶下，神头岭村发生了翻天覆地的变化：千亩花椒园区的建设，饮水工程的实施，易地搬迁政策的落地，党员活动室的改造，村民活动场所的硬化，花椒、核桃管理技术培训和香包制作培训等等，一桩桩、一件件改善村民生活环境和提高村民劳动技能的活动如火如荼地开展，使村民过上了更加舒畅的幸福生活。

扶贫贷款帮姚伟过上"莓"好生活
——长治市武乡县贫困户姚伟脱贫案例

【家庭档案】

姚伟,长治市武乡县丰州镇魏家窑村人,全家3口人。因病致贫识别为建档立卡贫困户。靠金融扶贫贷款发展草莓大棚稳定脱贫。

2016年11月,初次见到姚伟,他正为草莓大棚的保温设施建设缺少资金犯愁,我们的交谈他也只是三言两语地应付着。

2019年6月,再次见到姚伟,他得到扶贫贷款资助,尝到了种草莓的"甜头",那时的他讲起话来滔滔不绝,喜悦之情溢于言表。尽享原生态种植带来的"莓"好时光,成为远近闻名的脱贫能手。

姚伟,武乡县丰州镇魏家窑村人,原本一家三口生活幸福美满,然而由于女儿一岁时被诊断为"先天性脑白质营养不良",多次到北京、太原等多家大医院奔波看病,让原本幸福的小家庭负债累累,全家生活回到了"解放前",成了村里的建档立卡贫困户。姚伟并没有向命运屈服,而是萌生了创业的想法。

姚伟也曾像农村的许多劳力一样，整年在外打工。"年轻的时候可以靠体力吃饭，由于家庭的特殊情况，长期在外总不是长久之计啊。"姚伟心想，"别人能创业当老板，我又不缺胳膊少腿的，为什么就不能当老板呢！"3年前，正在打工的姚伟毅然放弃了在外揽工的活儿，回到家乡，虽然孩子医治有了健康扶贫"136"政策住院治疗的保证，可平常在家药物保守治疗开销也很惊人，他一边照顾孩子，一边开始创业支撑家庭。

干些什么好呢？姚伟夜不成眠。一个偶然的机会，他发现草莓采摘有非常好的前景："俺村距离县城很近，城里的人现如今都喜欢往农村跑，感受乡土气息，有这些优势，为什么不干呢！"姚伟的言语中透露出一股不服输的韧劲，他是土生土长的农村人，对于种植非常熟悉。撸起袖子说干就干，经过亲戚朋友的资助，2016年4月，他七拼八凑在自家责任田里着手建立3座占地3亩的草莓大棚。

"莓"花香自苦寒来。大棚消毒、起垄、施农家肥、种苗……他事事亲力亲为，只为最大限度地减少开支。为了保证草莓质量，姚伟不得不重新捧起书，边学边干，边干边学，像照顾自己的孩子一样照顾着草莓。他的家就在大棚旁边，每天5时到18时，他几乎都不离开大棚，土地略带干裂他就立马浇水，每天9时准时为草莓装上遮阳网，下午3时再将遮阳网

姚伟的幸福大棚

卸下。他的眼里容不得苗上有一片枯黄叶子，也容不得垄沟上有一株杂草。一垄垄翠绿繁茂的叶茎中点缀着半红或青中泛白的草莓，让姚伟看到了脱贫致富的希望。

可是天有不测风云。寒冬渐渐到来，棚内的草莓幼苗急需保温，由于前期资金的大量投入，保温设施没有同步建成，姚伟眼看草莓就要受冻，他愁得吃不下饭、睡不着觉。"钱毕竟是硬头货，亲朋好友的钱已经借遍了，真的很无助。"谈起当年的难处，一向坚强的姚伟还是忍不住哽咽了。当县委办驻村帮扶工作队得知此消息，立即帮忙为他申请办理了金融扶贫贷款资金5万元，无抵押、无担保，这在以前想都不敢想的贷款，几天就到了手，解决了他的燃眉之急。

草莓可以安全"过冬"了，看着它们一天天长大，姚伟心里甭提有多高兴。但由于前期宣传不到位，大部分人不知道村里有草莓采摘园，销售又成为主要制约因素。姚伟没有放弃，驻村工作队也发动朋友圈宣传推销。功夫不负有心人。春节前终于迎来了第一批客人，也迎来开门红的好兆头。随着草莓的声誉鹊起，每天到大棚中采摘的顾客源源不断、供应商络绎不绝，20多天就销售了草莓1000斤，纯收入达2万余元，这样既可以保证孩子治病的开销（不住院也需大笔药费），贫困户的"帽子"

丰州镇魏家窑村姚伟种植大棚外景

也可以顺利摘掉。

当姚伟尝到了草莓种植的甜头后,第二年他决定甩开膀子,在草莓种植上加大投入,拓宽种植面积,又新建了2座大棚,并开始参加各类草莓种植技术培训班,"线上+线下"为自己"充电"。虽然每天都是披星戴月地奋斗,但他很享受自己的"莓好时光",并且越做越有劲。两年来,每座大棚按7万元计算,4座大棚可实现毛收入28万元,及时还清了亲戚借款和银行贷款。

今年,草莓品种由奶油的换成四季的,销售模式由顾客采摘到网络销售,种植方式由传统种植到土地认领,他铆足拼劲、充满韧劲、使出闯劲,让草莓种植走出了一片致富新天地。"这是我第三年种植草莓,面积扩大了、品种丰富了、技术提高了,相信产量和利润也会越来越好的,多亏了扶贫贷款政策的真扶贫和驻村工作队的真帮扶,解决了我资金周转的困难和推销的难处,让我渡过了难关,小孩看病有保证,活着遇上好时候,感谢党的好政策!"在火红的太阳映照下,姚伟的肌肤衬得愈发黝黑发亮,笑意愈发明朗,信心愈发强大。

脱贫路上赶着牛儿奔小康
——晋中市昔阳县贫困户韩志兵脱贫案例

【家庭档案】

韩志兵,46岁,家住昔阳县沾尚镇横河村,全家3口人。上有体弱多病的年老母亲,下有6岁儿子。2013年建档立卡贫困户,在精准扶贫政策的帮扶下,他下定决心发展肉牛养殖。3年时间里,养殖规模发展到10多头,已初具规模,每年能出栏三四头牛,一头牛可以卖七八千元钱。2017年底脱贫。

在精准帮扶入户走访时,沾尚镇横河村农民韩志兵说了一段很平实的话:"现在党和政府的政策这么好,人只要有勤劳的双手,再难的日子都能熬出头。我相信凭借自己的双手,我会让母亲和儿子过上好日子!"

韩志兵20岁刚出头时,他的父亲去世了,留下了体弱多病的母亲与他相依为命。母亲患有耳疾和高血压,无法和人正常交流,也无力承担重体力活,一家人的生计就这样压到了刚刚成年的韩志兵身上。由于家庭贫困,韩志兵30多岁才成了家。正当韩志兵夫妻满怀憧憬地要改变自己命运和贫困的生活时,厄运再一次降临——妻子丢下襁褓中的儿子,撒手人寰。

为了年迈体弱的老妈和嗷嗷待哺的儿子，韩志兵没有倒下。生活还要继续，他必须咬牙坚持——把房屋收拾得干净整洁，屋外种满了蔬菜。但仅仅靠种植却无法摆脱贫困的现状，他又放心不下把孩子和老人留在家里，自己外出打工赚钱。

在这种情况下，韩志兵心里一直寻思着如何脱贫，不断寻找适合自己的脱贫途径。干什么呢？种植、养殖，他见别人干过，有的确实赚了钱，而有的却赔了本。就在他看不到前进的方向时，驻村扶贫单位伸出了援手，建议韩志兵发展蔬菜种植和肉牛养殖，他也决定试试。他买了两头肉牛，进行放养式管理，每天起早贪黑地忙碌。山上长出青草时，他就赶着牛上山放养，顺便给别的村民放牛挣工钱。为了牛群的安全，他会在山上过夜，大半年的时间，顶风冒雨，风餐露宿，和牛群生活在一起，尽心照料，就像照顾自己的孩子一样。秋天草木萧瑟后，牛回圈

韩志兵和他的牛

饲养，他又筹资建起了牛圈，一个人收干草，切割剁碎，搅拌饲料，清洁消毒，防疫检验，忙里忙外，一点都不敢马虎。功夫不负有心人，在他的辛勤劳作下，3年时间里养殖规模增加到10多头，每年能出栏三四头。

回忆起当初的贫穷日子，韩志兵不禁感叹："苦归苦，穷归穷，但穷是'纸老虎'，要有信心，我们这穷山沟里也能脱贫致富奔小康。如今我们村里水、电、路、网等都变好了，连村里的卫生都天天有人打扫，和城里人一样，咱们党和政府给了我这次脱贫致富的机会，新农合政府代缴，看病不用发愁，村级光伏电站还能分红3000元，如今的好时候，我抓住了机会，我就必须坚持住，保证不拖后腿！"

面对贫穷、面对困难，韩志兵就是没有"等、靠、要"，而是依托国家新时代精准扶贫精准脱贫的好政策，靠着自己的勤劳和自强自立，走出了一条属于自己的脱贫致富路。

贷款治穷扶志　教育治愚扶智
——吕梁市岚县贫困户张怀旺脱贫案例

【家庭档案】

张怀旺、梁三平夫妇是由聋哑残疾人组建的家庭，吕梁市岚县顺会乡舍安村人，家里4口人。儿子张志强在福建莆田学院土木工程学院就读，女儿张志超在县实验中学读七年级。2014年被列为建档立卡贫困户。民政兜底4人享受低保。2017年，张怀旺摘掉了贫困户的"帽子"。

张怀旺从小就有耳疾，因身体残疾，小学毕业就没有再读书。妻子梁三平天生哑巴，小学未毕业。天聋地哑的夫妇俩，身残志不残，在小额扶贫贴息贷款的帮扶下，靠着自己的辛苦努力和党的各项惠农政策，摘掉了贫困户的"帽子"，还培育出了一个二本大学生和一个学习成绩优异的中学生。

夫妇同心　家庭和睦

张怀旺夫妇文化程度不高，都是老实的庄稼人。虽然梁三平口不能语，但是她热心肠、能吃苦。张怀旺经营着36亩土地，地里忙回来，梁三平总能把热气腾腾的饭菜端给张怀旺。张怀旺到县城赶集也总记得给梁三平买喜欢吃的小零食。互相的关心构筑了和谐的家庭，也给一双儿女起了很好的示范作用。多年来，在这个贫困的家庭里总不缺欢声笑语，这样的家庭环境也培育了张志强、张志超兄妹俩乐观、积极、向上的性格。2018年，张志强以优异的成绩考录了福建莆田学院，就读于土木工程学院，按教育扶贫政策享受一次性补助5000元，并且申请助学贷款。同时，女儿张志超在中学也是品学兼优的好学生。

张怀旺夫妻在院里忙碌

张怀旺在精心喂养黑猪

庭院养殖 循环发展

2017年,得知张怀旺想发展生猪养殖育肥项目,帮扶人县政协主席刘瑞峰积极与信用联社对接,按扶贫政策,不用抵押、不用担保,很快就帮张怀旺办理了3万元的贴息贷款,建起了40余平方米的育肥养殖圈,为其免费提供了优良的本地黑猪猪仔入圈。

张怀旺自己把猪粪搜集起来,培育蚯蚓繁殖。用蚯蚓喂猪,蚯蚓蛋白质含量高,养殖出来的猪蛋白质含量高,品质更好。猪粪培育蚯蚓,解决了猪粪无处排放容易污染环境的问题,形成了猪粪沤蚯蚓—蚯蚓育肥猪的循环发展。2017年,仅蚯蚓生猪育肥繁殖一项,张怀旺毛收入超过了2万元,实现了脱贫"摘帽"。

2018年,受非洲猪瘟影响,猪肉价格一路走低,张怀旺也紧盯市场,没有多存栏生猪，现存栏13头生猪，其中能繁母猪5头，待非洲猪瘟影响过去，一年5头能繁母猪可产仔50头，规模可以迅速扩大，时间短、见效快、增收稳的计划完全可以实现。生猪育肥效益不好时，张存旺又经营起了农作物，2018年张存旺一个人经营了36亩农作物，主要播种了高粱、渗水地膜谷子、玉米等农作物，仅土地收入一项就超过了2万多元，实现稳定增收、稳定脱贫。

现在，家里有了大学生，收入有了稳定保障，张怀旺的生活创业增收信心更大，他坚信，只要自己肯努力，不放弃，在党的政策温暖关怀下，生活也会越来越美好，小康生活一定能实现，贫困户的"帽子"摘掉不反弹。

只要精神不贫瘠　脱贫也能有奇迹
——临汾市吉县贫困户杨孔森脱贫案例

【家庭档案】

杨孔森，吉县中垛乡安坪村人。自身残疾，妻子任俊花已患有精神二级残疾多年；大儿子杨贵杰因患有精神病于2009年离家出走，至今杳无音讯；二儿子杨富杰在太原富士康打工，除去整个大家庭基本开支后难有结余，二儿媳因不忍贫困于2010年离婚，留下刚满一周岁的孙子，一直由杨孔森和妻子抚养教育。2014年建档立卡，通过公益性岗位、低保、医疗、易地移民搬迁等多项扶贫政策扶持，2017年脱贫。

说起吉县，便不得不提当地苹果。吉县出产的苹果素以色、香、味俱佳著称，让当地成为国内苹果重要的产出地之一。9月，又到了吉县苹果上市的季节，当地果农又开始了一年中最忙碌的时节。

2017年9月6日一大早，吉县中垛乡安坪村外一座小房子外，一位老人艰难地跨上电动车，准备早早地去地里干活。他叫杨孔森，曾经是该村一名建档立卡贫困户。几分钟后，车停到路边一片果林外，他从车后拿出一根拐杖，拄着拐杖一瘸一拐地挨个查看果树的挂果情况。一圈下来，尽管杨孔森已经累得气喘吁吁，但他的脸上却挂满了笑容。他说："今年果子长得不错，看样子再有一个礼拜果子就红了。去年我们这儿果树受冻了，收成不太好。今年往地里跑得勤，管理上也费了不少心思，肯定能卖个好价钱。"

如今，杨孔森积极乐观，对未来的生活充满了期待，但仅仅几年前他的人生还是一片灰暗惨淡。当时杨孔森还生活在安坪村一个小窑洞中，他的妻子和大儿子患有精神疾病，大儿子于2009年离家出走，至今杳无音讯；二儿子杨富杰在太原富士康打工，一年到头除去基本开支后难有结余；二儿媳因不堪贫困于2010年离婚，留下刚满一周岁的孙子由杨孔森和妻子抚养教育。看着支离破碎的家庭，杨孔森没有怨言，而是默默扛起了家庭的重担。那时的他忙时做农活，闲时就骑着他的摩托外出打零工赚钱养家。2013年的冬天，那是一个雪上加霜的日子，杨孔森打工结束，晚上9点骑摩托车回家，被对面一辆疾驰而来的卡车大灯晃了眼，他径直撞向

杨孔森作为村委公益性岗位清洁员打扫村委会

杨孔森在果园里锄草

了路边。

　　这一撞,不仅撞坏了他的右腿,更撞毁了一家人的经济来源,6万余元的巨额外债全压在了儿子一个人的身上。接二连三的灾祸彻底击垮了这个老人,杨孔森开始怨天尤人,痛恨命运的不公。就在他卧床养病期间萎靡不振的时候,帮扶队员到他家看望,为他送来了扶贫政策。"是国家的好政策支撑着家里的光景。"杨孔森这样说。2014年,国家出台了精准扶贫政策,杨孔森家被村委全票评为建档立卡贫困户。2014年、2015年连续两年被村里定为低保户。杨孔森的生活逐渐缓和,他也慢慢从自怨自艾中走出。

　　杨孔森住在安坪村一处悬崖边的土窑洞里,窑洞顶上长酸枣,门前有深沟,不时地还有黄土块掉落。如今杨孔森腿受伤了,通往窑洞的小山路变成了一道天梯,阻隔他前进的步伐。2016年,他家的土窑洞被确定为不安全住房,符合易地移民搬迁相关政策。经过村里民主评议,杨孔森一家享受了4口人8万元的分散安置搬迁补助,搬进了宽敞明亮的新房。决定

闻名全国的吉县苹果园

搬迁那天,他喜极而泣,一夜未眠。

"我不能再这样等着、靠着、要着生活下去了,国家的政策那么好,共产党对咱贫困户那么好,咱有什么理由不去努力,不去奋斗?"杨孔淼给自己规划了几条增加收入、脱贫致富的路子:一是把果园经营好,靠卖苹果增收,二是冬天农闲时节上街卖糖葫芦,三是春节期间卖对联福字,四是清明期间卖香纸花圈,五是其他时间卖一些菜籽、收集变卖一些废纸箱、酒瓶子等。

还没等他开始着手干,村里就又开始评选低保户了,大家都建议杨孔淼写申请,参加低保评选。但这次,杨孔淼毅然决然拒绝了。他对大家说:"做人得讲良心,得要有志气。我家虽然贫困,但国家照顾我的已经太多了,我今后得靠自己努力。村里还有比我更需要享受低保的人,让他们去申请吧!"就这样,杨孔淼主动退出了2016年的低保评选。

杨孔淼放弃了低保,村"两委"为了照顾他家实际情况,安排他做了村内的保洁员。当村委杨主任对他说工资可能不高,甚至还没有着落时,杨孔森笑着对杨主任说:"这是一份国家交给我的差事,是一份党交给我的任务,我得干,不仅要干,而且必须要干好!就算不给我保洁工资,我也要免费干、义务干!"

从此以后,村委会的办公室、广场、厕所经常出现杨孔森的身影。他坚持一天一小扫,两天一大扫,无论刮风下雨,无论农忙农闲,从来没有停止过。尤其是厕所的清扫工作,别人都嫌村委公用厕所脏、乱、臭,他没嫌过。他宁愿用一个人的脏,换来大家的净。"厕所不干净,我就天天扫、天天拖;茅粪没人拉,我就自己掏、自己倒。"大家都说,现在村委的厕所比家里的都干净,尤其是挂在厕所墙上的那一把笤帚和拖布,时时警醒着大家要爱护公共卫生。

除了干保洁之外,杨孔森还经营了6亩果园,2017年卖苹果收入近4万余元。在农闲时节,他还实施了自己的脱贫计划:收废品、收废果,还做了些卖糖葫芦、卖花圈的小买卖,虽然有些苦、有些累,收入也不高,但他不嫌弃,只要能赚钱、能贴补家用、能增加收入,他就努力去干。年底,他终于依靠自己的努力实现了脱贫退出。

在国家政策的帮扶与自己的努力下,他住进了美丽宜居的新房子,生活条件越来越好了。2018年不但将家里的外债全部还清,还攒下了一些钱,光景越来越好。他说自己不能放松,老伴的身体每月要靠药物维持,二儿子不能一辈子打光棍,小孙子更不能因为贫穷而辍学。他要继续依靠自己的努力,创造财富,创造未来,这才是最幸福、最值得期待的!

杨孔森说:"灾祸不吓人,吓人的是精神贫瘠;贫穷不可怕,可怕的是坐以待毙。只有瞧得见国家的好,吃得下生活的苦,才能享得了勤奋的福,走得上小康的路。只有努力奋斗,才能摘掉贫穷的'帽子',过上幸福的好日子!"

扶贫先扶志　脱贫脱单成新家
——运城市闻喜县贫困户柴俊山脱贫案例

【家庭档案】

柴俊山，46岁，闻喜县郭家庄镇石键村人。2013年建档立卡贫困户。早年因贫困离异，父亲体弱多病，母亲早逝，靠打零工维系生计，2015年父亲突发性脑出血去世，加上早年妻子离异，厄运接二连三，柴俊山一蹶不振，整天混日子。驻村工作队帮扶干部多次上门帮助他解开心结，解读精准扶贫政策，逐步树立脱贫意识，经过免费技能培训、扶贫贴息贷款等扶持，2017年顺利脱贫。

"为了改变我的生活状况，第一书记和扶贫工作队员多次来我家，鼓励我振作起来，介绍我去工地打工。"回想起往事，柴俊山感慨地说，刚开始他是抱着试试看的心理，第一周只干了一天赚了100元，第二天就赶集去花钱了。工作队鼓励他继续干下去，柴俊山答应第二周再继续去，第二周工作队员亲自去工地监督了两天，他又赚了200元，并表示第三周再继续去。第三周工作队员只送他去工地,他自己干了三天赚了300元,第四周他已经习惯主动找活干,也不需要工作队的督促陪同了。劳动获得的报酬逐渐让他对生活有了信心,开始了打工新生活。

俗话说,"一技在手,吃穿不愁"。脱贫致富关键要掌握一技之长。2017年初,柴俊山找到第一书记说:"我会开拖拉机耕地,我想买台拖拉机去地里干活,那样挣钱多,还想出去多学习学习。"第一书记帮助他调整帮扶措施,联系闻喜县农机培训班进行了为期半个月的课程培训和实际操作,柴俊山的拖拉机驾驶技术和维修技术都得到了很大的提升,工作队又帮助他申请了小额贴息贷款3万元买了一台拖拉机。此后,他开始勤勤恳恳地承揽本村及周边农村的耕地、播种等机械活,树立起生活信心,主动找钱挣。

柴俊山和新婚妻子

他乐于助人，碰到村里同行的拖拉机出现问题他都会热心地帮忙修理，受到十里八乡百姓的称赞。通过努力，仅两年时间，柴俊山不但还清了贷款，还有了自己的存款。实现由"我不干""不会富"到"我愿干""我先富"的转变。

石键村以种植山楂为主导产业，柴俊山家里有3亩山楂地，以前因缺乏技术管理，产量低，卖不上多少钱。后来柴俊山认识到了科学管理技术的重要性，村里组织山楂种植管理技术免费技能培训班，他都会积极地参加学习，现在已经成了管理山楂的能手，山楂由原来的每亩500元增加到现在的每亩3500元。

甩掉"等、靠、要"，扶起精气神，精神扶贫激发了柴俊山锐意进取的斗志，柴俊山变化惊人，每年收入不低于两万元，一下子点燃了他对生活的激情，由原来的懒散、保守变成现在的勤快、敢闯、敢干，从懒汉脱胎换骨变了样。

2018年的夏天，经人牵红线介绍，柴俊山找到了自己的另一半，现已结婚成新家，夫妻俩还在永济开了一家饭店，新家的日子过得红红火火。

柴俊山夫妻俩的幸福生活

帮扶人员走访柴俊山

　　柴俊山在党中央精准扶贫精准脱贫政策的扶持下，丢掉"等、靠、要"老思想，逐步树立"我要干、我要富"新观念，脱了贫，成了家，为周边村民树立了新时代脱贫好榜样，走上脱贫致富路。

政策扶上马　脱贫永腾达
——太原市娄烦县贫困户张润年脱贫案例

【家庭档案】

张润年，59岁，娄烦县杜交曲镇下石家庄村人，全家4口人。有两个儿子。夫妻俩残疾，2014年被识别为建档立卡贫困户。在多项扶贫政策的扶持下，2016年脱贫"摘帽"，并获得县级"自主脱贫产业奖"。

创业坎坷脱贫路上不停步

张润年和妻子强贵英都是残疾人，2014年之前家庭主要收入依靠妻子务工所得及国家低保维持生活。由于没有较好的致富途径，生活一直很穷困。

2014年，他在自家的院子外盖起了羊圈，养了40头绵羊，决定通过养羊改变窘迫的生活。2015年，张润年扩建了羊圈，绵羊数量达到了70

头。但由于缺乏专业的养羊技术且养羊时恰逢市场低迷、行情不好,他并没有挣到多少钱,家庭情况也没有多大改善。这让这位55岁的老农对养羊产生了迷惑和不自信,脱贫致富的道路不知道该如何走下去,靠低保救助生活。

奋发图强迎难而上不等靠

就在张润年一筹莫展的时候,镇村干部和帮扶责任人来到了他家,和他聊起发展致富产业的打算,并带来了产业发展补助的好政策。通过详细谈发展、算收入,从思想上重振了他发展的信心和动力,确立了养羊为脱贫主导产业。2016年,在帮扶队员的带动引领下,他扩大了养羊养殖规模,并多次参加外出养殖实用技术培训。身残志不残,张润年没有停下脱贫致富的步伐。他们夫妻二人起早贪黑,付出了别人几倍的心血精心饲养。功夫不负有心人,辛勤付出终有回报。目前,张润年的绵羊每年能卖20头,2017年底出栏10头,收益10000多元;2018年,张润年夫妻羊产业净收入达22000元,人均可支配收入达10000元。老张家的日子过得不再紧巴巴,好日子蒸蒸日上,让邻里街坊都惊讶不已。

脱贫后张润年夫妇对未来生活充满信心

政策受惠脱贫致富不忘本

在脱贫产业稳步发展的过程中,张润年的儿子外出务工

张润年妻子饲养致富羊

有补助1800元，还有相对稳定的务工收入，村委还开发公益性岗位清洁员，他打扫公共卫生，每年可收入6000元，土地流转还有240元分红，农村合作医疗政府年年代缴，看病住院不用愁，低保和残疾人生活补贴两项每年7524元，退耕还林补助2258元，自主脱贫产业奖1000元，多项实惠性政策如数家珍。张润年觉得日子越来越有奔头了，满怀感激地竖起大拇指说："共产党好！时时关心咱老百姓，中国共产党万岁！"。他还表示自家已经脱贫，应该把脱贫养羊经验传给更多需要的人，他愿意一直跟党走，帮助更多像他一样困难的家庭，帮助他们早日脱贫致富。

借"光"养牛 脱贫不愁

——晋中市左权县贫困户万保文脱贫案例

【家庭档案】

万保文，1957生，左权县寒王乡鹿鸣村人，家里两人。耕地13.96亩。主要收入为种地和本村打零工，收入低，2013年底识别为建档立卡贫困户。脱贫攻坚期间，该户通过小额信用扶贫贷款"建光伏""当牛倌"，收入稳定提高，生活质量很大改善，全年人均收入远远超出贫困脱贫线标准，稳定脱贫。

万保文的牛群

万保文，在村里有一个不成名的称呼——"闲不住"。他和老伴儿是田地里的行家里手，无论春种夏耕秋收冬藏，他们把所有的时间和精力花费在自己"一亩三分地"里。过去忙忙碌碌一整年，抚幼养老不消闲，可如今子女成家，老两口难有积蓄，遇到天灾人祸的免不了要负债生活，收入远远低于贫困线。可是近几年，人们发现保文用在田里的功夫越来越少，他究竟在忙什么呢？

2016年，县委办公室和县农村商业银行工作队到村扶贫，宣传屋顶光伏安装的相关政策。只有小学文化的万保文最开始"闭门谢客"："去！哪有那么多的好事情，贷款条件那么低，公家还贴利息，预计收入那么高，这不是天上掉馅饼吗？说不定就是走形式，完贷款任务……"针对这种情况，工作队多次到户详细讲解政策、利弊、风险："村常年多晴少雨，发展光伏潜力巨大；光伏产业对贫困户的优惠很大，收益不小……"磨破了嘴皮、踩踏了门槛，最终打消了万保文怕还不起贷款落下饥荒的顾虑，做

万保文在喂牛

通了万保文的思想工作。驻村帮扶工作队帮助联系贴息贷款2万元，加上政府补助8000元、帮扶单位补贴4000元，万保文只出资1000元就安装了5千瓦屋顶光伏。

到了2017年5月，当看到自己的银行账户上突然多了一笔不小的光伏收入后，老万乐开了花："还是没文化，当时候还不想安装，怕扶贫不成，弄下饥荒。多亏驻村工作队鼓励，让我报名安装这挣钱的'金板板'。"从此以后，屋顶上的光伏板就成了老万的"宝贝"，一有空闲工夫就接上自来水冲洗光伏电板上的灰尘。"这

万保文借"光"生钱的户用光伏

是太阳光的金蛋蛋，必须弄干净，干净了咱才有到手的钱票票。"全村有20户像老万一样的贫困户建起了5千瓦屋顶光伏电站，平均每年每户增收就有6000余元。

2017年，帮扶单位县农村商业银行到村宣传"扶贫贷款"事宜。尝到光伏扶贫、扶贫贷款甜头的老万听到消息后，第一个到村委会报名。"这几年养牛行情不错，我报名贷款准备养牛。"群众对老万都竖起了大拇指，"老万不简单，能跟上新社会、新形势。"老万收到贷款后，马上购买了两头母牛。随后，在鹿鸣村被确定为全县"村级集体经济发展试点村"后，老万报名租赁种牛10头，按照"三年两对牛"的规律，预计到2020年底，仅这一项老万就可以每年增收3万余元。

现在，老万通过国家扶贫政策的帮扶和自己奋斗，钱袋子鼓起来了，他修缮了新房，客厅、卧室、厨房和卫生间都有了，宽敞的屋子，雪白的壁墙，明晃晃发光的地面，以及新潮的沙发，电冰箱、电视机等现代化家电一应俱全，室内还摆放了各种花草装饰物。

就像万保文自己说的，他的经历就跟有些电视剧的剧情一样，每当他和老伴儿看到这样的剧情，都会想起当时贫困潦倒的自己。但是他们现在的生活彻底改变了，变好了。他说要感谢国家的政策、感谢政府、感谢工作队员，在他最艰难的时候拉了他家这一把，才会有今天的美好生活，对于未来，老万充满了希望。

"蜗居"到"宜居"的脱贫蜕变
——吕梁市交口县贫困户陈毛兰脱贫案例

【家庭档案】

陈毛兰，64岁，交口县石口乡石口村人。早年妻子离异，常年打零工的他与儿子陈卫军居住在祖辈留下来的破房子里，2013年底被识别为建档立卡贫困户。依靠食用菌产业增收，受惠农村危房改造民生工程，2017年底脱贫。

"除了打零工，我啥也不会，是国家扶贫政策让我这个穷了半辈子的村里人有了奔头。每年帮我父子两人代缴基本医疗保险，大病保险、养老保险、慢性病门诊补充医疗保险费用，生病不发愁。"陈毛兰感慨地说。现在，日子好过了，他觉得心劲足了，打零工也不像以前那么苦、那么难了。

2016年的一天，驻村扶贫干部专门去往陈毛兰家，向他介绍了农村危房改造民生工程。在村干部的指导下，陈毛兰提交了农村危房改造申请书，经村、乡、县三级审核，没过多久，申请就被批准了。2017年10

月,陈毛兰的两间砖瓦房建成了,建房总花费3万余元,国家先后补助2.5万元,他几乎没花多少钱就住上了新房,实现了从一间"蜗居"的东倒西斜屋到宽敞明亮"宜居"新房的蜕变。

2017年冬,当危房改造验收组来到的新家时,陈毛兰打算先打工挣些钱,再硬化院子做围墙,一改以前懒散不想干的思想,信心十足激动地说:"我一辈子都住在破房子里,老了有国家精准扶贫政策,有了危房改造,我才有信心重新建房,住上了这么好的屋子,感谢党的好政策,让我能够安享晚年!"验收组问起现在日子过得如何时,陈毛兰饱含泪水:"现在党的政策好,又修路,又修房,现在政府还代缴医保,医疗费报销的比例也提高了,生病也不怕了!"

农村危房改造,是群众最能享受到的实实在在的政策,是与群众切身利益最密切的扶贫举措之一。危房改造就是一颗"定心丸",住房条件的改善必然能坚定群众相信政府、依靠政府并与政府一道并肩作战的决心,增强他们脱贫致富的信心。

驻村扶贫干部家访陈毛兰

现在的陈毛兰，还有香菇种植受益8000多元，父子俩务工补贴1600元，俩人务工收入约27000元（2018年），收入的提高，让父子俩再也不是那个愁容满面、为贫穷所迫的贫困户了，他们接受着新的生活理念，树立起自强信心，成为新型农民中的一员，成功完成了从"特困户"到"脱贫户"的完美蜕变。

陈毛兰"蜗居"的旧房

施工建设中的陈毛兰"宜居"的新居

青蒿焉村里的脱贫"领头雁"
——吕梁市临县贫困户高学勤脱贫案例

【家庭档案】

高学勤,51岁,临县青凉寺乡青蒿焉村走马焉村村民,全家3口人。2015年被识别为建档立卡贫困户。在小额扶贫信贷资金的帮助下,高学勤努力拼搏,脱贫"摘帽",成为其他贫困户学习的好榜样、领头雁。

高学勤是地道的老农民,但是他有自己的想法,想通过自己的努力奋斗改变贫困状态,他搞过个体经营、打过工、养过农用车,但几经波折,由于自己文化水平有限和缺少资金的原因,经营不善欠下了一些外债,给本来就不富裕的家庭增加了许多负担。一家人虽然勤劳能干,但由于没有致富的路子,又没有资金来源,全家只能靠高学勤一人在本地打零工维持生活。

2015年高学勤家被精准识别为建档立卡贫困户。帮扶干部来到高学勤家中,与他结对子、交朋友,在询问了解了具体情况后,帮扶干部分析出

高学勤的新居

他家经济来源单一,没有致富产业,缺乏发展资金成了他脱贫致富的主要制约因素。按照"菜单式"脱贫项目,高学勤与家里人沟通协商,逐项分析,最终决定发展养殖生猪的脱贫致富项目。村组干部得到这一消息,决心大力支持高学勤的产业发展,给全村贫困户带个好头、做好示范,为其腾退集体土地用于帮助他发展养殖棚建设。

地方有了,资金又成了问题。帮扶干部又帮助联系信用社,为其协调办理产业发展贴息贷款,最终享受到了5万元的资金扶持。

很快,高学勤的生猪养殖棚建成了,大小生猪发展到了500余头。自从认准了这个致富路子以后,高学勤不管是刮风下雨还是烈日暴晒,总是在猪棚里奔波忙碌,经过悉心照管,猪一茬一茬茁壮成长。

高学勤深知,买猪不难,养猪难。既要科学饲养,又要有实干精神,为此,他积极联系乡帮扶干部邀请县兽医站技术员专门为其提供技术指导和支持。只要有时间,高学勤就在猪圈里转,清理卫生,整理杂物,仔细观察生猪的长势情况，发现问题及时采取措施，不管是饲料的搭配还是养殖设施的运行，每个细节都不放松，饲养的猪没有发生过一次大规模病害，也没有发生过一次因管理不当而死亡的现象。一分耕耘，一分收获。当年年底，出售成年生猪100多头，纯利收入12000元。

有了收入上的改观，加上乡村干部的大力支持，他更加坚定了发展产业来脱贫致富的信心。在自己脱贫产业稳步发展的过程中，高学勤有自己的想法："光自己富不算富，必须在自己富的同时，带动和帮助其他贫困户脱贫致富，共同发展。"因此，他将学到的养殖知识结合自己摸索出来的经验，总结出了一套简便易学的养猪技术，在贫困户圈舍、在自家养殖棚、在家里随时随地向其他村民传授养殖科技知识、各种常见病防治技术，向村民宣传脱贫攻坚政策，引导贫困户积极发展养殖业。通过他对群众正确引导，全村贫困户养猪新增大户2户，户均养殖生猪200头，新增贫困户养羊大户2户，户均养殖50只，带动了贫困户积极发展产业的自觉性。全村脱贫攻产业发展态势良好。

现在，高学勤已成了全村畜牧养殖户的主心骨，农户有什么问题都愿向他请教，而他也总是毫不保留地教会别人，得到了老百姓们的高度赞誉。他说："没有党的精准扶贫精准脱贫好政策，就没有我们家的脱贫致富，我还要带领大家都过上更加幸福的美好生活。"

披上精准脱贫的"大红袍"
——运城市平陆县贫困户靳小军脱贫案例

【家庭档案】

靳小军,平陆县曹川镇下坪村大北坡居民组人,全家5口人。父母年龄大,父亲残疾,前两年又患脑梗花费四五万元,负担重,全家靠靳小军一人在本地务农、打零工维持生活,缺产业,2014年识别为建档立卡贫困户。通过发展花椒栽植产业、免费技能培训、易地搬迁等综合帮扶,于2018年光荣脱贫。

楼上楼下、电灯电话、彩电冰箱、手机宽带……缤纷的生活越来越接近小康,梦想照进了现实,坐在平陆县易地搬迁安置点向阳小区122平方米的宽敞明亮的新楼房里,脱贫户靳小军不无感慨,思绪联翩。短短几年,这个曾经的贫困户是如何顺利脱贫的?

"发展是甩掉贫困帽子的总办法",习近平总书记深刻提出了摆脱贫困的根本途径。自从脱贫攻坚战役全面打响后,镇、村两级干部逐户调查摸底,根据精准扶贫"一户一策"工作要求,为靳小军量身定制帮扶措施,

平陆县市场监督管理局干部和靳小军结对帮扶，帮助他从搬出山庄、发展产业增加收入上想办法。

针对靳小军家实际情况，帮扶干部还多次入户沟通交流，从思想上激发他发展的信心和动力。按照"菜单式"脱贫项目，对照靳小军的实际情况，最终决定积极响应村委发展栽植花椒的脱贫项目。镇、村干部结合平陆县林业部门的黄土高坡治理项目，为下坪村争取到700亩的花椒栽植项目，该项目覆盖区内村民提供土地，施工队免费平整土地、免费提供苗木。在实施该种植项目规划区，靳小军家共有5亩花椒。从此，靳小军全家在花椒园里悉心经营管护，花椒苗木茁壮成长。

栽植花椒不难，但要管理好并不容易，不仅要实干，更要有科学技术管理。针对村民缺乏科学管理技术的情况，帮扶单位专门邀请花椒技术员到村举办讲座，为新栽植花椒农户提供技术指导和支持。一分耕耘，一分收获。2017年，靳小军家其中的2亩花椒树实现了收入9500元，其余的3亩花椒树正在幼苗生长期。收入上有了改观，加上镇、村干部的大力支持，他更加坚定了走发展产业致富的道路。

同时，平陆县委落实"生态补偿"脱贫政策，在全县新增一批护林员，靳小军2017年11月被镇上聘为下坪村管护区的护林员，月工资950元。靳小军的妻子2017年5月还参加平陆县免费的技能大培训，学习了两门技能：家政服务和足疗按摩，同年7月其妻经人社局职业介绍到山东省青岛市务工，月收入达5000元，2018年12月，其妻回到平陆县在县城务工当领班。

现在靳小军全家已搬进了平陆县的易地搬迁点向阳小区122平方米的宽敞明亮的新房。此外他还享受到医疗、教育、保险等一系列帮扶政策，孩子靳龙飞到北京积云学校学习物联网，学习期满后，靳龙飞回到家乡利用自己学习的物联网技术将家乡的土特产销售到全国各地。2018年底，靳小军户的家庭人均年收入达5917元，如期达到脱贫目标，稳定脱贫。

冲破"穷茧" 美丽蝶变
——吕梁市岚县贫困户牛桃珍脱贫案例

【家庭档案】

牛桃珍,57岁,东村镇古城村村民,全家4口人。2014年被列为建档立卡贫困户。享受到扶贫贴息贷款、产业支持等多种政策,创办了平菇标准化种植基地,2017年脱贫。

每天清晨,天刚蒙蒙亮,牛桃珍和妻子杨亮青就早早起床钻进菌棚,小心翼翼地把菌棚里颗颗洁白、鲜嫩、诱人的平菇装入篓子里,再装到停在门口的三轮车上,他要赶在早上6点之前到县城北盛蔬菜批发市场卖平菇。虽然很辛苦,但这个中年汉子却没有一丝的疲惫,平菇每公斤8元的批发价格,让他心里乐开了花,"脱贫"不再是遥远的梦想。

今年57岁的牛桃珍出生在岚县东村镇古城村一个普通农民家庭,排行老五,因为父母年迈,家庭贫寒,读完初中就放弃了学业。他说:"那会儿真穷,我们一炕孩儿穿一条裤子,盖一条被子,经常吃了上顿没下顿。"等到他结了婚再有了两个孩子的时候,一家人的开销就更大了。上有年老的父母需要照顾，下有两个年幼的孩子嗷嗷待哺，本来就贫困的家庭压得他喘不过气来，面对一贫如洗、家徒四壁的家庭，刚开始由于他没有任何技术，只能靠打零工、走街串巷卖水果、蔬菜来养活一家人。

一次偶然机会，他遇到一个种植食用菌的老大哥在卖平菇，经过几次闲聊后，他对平菇有了些许了解，发现岚县鲜菇市场行情还不错，就产生了种平菇的念头。说干就干，他在家里腾出了一间窑洞种植平菇。经过几次试种收成还不错，加之牛桃珍的平菇特别鲜嫩，价格又便宜，很快便销售一空。初战告捷，牛桃珍小有成就感，他觉得和自己打零工、推三轮车贩卖水果相比，种平菇毕竟稳定多了，是一条脱贫致富的好门路。就这样一边向老大哥学习种植技术，一边自己慢慢摸索，从此便走上了这条种植平菇的路。

虽然种植平菇好几年了，但是牛桃珍种植平菇仅仅局限于小打小闹，并且技术也不是很成熟，一年到头辛苦操持，平菇种植的收入仅能维持一家子日常开销，日子还是过得紧巴巴的，无法摆脱贫困的影子。"尽管如

大棚内长势良好的平菇

此，他们一家人从未向别人诉过苦，更没有向政府申请过救助。"村党支部书记牛福珍说。

2014年精准扶贫工作全面铺开后，牛桃珍家被列为建档立卡贫困户。东村镇包村干部、驻村工作队帮扶干部、第一书记多次主动上门了解他家的情况，认真分析他家致贫原因，为他家量身定制了一套精准的产业脱贫"套餐"，同时向他宣讲了关于促进贫困群众创业增收政策，还送他食用菌栽培技术书籍，并鼓励他参加岚县组织的培训班，扩大平菇种植规模。特别是参加了县政府组织的在原平10多天免费的食用菌培训后，他全面掌握了食用菌种植技术。这一下子让牛桃珍有了脱贫致富的决心，有了清晰的创业思路。

"精准扶贫是个好政策，但是咱也不能坐等别人扶，自己要立起个主心骨，借助好政策就一定能富起来。"一番淳朴的话语，道出了牛桃珍脱贫致富的决心。牛桃珍夫妇不等、不靠，省吃俭用，把卖平菇的每一分钱都攒起来，同时向亲戚朋友借了些钱决定扩大种植规模。2015年1月，牛桃珍在邻村南村租了两亩地创办了平菇标准化种植基地，建起了1600平方米的平菇大棚，经过一年多的运营，生产代料平菇2万袋，年净赚2万多元。2016年，他还想进一步扩大规模，带动更多人致富，就把2015年挣下的钱全部投入平菇生产中，经过3个多月的苦心经营，菌棒开始出菇，他看见长势喜人的一朵朵平菇满心欢喜。然而2016年夏天的一个中午，劳作了一上午的牛桃珍夫妇刚刚回家吃午饭，却透过窗户远远望见自家的平菇大棚着火了。牛桃珍夫妇着急得丢下饭碗连忙赶往平菇大棚，但是到达的时候两座平菇大棚已经燃为灰烬，几年辛辛苦苦攒下的积蓄就这么化为乌有了，家庭境况更是一落千丈。每每说起这般遭遇，牛桃珍夫妇依然声泪俱下。

俗话说"天无绝人之路"，正当牛桃珍信心备受打击，一蹶不振的时候，亲朋好友都来看望他。特别是该村帮扶干部、村"两委"干部找到了牛桃珍，向他宣讲了关于促进贫困村群众创业的政策、产业扶贫、金融扶贫等政策，并鼓励他通过惠农贷款再次创业。牛桃珍凭借为人诚实、勤劳的品德顺利得到了5万元惠农贴息贷款支持。

"感谢党和政府对我的关照和爱护,是党和政府重燃了我幸福生活的希望。"回想起再次创业,牛桃珍激动地流下眼泪。有了5万元的贷款,牛桃珍开始重新振作了起来,并于2017年再次建立了平菇种植基地。他在本村租了3亩地,建立了两个专业化的出菇大棚,购买了负压风机、水帘降温等新设备,平菇大棚实现了温度、湿度随时可控,使得每天都有新鲜平菇出售。经过一年的辛勤劳动,平菇当年便见效益了,年底一盘账,扣除各种成本,还净赚5万多元。夫妻俩倍受鼓舞。牛桃珍赚钱后第一件事就是按时归还了信用社的贷款。

有扶持、有钱挣,牛桃珍倍受鼓舞,干劲儿更足了。2018年,牛桃珍继续加大投入,又陆续投入资金购买了灭菌锅炉等设备,进行机械化生产,还聘请了6个工人,现在,牛桃珍的鲜菇日销量增加到100斤以上,平菇每天供不应求,年销售量突破2万斤,每天总能挣个300多元,一年下来也能挣个10万元左右。

谈及将来的打算时,牛桃珍信心百倍,脸上露出了久违的笑容。他说道:"现在国家扶贫政策这么好,只要我们肯吃苦,不偷懒,脱贫致富就有希望。下一步我想建几个四季棚,进一步扩大生产规模,以'合作社+农户'的模式,带动周边贫困户也加入种植平菇的队伍中来,带动更多像我一样的贫困户过上好日子。"

山旮旯里"晒"出的幸福年账
——临汾市汾西县贫困户赵小年脱贫案例

【家庭档案】

赵小年，65岁，汾西县和平镇赵庄村人，家有两口人。老两口均患慢性病。因病、缺劳力，2014年识别为建档立卡贫困户。通过生态补偿、健康扶贫、光伏分红、民政兜底等多项政策扶持，实现了"两不愁三保障"，2016顺利脱贫，并稳定巩固脱贫成效。

"要是没有精准扶贫精准脱贫政策的落实，在我村，想都不敢想我这辈子还有这样的好日子、甜日子过！"正在打扫卫生的赵小年激动地说。妻子薛俊香正从村委会搬出音响设备，熟练地播放《歌唱祖国》《没有共产党就没有新中国》等经典歌曲，晚饭后的村民三三两两从家里出来，妇女们在村委会广场跳起广场舞，男人们和驻村工作队员高兴地聊起国家有关扶贫政策。

这是在汾西县赵庄村村委会每天能看到的喜人场面。赵庄村是村委所在地，辖两个自然村，全村273户775人，建档立卡贫困人口132户432

人，常住村人口107人，以留守老人居大多数。贫困面较大，基础设施差，村民主要经济来源为种植玉米、小杂粮和打工收入。

曾经的赵庄村是信访不断，矛盾纠纷常有，百姓抱怨多，干部绕着走。脱贫攻坚前是党组织软弱涣散村。

村里因为学校合并撤点好多年，年轻人都出去打工、陪读，除了有红白事，全村能热闹些，平常大多就是留守老年人居住，常常集中在村中路边小卖部，靠着墙根晒太阳，等着政府送小康。只要见到有车进了村，都争先出来看，一看是谁家孩子回来了，新鲜！再看是不是政府有慰问救济品发放，白拿！赵小年老伴曾经因为一袋救济面吵闹，对干部有意见，见镇上干部进村，常哭诉家里困难需帮扶救济，和村里大多数老年人一样习惯了等、靠、要。

赵小年是双女户，与老伴都患慢性病。女儿虽已成家，但都不在身边，难以照顾二老。主要收入仅靠两头牛和玉米地，别无收入，多年前因突发脑梗，欠下外债。总是为长年累月的医药费头疼，从此变得不善言语。因缺劳力、因病，于2014年被识别为建档立卡贫困户。

脱贫攻坚战开始，精准扶贫精准脱贫的政策进村，扶贫工作队走访时发现赵小年老两口总是唉声叹气，得过且过，生活信心不足。赵小年家庭人畜

赵小年夫妇在第一书记帮助下和女儿视频通话

一天至少需两担水，村里的自来水时有时无，还得挂着拐杖挑水吃。独住在旧村一座老四合院里，周边院落的邻居早年都陆续迁入新居。为了省电费，老两口一般天黑就早早休息。年复一年，日复一日，赵小年夫妇就这样平平淡淡地生活。因没劳力，到了是农忙季节，有时很无奈，人穷还没劳力，在农村这是很现实的难言苦衷，觉得见人矮一截，心理上有许多失落，总以为大家看不起他家，所以老伴常常会因一点小事就和邻里拌嘴，成为村里难缠的特困家庭。

2016年初，时任和平镇镇长师永龙主动包扶联系赵小年家庭，镇纪委书记曹立新进村包联脱贫攻坚工作，县卫计局派出驻村扶贫工作队和第一书记，加上新换届的村"两委"干部大刀阔斧开始脱贫攻坚战。

精神上的贫困比物质上贫困更可怕，针对赵小年家庭的现状，扶贫包联干部精准施策，决定扶贫先扶志，治贫先治愚，从生活上给予关心，解决琐碎的实际困难，从老两口的暖心入手，激发内生动力，树起生活信心。同时镇、村两级干部决定下大力气改善该村内基础设施条件，新修村委会、蓄水库、电网改造、光纤网络进村、硬化通户道路等措施，努力改

2016年初秋，和平镇政府包扶干部入户走访赵小年夫妇

变村容村貌，发展产业，让党的精准扶贫精准脱贫政策落到实处，增加村民幸福感和满意度。

　　第一书记从第一担水挑起，开始温暖了赵小年老两口的心。三个月后村委新建蓄水池，彻底解决了吃水难的问题。手机视频方便了三代人的亲情联络。按规定协调办理了慢性病证，目录内免费拿药；政府代缴了新农合医保，县城住院免挂号费，每年累计个人支出不超1000元；医生双签约定期上门服务；还有三保险免费保障。民政兜底每月有二百多元收入，养老保险一人每月103元。退耕还林5亩，共有7500元补助。老两口看病住院从此不发愁，月月有近500元的民政及养老保障收入。还有2017年3000元，2018年2795元，2018年1000元光伏分红，7亩高产玉米、5亩退耕还林核桃园等收入。

　　"党的各项扶贫政策落到实处，镇、村党员干部承诺全部兑现，帮扶人员经常上门解决实际困难。"赵小年高兴地"晒"出墙上的幸福年账（即贫困户建档立卡档案"四牌两档"），明明白白的实惠让赵小年家庭生活得到保障，稳定收入、健康扶贫政策保证了不会返贫。老两口重新感受到党和人民的温暖，思想上发生了变化，露出了久违的笑容，满满的自信时时挂在脸上。老两口特别感恩党的扶贫政策带来的好日子，从此不再等、靠、要，心情舒畅了，不再和乡亲们拌嘴。他们决心用双手来感恩回报，主动要求参加村内公益事业，负责打扫巷道卫生，还经常把自己院里种的新鲜菜送到驻村工作队，义务帮忙做饭。

　　经过精准脱贫集中攻坚，赵庄村内水、电、路、网等全部到位，巷道干净整洁，新建了村委会、老年日间照料中心、卫生室、蓄水库，通村公路拓宽、巷道硬化、两座村级光伏站投入运营，村委会大院配有音响设备，配齐健身器材。赵小年老伴薛俊香带领老年人跳起了广场舞，极大地丰富了村民的业余文化生活，鼓舞了村民美好生活的信心。村内留守老人如今是老有所养、老有所依、老有所乐、老有所安。

　　赵小年家庭脱贫前后的变化只是该村贫困户的一个缩影，赵庄村于2016年率先脱贫，并在近三年内得到有效巩固提升。

国家精准扶贫精准脱贫政策好,但这只是个起点,让农民富裕才是乡村振兴的关键目标。赵庄村脱贫攻坚以来翻天覆地的变化,吸引了在外打工的村民开始回乡创业。守住家门,赡养老人,发展产业成为村民微信群里热点话题。如今,返村创业的年轻人也渐渐多了起来,有2户搞养殖黄粉虫,有7户扶贫贷款建双孢菇大棚。退耕还林全村近1000亩,全村65户贫困户享受退耕还林资金69万元,涌现出核桃园、花椒园、中药材园。村里老人争做力所能及的公益事,年轻人创业增收致富忙。精准扶贫政策在这里让农业发展在这里成了有奔头的产业,赵庄村恢复了生气,乡村成了安居乐业的家园,众多的留守老人赵小年们感觉到活得有了底气,好日子、甜日子正在路上。

美丽绿色家园赵庄村远景

奔走在脱贫路上的古稀老人
——吕梁市交口县贫困户高志成脱贫案例

【家庭档案】

高志成，72岁，交口县双池镇蟠龙庄村村民，家有5口人。一个97岁老母亲，3个年幼的孙子，古稀之年，上有老下有小，生活十分困难，2013年底建档立卡。通过教育扶贫、危房改造、养鸡、核桃家庭小产业扶持，顺利脱贫。

72岁，是一个老人含饴弄孙、颐养天年的年纪。而在吕梁市交口县双池镇蟠龙庄行政村的苇沟自然村里，72岁的老人高志成仍全力奔跑在脱贫的路上，与贫斗争。

高志成所在村村民世世代代以务农为生，高志成也不例外。几年前由于家庭变故，3个年幼的孙子只能与他相依为命。除了维持生活，他还得照顾97岁的老母亲，3个孙子上学也是一大笔开销，老高承受着巨大的经济压力，生活十分困难。

当地镇、村两级扶贫工作人员在得知老高的情况后，积极帮扶，先帮助他实施了危房改造，住建局按政策规定补助1.8万元，大大改善了一家的居住条件。安全住房的解决，政府出实招的帮扶，振奋了高志成生活的信心，于是征求本人意愿，因地制宜，帮扶他发展起土鸡养殖，为老高送来了100只扶贫鸡和1000元启动资金。

刚开始养鸡的时候，村里有人对老高有过怀疑，认为他年龄大又没经验，肯定养不成。但他凭着一股不服输的劲儿，向他人请教技术，悉心照顾鸡群，经过一年多的发展，取得了不小的成绩。老高的鸡吃的是自己种的玉米、谷子等粮食，白天在屋后的山间树林里散养，产出的鸡蛋品质高，不时有收购商上门收购，也有城里人前来购买，常常供不应求，一斤土鸡蛋能卖到15到20块钱。到目前他已经卖出400余斤土鸡蛋，收入粗略计算也有6000多元。

在国家精准扶贫政策和帮扶队的帮助下，老高的孙子上学也有了教育扶贫补助，大孙子上二本B类大学，期间一次性补助5000元，小孙子上大专享受"雨露计划"，每年补助2500元，最小的孙子上初中免除学杂费，每年享受助学金2000元，寄宿制生活补助800元。家里3眼窑洞实施了危房改造,卫生厕所改建，医保缴费也免了，农忙时节帮扶队也会给他家送化

高志成精心饲养的土鸡

高志成信心十足地和帮扶干部在一起

肥、种子，逢年过节还给米面油……在精准扶贫各项好政策的带动下，老高很快达到了脱贫标准。如今老高已从昔日的建档立卡贫困户转变为脱贫户，目前处于巩固期。

在老高心里，3个孙子是他绵延不绝的希望，在孙子们眼里，爷爷又是被困难打不垮的榜样。别看老高年龄大了，但他老当益壮，干劲十足。如今他还种着5亩

高志成正在小院里忙碌

地，间作有40余株核桃树，目前部分已经挂果。谈起对未来的打算，他准备来年在自己的能力范围内再扩大土鸡养殖规模，用勤劳的双手创造新生活，为3个孙子撑起一片天。

如今，古稀之年的老高仍奋力奔跑在脱贫的路上，不停歇，不气馁，教育了周边的许多贫困户们都行动起来，靠着勤劳的双手，靠着不向命运低头的毅力，闯出一片新天地，创造出幸福美好的新生活。